UNIVERSALE
ECONOMICA
FELTRINELLI

LORENZA GENTILE
Le piccole libertà

Prima edizione ne "I Narratori" maggio 2021
Prima edizione nell'"Universale Economica" marzo 2023
Terza edizione febbraio 2024

Stampa Grafica Veneta S.p.A. di Trebaseleghe – PD

ISBN 978-88-07-89763-4

MISTO
Carta da fonti gestite in maniera responsabile
FSC® C021883

GRAFICA VENETA CARBON NEUTRAL

Questo libro è stampato da Grafica Veneta S.p.A.
con un processo di stampa e rilegatura certificato 100% carbon neutral
in accordo con PAS 2060 BSI

Le dichiarazioni di Leonard Cohen sono state tratte dalle seguenti interviste:
www.youtube.com/watch?v=44-xVe_vivs
www.youtube.com/watch?v=T2pFG9WoxfU
www.youtube.com/watch?v=d7Fdvf4gzfo

A Davide, con cui mi sento davvero libera.

Volevo una libreria perché avere a che fare con i libri significa avere a che fare con la vita.

GEORGE WHITMAN

Dobbiamo essere disposti a lasciar andare la vita che abbiamo pianificato, in modo da vivere la vita che ci sta aspettando.

JOSEPH CAMPBELL

Le début

1.

Il pacco se ne sta sulla mia scrivania, avvolto in una pagina di giornale cinese. C'è pure un biglietto. La penna è scivolata sulla busta frettolosamente, rendendo il mio nome appena leggibile.

"Una mancanza di rispetto!" direbbe mio padre.

È la penna di mia zia.

Sono in piedi, ancora con indosso il soprabito, congelata in un'espressione che a vedersi non dev'essere piacevole, le braccia bloccate a mezz'aria come per dirigere un'orchestra senza futuro. Nel mio cuore tuonano i *Carmina Burana*.

Chiudo gli occhi e allargo i polmoni in tre bei respiri profondi, come mi ha insegnato la dottoressa Manubrio.

Alla prima seduta, la Manubrio mi ha chiesto di fare un elenco delle cose che mi rendono felice. Così su due piedi, non è stato facile. Arrivare in ufficio puntuale, pur riuscendo a fare colazione? Andare in palestra in pausa pranzo e scoprirla chiusa per manutenzione straordinaria?

Una volta cominciato l'elenco mi sono sciolta, una piccola felicità tirava l'altra. Le docce con l'acqua che scroscia abbondante, capita negli alberghi, così dall'altra stanza non ti sentono se canti. Quando i macaron vengono morbidi dentro e croccanti fuori, e ne avanzano, così mi sento autorizzata a finirli.

Questa l'ho solo pensata: passeggiare da sola nei campi e,

quando sono sicura che non mi vede nessuno, farmi venire le lacrime, buttarmi a terra e urlare: "Dopo tutto, domani è un altro giorno!", o abbracciare un gatto come fa Holly Golightly in *Colazione da Tiffany* e baciare un immaginario Paul stretto nel suo impermeabile.

Ho taciuto pure questa: intrattenermi in conversazioni immaginarie con mia zia, Totò, Lady Diana, Einstein, Madre Teresa, Picasso, Napoleone, Marilyn Monroe, Mozart o Cleopatra.

Invece ho confessato: vagare per gli scaffali del supermercato asiatico dietro l'ufficio, studiare le confezioni con sopra i personaggi dei cartoni animati, comprare cibi a caso, provarli in pausa pranzo e non dirlo a nessuno.

Me ne sono venute in mente una serie che mi sembravano del tutto innocue. Le ho elencate ad alta voce. L'idea di ricevere un vero stipendio, all'alba dei trenta, e smettere di dipendere dai miei. Non dover più raccontare a tutti che "arrotondo con le traduzioni tecniche dall'inglese". È dall'invenzione di Google Translate che non me ne vengono più commissionate. Visualizzarmi da lì a sei mesi col vestito bianco e Bernardo accanto; nonostante il riso nei capelli, per una volta venir bene in foto. Rendere orgogliosi i miei genitori anche se la nostra ala della chiesa sarà semivuota. Le sere da Bernardo quando deve lavorare e io me ne sto in poltrona per ore a risolvere un sudoku. Il sabato, aiutare mia madre in casa a fare tutti i lavori che la domestica trascura: ribaltare i materassi e le sedute del divano e delle poltrone per fargli prendere aria, spazzare sotto i tappeti, disincrostare il forno a microonde, riordinare gli armadi, spolverare gli scaffali. Sentirmi per questo in pace con la coscienza, perché ho sudato e quindi forse perso qualche grammo, e mia madre sta meglio. Finalmente non c'è niente fuori posto. Veder sorridere mio padre quando gli do una buona notizia, magari che mi hanno assunto. Non è ancora mai successo, ma il sorriso me lo immagino benissimo. Un mazzo di iris bianchi, i miei preferiti, che si trovano in tutte le stagioni.

Ho fissato in silenzio la poltrona a forma di uovo accanto

alla finestra, per far capire alla Manubrio che avevo finito. Lei ci ha pensato su, poi ha dichiarato, con mio grande sollievo, che come tutti ho le mie debolezze, ma in me non c'è niente che non va.

Sono sei mesi che passo un'ora nel suo studio, il martedì in pausa pranzo, e non ho ancora mai parlato di mio fratello. Né di mia zia. Come potrei? La Manubrio è un'amica di mia madre. Esiste il segreto professionale, ma chi mi garantisce? Sicuro che mia madre va a chiedere. Da un po' di tempo, a casa, la sorprendo a osservarmi preoccupata. Sospetto abbia capito che sono io a rubarle i sonniferi e che sono sempre io, non la signora delle pulizie, quella che mangia i Ferrero Rocher di nascosto dalla ciotola del salotto e risistema le carte in modo che sembrino intonsi.

E poi ha dato troppo peso ai miei episodi di psoriasi.

"Le malattie della pelle hanno spesso un'origine psicosomatica," ha sancito dopo avermi studiato il braccio chiazzato. Era scioccata nel constatare che avessi cercato di nasconderlo con l'autoabbronzante. "Ti senti... ehm, arrabbiata? Depressa? Hai attacchi d'ansia?"

"No, no, no," ho risposto. Anche se in realtà non lo sapevo. La prescrizione è stata semplice: dovevo fare *quattro chiacchiere* con la Manubrio.

Nonostante non approvino il gioco d'azzardo, i miei hanno puntato tutto su di me. Sono andata a scuola dalle suore, studio l'inglese da quando sono alla materna, mi hanno imposto la danza classica, ho preso lezioni di canto e di equitazione. E ora, eccomi qua. Vedendomi, non viene certo in mente come prima cosa che io abbia fatto danza classica; canto solo sotto la doccia e male; a trent'anni sto ancora aspettando il contratto a tempo indeterminato; sì, so bene l'inglese perché mi piace, ma in fondo a cosa serve? Neanche più ad arrotondare con le traduzioni tecniche.

Le mie coetanee, in paese, sono in carriera da un pezzo, hanno già qualche figlio, un mutuo sulle spalle. Mi sento indietro su tutto, ma mi guardo bene dal rivelarlo alla Manubrio. Al contrario, mi sforzo perché abbia argomenti a sufficienza per rassicurare mia madre.

Sdraiata sulla chaise-longue di cavallino, sorvolo sui miei mal di testa lancinanti per paura che individui una causa oscura, che sia il complesso di Elettra o un odio inconscio per il mio lavoro. Tralascio di raccontarle delle notti passate a fissare l'ora proiettata sul muro dalla sveglia elettronica, a chiedermi come sarebbe la mia vita se ci fossero ancora mio fratello o mia zia, oppure come sarebbe diventata se avessi continuato a sudare sui libri di legge invece di passare a economia. Adesso sarei avvocato? Mio padre sarebbe più contento? O ero fatta per il teatro? I miei alla fine avrebbero accettato che la mia passione diventasse un lavoro?

Quando la dottoressa mi ha chiesto, aggiustandosi gli occhiali sul naso, se soffro di malesseri fisici di qualche tipo, ho scosso la testa fissando le riproduzioni di Andy Warhol appese al muro. Mai guardare dritto negli occhi la propria psicoterapeuta! Soprattutto se ha le pareti tappezzate con la serie delle zuppe Campbell's in lattina.

Ho omesso gli sfoghi di psoriasi (che peraltro riesco a mimetizzare grazie all'autoabbronzante) e gli episodi di tachicardia e il senso di vuoto che segue, nel quale mi sembra di annegare. Sono solo *momenti*. Chi non ne ha? Non vale neanche la pena di parlarne. E poi ora c'è Bernardo e ci sposeremo, e mi confermeranno in ufficio. Sarò come tutte le altre: felice. A breve non avrò più bisogno di vedere la Manubrio tutti i martedì. Ricomincerò a dormire la notte e smetterò di nascondere la Nutella nei vasi da fiori inutilizzati.

Se c'è una cosa che ho capito, è che le probabilità che i sogni si avverino sono quasi nulle. Allora perché correre incontro a una delusione, se lo si può evitare? Hanno ragione i Baci Perugina quando citano Oscar Wilde: "La felicità non è avere tutto quello che si desidera, ma desiderare quello che si ha". La felicità è vivere una vita normale.

"Le parlerò con una metafora, Oliva. Se me lo concede," ha detto la Manubrio alla fine della prima seduta.

"Certo," ho risposto, anche se non era una vera domanda.

Si è aggiustata di nuovo gli occhiali sul naso.

"Immagini la sua vita come il mare. Chiuda gli occhi, lo vede?"

Ho annuito, benché non vedessi proprio niente. Sfido chiunque a concentrarsi con qualcuno che ti fissa in quel modo.

"Il mare può essere piatto, ma anche in tempesta. Lei non può fare niente al riguardo, non può fermare le onde. Giusto? Ma una cosa può farla: imparare a padroneggiare il surf."

Padroneggiare il surf. Ho immaginato di annaspare in acqua su una tavola scivolosa, in mezzo a un branco di surfisti inguainati nelle loro tutine. Perfino nella mia mente ero incapace di stare su dritta. Inutile dire che non mi ha fatto stare granché meglio.

Le tecniche per padroneggiare il surf erano varie, ha spiegato. La più semplice: chiudere gli occhi e fare tre bei respiri profondi, per *riallinearsi con il proprio Io interiore*.

Non avevo capito bene, ma non ho fatto domande per non rischiare di dover ricominciare tutto daccapo. Per quanto mi sforzassi, in quello studio, con le zuppe di Andy Warhol appese al muro, distesa su una chaise-longue di cavallino così ispido che mi pungeva attraverso i vestiti, l'oceano non l'avrei mai visto. Forse, se la Manubrio mi avesse fatto provare la poltrona a forma di uovo accanto alla finestra... Non ho osato chiederglielo, chissà cosa ne avrebbe dedotto.

Nonostante le sue indicazioni terapeutiche siano per me piuttosto oscure, ogni tanto provo a metterle in pratica, anche solo per paura che scopra che non mi impegno abbastanza.

Magari è come per le diete, chissà che prima o poi funzionino?

Non questa volta. Dopo il terzo respiro profondo riapro gli occhi: il pacco è ancora lì.

Mi aspettavo di ricevere il manuale *La dieta dei biotipi* che ho ordinato qualche giorno fa. Sono cinque anni che devo perdere cinque chili. Uno dei due cassetti della mia scrivania è stracolmo di testi: *La Dukan dei sette giorni*, *Dieci regole olistiche del dott. Joshi per vincere gli attacchi di fame*, *La dieta dell'acqua*, *I frullati sciogli-grassi*... Sono ancora nel cellofan, perché ne pubblicano sempre uno nuovo che mi sembra più convincente. *La dieta dei biotipi* sono sicura che lo leggerò, quello sì, se non altro per capire se sono una donna mela o una donna pera. Se risulto pera, giuro che rinuncerò per sempre a qualsiasi sforzo e mi sposerò con il vestito a trapezio che mi ha ritagliato mia madre da "Sposa moderna". Ma inutile correre troppo, non è arrivato il manuale sui biotipi, sono arrivate notizie da mia zia.

Riprendono i *Carmina Burana*! Guardo il pacco avvolto nel giornale cinese e non posso credere ai miei occhi. Mia zia è viva.

"L'hanno portato insieme alla posta," spiega Veronica dall'altra parte della scrivania, indicando il pacco con il mento.

Cerco di mettere in atto un'altra tecnica del surf della vita: concentrarsi sulle piccole cose concrete per sfuggire al... come l'ha definito la Manubrio? Rimestìo mentale? Rimescolio? Rimescolamento? Insomma, al proprio *Io interiore*.

Mi sfilo il soprabito e lo appendo all'attaccapanni. Afferro la busta. La apro, riuscendo a malapena a controllare il tremito delle mani. Nel mio cuore, i *Carmina Burana* hanno lasciato spazio ai Metallica dei primi tempi, quando ancora spaccavano le chitarre.

Dentro la busta c'è un biglietto.

Oliva, raggiungimi a Parigi, ha scritto la zia, *è una questione importantissima.*

Avendo occupato più spazio del previsto con questa prima frase, ha ricamato il seguito tutto intorno, rimpiccolendo gradualmente la grafia:

Ti aspetto da Shakespeare and Company, vicino a Notre-Dame, il prossimo weekend. Porta il regalo, non aprirlo finché non sei lì. A presto, Viv.

Sul retro del cartoncino c'è una pubblicità in francese che dice qualcosa tipo: *Malik, Afro Cosmétique, accorda questo mese 30% di sconto su parrucche, rasta ed extension... E la posa è gratuita.*

La zia ha riciclato una cartolina promozionale. Tipico suo! C'è pure una macchia d'unto, ma cos'è?

Il suo fervore epistolare non ha mai trovato sfogo su semplici fogli di carta bianca. "Perché contribuire alla deforestazione globale quando il mondo è pieno di superfici altrimenti sprecate?" diceva a mio padre, che inorridiva davanti ai suoi carteggi di fortuna, come il retro dei biglietti del métro parigino, fazzoletti, buste dell'amministratore di condominio o fatture. Era una mancanza di rispetto nei confronti del destinatario, precisava lui. La forma deviava, ribatteva lei, distraeva, contaminava il contenuto; alla lunga lo impoveriva. Piccola com'ero, non mi ritenevo in grado di formarmi un'opinione al riguardo, ma i messaggi della zia sulle superfici di fortuna li collezionavo come figurine. Ce li ho ancora tutti, compreso il pezzetto di carta infilato in una boccetta di profumo, che non sono mai riuscita a estrarre. Secondo me, sopra non c'è scritto niente.

Mi accorgo ora che nella busta, oltre alla cartolina, c'è un biglietto del treno per il prossimo venerdì. Un notturno Milano-Parigi, a mio nome.

Soppeso il pacco avvolto nel giornale, sembra morbido ed è abbastanza pesante. Un cappotto? Ma è già primavera. Magari una tovaglia? Ma cosa dovrei farmene di una tovaglia a Parigi? E soprattutto: che motivo può esserci di mandare un regalo da Parigi, perché io lo riporti a Parigi senza aprirlo? Una di quelle idee che possono venire solo a lei.

Vorrei ragionarci meglio, ma è l'ora di mettersi al lavoro. Impilo tutto su un lato della scrivania, quello con le macchie di caffè. Nei due cassetti non c'è posto. Uno è occupato dai manuali, l'altro dalle scorte di snack che compro al supermarket asiatico. Biscotti della fortuna, gomme al ginseng, "arachidi ricoperte gusto cocco", caramelle al limone salate, piselli croccanti al peperoncino, KitKat al tè verde, alghe tostate Hot and Spicy, nuvole di drago. Mentre il computer si avvia, annaffio la piantina di aloe vera, è lunedì. C'è uno stuzzicadenti infilato nel terriccio, e una bandierina che dice: *Ho sete*.

“Chi è che manda pacchi così cool?” domanda Veronica, sporgendosi verso di me.

Non capisco se è una battuta. Alzo le spalle, rispondo: “Solo mia zia”.

Non parlo della tachicardia, della voglia di farmi tutto l’isolato di corsa, piangere, divorarmi le nuvole di drago, gridare.

Non dico che mia zia era sparita da sedici anni.

“Allora, cerchiamo di capire come arginare questo potenziale disastro?”

Veronica è già immersa nel lavoro e ha usato il tono delle emergenze.

Ha la mia età, ma non ha perso tempo come me al momento di scegliere cosa fare nella vita. Appena nata lo sapeva già; si è laureata a pieni voti e messa subito a lavorare. Mentre io mi muovevo di facoltà in facoltà, di stage in stage, in cerca della “mia strada”, lei è stata assunta. E poi assunta. E ancora assunta. E finalmente promossa, e poi ancora promossa, e adesso è la mia capa.

Alla Energy and Co. vendiamo barrette energetiche e siamo leader di mercato. I competitor ce li mangiamo in pausa pranzo. Di recente, però, abbiamo fatto una brutta scoperta: una multinazionale di prodotti per la colazione lancerà una linea di barrette di cereali. Eccolo, il potenziale disastro. Siamo nel 2011, gli anni in cui tutto sta cambiando, la gente sceglie il risparmio e la comodità. La gran parte dei nostri acquirenti troverà più semplice comprare le barrette al supermercato insieme ai biscotti, invece di andarsi a cercare le nostre in palestra, nei negozi di articoli sportivi o in farmacia. E, con ogni probabilità, le pagherà di meno.

“Sta andando a fuoco tutto, qua dentro, e non abbiamo mai fatto la prova antincendio,” ha commentato Ruggero, il Grande Capo, perspicace al punto che dopo un anno mi chiama ancora Olivia.

“Dobbiamo studiare una strategia,” dice Veronica allungandomi una ricerca di mercato.

Il marketing non mi dispiace perché è un po’ come il sudoku. Una questione di numeri e di ragionamento, con diversi livelli di difficoltà. E adesso è arrivato il più alto.

Dopo lo stage mi hanno offerto un anno di apprendistato, che sta per scadere. Tra poco dovrebbero assumermi. Veronica sostiene che è la volta buona, le mie idee piacciono, sono portata per il ruolo e rappresenterei un buon acquisto per il team. Che cosa insegnano i video motivazionali? *Se vuoi qualcosa, allunga il braccio e prendila.* Ecco cosa devo fare, allungare il braccio e prendermi quel contratto. Me lo ripeto ogni mattina in ascensore, per poi confondermi e sbagliare piano e dovermi fare sempre due o tre rampe di scale a piedi. Mi consolo all’idea che aiuti contro la cellulite.

Do un’occhiata alla ricerca di mercato, devo trovare una nuova strategia, farmi venire un’idea. Come per il sudoku, però, anche il marketing ha bisogno di massima concentrazione e la mia mente continua a vagare. Non fa altro che tornare a mia zia.

Sedici anni!

2.

Quando ero piccola, zia Vivienne veniva a trovarci da Parigi con un enorme baule pieno di libri di seconda mano e vestiti che per mia madre erano di pessimo gusto. Calze colorate, cappelli a tesa larga, gonne lunghe ricamate di perline, pantaloni metallizzati, pellicce... Io ne andavo pazza.

Vivienne era magra, energica, aveva gli occhi nocciola e le ciglia lunghe, un vaporoso caschetto biondo che poi è diventato bianco, metteva sempre il rossetto rosa. Da giovane aveva fatto la modella, era stata il volto dell'Orangina, del frullatore Bialetti e del Chinotto. Era perennemente infelice in amore, per questo non faceva che riversare la sua energia in qualche nuovo progetto o in un ideale appena scoperto.

C'era stata la fase dell'astrologia: non contavano solo il segno e l'ascendente, mi aveva spiegato, ma tutta la mappa astrale di un individuo. Mio padre era severo perché era nato con Giove in Capricorno, il grande problema della nonna Renata era Urano in settima casa. In quella fase indossava orecchini d'argento a forma di cerchio, portava al collo ciondoli con incastonati dentro minerali e pietre dure e si vestiva solo di blu.

C'era stata la fase dell'ambientalismo, cominciata dopo il suo primo viaggio in Africa. Era tornata vegetariana, con una vera e propria ossessione per le storie di Karen Blixen, si vestiva da safari anche in città ed era ripartita quasi subito, saltando il pranzo di Natale, per una missione di salvataggio di una famiglia di elefanti nel Serengeti.

Mio padre ripeteva che era volubile e superficiale, ma io non ero d'accordo. Viveva in modo profondo e travolgente le sue fasi e portava con sé gli insegnamenti più importanti nel suo incessante viaggio verso la scoperta di nuovi mondi. Ha analizzato per tutta la vita i pianeti nel cielo di ogni persona che le stava a cuore ed è rimasta vegetariana, per esempio, almeno fino all'ultima volta in cui l'ho vista.

Con la zia, da bambina, potevo fare le cose pericolose: passare le mani sul fuoco, provare la verticale con una mano, utilizzare lo sbattitore elettrico. Parlavamo con gli sconosciuti, ci perdevamo per le strade di Milano, ci tingevamo le ciocche di blu con i prodotti del supermercato.

Era contro le posate d'argento, lo spreco, le prigioni, i videogiochi, il galateo, gli inglesismi, il matrimonio. E aveva idee su tutto: i viaggi ti dovevano cambiare o era semplice turismo; non bisognava vergognarsi delle mestruazioni; il fallimento era un'opportunità; tutti i nostri mali originavano dalla Rivoluzione industriale. Mi sembrava che ogni suo gesto producesse un'eco, svelasse il mondo, che la realtà fosse lì apposta per farle da cassa di risonanza.

Mi insegnava a liquidare chi mi prendeva in giro per il mio nome. Forse l'unica stravaganza dei miei genitori. Ecco com'era andata: dopo la perdita del mio fratellino, non arrivava un altro figlio; erano in vacanza a Cefalù, si erano inginocchiati di fronte alla statua di sant'Oliva, nella chiesa a lei dedicata, e avevano pregato a lungo; nove mesi dopo ero arrivata io. Ero un miracolo, non si poteva che rendere grazie.

"È un nome bellissimo," mi consolava la zia. "Sai cosa devi rispondere ai tuoi compagni? Che viene dal latino. Lo sapete voi il latino?, chiedi. Io sì, rispondi: *veni*, *vidi*, *vici*. E li zittisci."

Così ho fatto. E ha anche funzionato. Certe volte.

Crescendo, zia Vivienne è diventata la mia confidente. Gioco della bottiglia, succhiotti, primi baci: chiedevo sempre consiglio a lei. Dato che non aveva il telefono, le inviavo i miei dilemmi per posta. Rispondeva citando Martin Luther King, Mike Bongiorno, Buddha, Madonna, la Bibbia. Pillole di saggezza che mi aiutavano sempre, soprattutto quelle di Mike Bongiorno, allegria!

Vivienne era la mia unica zia e la mia preferita.

L'ultima volta che l'ho vista era nella fase romantica, portava orecchini vagamente gotici, leggeva Lord Byron e Shelley, inneggiava al sublime, proclamava il bisogno di un'immediata adesione alla natura e difendeva l'idea di libertà. Mi faceva ascoltare Schubert, Strauss, Wagner, Čajkovskij. Era venuta da Parigi perché la nonna Renata si era aggravata, ma invece di vegliarla al capezzale, aveva deciso di portare me in Liguria per *insegnarmi* il mare. Gennaio 1995, avevo quattordici anni.

Il mare s'insegna d'inverno, aveva spiegato, per questo dovevamo partire subito. Avremmo dovuto fare una gita in giornata, eravamo rimaste due giorni. Al ritorno, la nonna era morta.

Mio padre, con l'espressione sconvolta, aveva convocato Vivienne nello studio. Erano rimasti chiusi dentro per quella che a me era parsa un'eternità, parlando sommessamente, senza che riuscissi a origliare niente. La zia se n'era andata quella sera stessa, in fretta e furia, senza una parola. Avevamo cenato in silenzio, io e i miei genitori, senza alzare gli occhi dal piatto. Sembrava un secondo lutto. Quando avevo trovato il coraggio di chiedere spiegazioni, mio padre aveva detto di aver scoperto qualcosa sul conto della zia, più precisamente qualcosa nella sua valigia. Una cosa così grave che non avremmo dovuto mai più cercarla. Dovevo fare come se non fosse mai esistita.

La zia? Mai esistita? Brancolavo nel buio senza riuscire a spiegarmi cosa potesse giustificare una reazione così estrema. Solo un crimine, mi ero detta. Avevo immaginato una pistola, mazzette di denaro rubato, documenti falsi... Ma davvero la zia ne sarebbe stata capace? Lei che era per l'amore puro, la non violenza, la pace nel mondo? Lei che avrebbe digiunato, piuttosto che mettere sulla griglia un petto di pollo? Doveva esserci un'altra spiegazione. Le cose dovevano essere andate in un modo così stravagante che non riuscivo a figurarmelo.

Quella sera di tanti anni fa, in camera mia, avevo trovato sul letto un dizionario di francese tascabile, con infilata dentro una mappa di Parigi e un post-it sopra: *Veni, vidi, vici. Ti aspetto. Viv.*

Era stato l'inizio di tante cose. Mio padre aveva smesso di sorridere. Passava le serate rintanato nel suo studio, a guardare la notte fuori dalla finestra. Mia madre era diventata sempre più gracile, irascibile, difficile da accontentare.

Dopo mesi senza aver scoperto cosa avesse fatto di grave mia zia, avevo ceduto. Avevo cominciato a dubitare anch'io. Per certi versi, avevo cominciato a detestarla. Aveva cambiato le regole a casa, e non tornava. Era sparita.

Una mattina, davanti alla mia immagine riflessa nella finestra del salotto che dava sul giardino, avevo fatto un giuramento solenne: non avrei mai deluso in quel modo le persone intorno a me. E non avrei mai più parlato di lei, con nessuno. Ma poi passavo le ore a cucinare petit chou, éclair, tarte Tatin e macaron e a studiare il francese su una grammatica comprata di nascosto, con l'aiuto del piccolo dizionario che mi aveva regalato lei.

Quando c'era ancora la zia tutto mi sembrava possibile, il mondo era più colorato e non mi sentivo mai sola. Da qualche parte, magari anche lontano, a Parigi, in Africa, al Polo Nord, c'era una persona che mi capiva. Senza di lei non sapevo con chi confidarmi, né divertirmi davvero. Ero tornata a essere niente.

Le avevo scritto delle lettere, a cui non avevo mai ricevuto risposta. Pareva che avesse cambiato indirizzo. Cosa avesse scoperto mio padre sul suo conto e perché lei non si fosse mai più fatta viva sono rimasti misteri. La seconda ferita della nostra famiglia.

La pausa pranzo è quasi finita. *È una questione importantissima*, continuo a ripetermi. *Ti aspetto da Shakespeare and Company...*

All'una spaccata ho lasciato la scrivania con il borsone della palestra a tracolla, come ogni lunedì, ma poi ho pensato di fare una piccola deviazione, di bere un caffè, innanzitutto. Ho scelto il solito bar, gestito da una famiglia di cinesi gentili. Il locale è asettico e abbastanza impersonale, ma mi piace perché non ci viene mai nessuno e il figlio dei proprietari mi sta simpatico, non fa altro che mangiare e bere golosità confezionate. Beato lui! Una volta mi ha offerto un pezzo della sua barretta di cioccolato bianco alla ciliegia. È stata dura, ma ho resistito.

Il caffè forte è colato nel mio stomaco vuoto attorcigliandomi le viscere e portandomi a escludere la palestra. Sarà per la prossima volta, mi sono detta, sentendomi floscia come ogni volta che salto l'attività fisica. Oggi, almeno, ho una buona scusa.

Al solo pensiero del treno notturno, mi saltano in mente in ordine sparso: pipistrelli, spaccio, Agatha Christie, coltello a serramanico, veleno, oscurità, tunnel e, non so perché, anche lebbra, peste e lazzaretto.

Certo, l'aereo sarebbe peggio: un tempo mi piaceva, ma ora lascio agli altri l'ebbrezza di passare ore chiusi in una pesantissima scatola di metallo sospesa in aria. Sarà anche il mezzo più sicuro, ma precipitare è un attimo.

L'orologio a muro segna le due. I miei colleghi saranno già tutti tornati alla scrivania. Prendo in mano le statistiche che non ho consultato, pago il caffè. Dietro al bancone sorridono. Il ragazzino mi saluta con la mano prima di aprirsi una Fanta. Corro verso l'ufficio, così sudo un po'.

Sedici anni. Tornare a Parigi è ai primi posti nella lista delle cose che vorrei fare nella vita. La lista è lunga e non ho ancora realizzato niente.

In ascensore sfilo il piccolo asciugamano dalla sacca della palestra e me lo metto intorno al collo, senza asciugare il sudore della corsa, dovrebbe essere sufficiente per far credere che io sia stata ad allenarmi. Non che importi niente a qualcuno, ma la palestra è la scusa che uso per evitare i pranzi collettivi, dove mi costringerebbero a provare la pasta al ragù della mensa o la macedonia, "che almeno ha le vitamine". No, a me la pausa pranzo piace passarla al bar cinese. Saltare il pasto e poi arrangiarmi con gli snack confezionati, quando nessuno mi vede.

La zia è viva e mi vuole incontrare! Negli anni ho ipotizzato di tutto: che finalmente il suo amore fosse stato ricambiato da un uomo affascinante come Peter O'Toole e vivesse con lui in un villaggetto del Périgord dove coltivavano piante carnivore e allevavano conigli Avana, che fosse diventata informatrice dei servizi segreti, che si fosse fatta suora di clausura, che fosse partita missionaria in Africa e mai più tornata. Nella visione più pessimistica, immaginavo che vivesse sola per strada e vendesse poesie per qualche spicciolo, come una donna che avevo visto a Parigi da bambina, quando eravamo stati a trovarla. Che sia viva mi sembra già qualcosa. E se mi ha mandato un regalo non sarà poi così male in arnese.

Apro il cassetto della scrivania, estraggo la confezione di piselli croccanti al peperoncino, me la faccio scivolare nella manica del tailleur e m'infilo in bagno. Tempo ventidue secondi, l'ho finita. Il piccante aiuta a placare i morsi della fame. È una scoperta dell'India rurale.

Che effetto mi farebbe rivedere Vivienne? Scoprire cos'è successo anni fa e come ha vissuto per tutto questo tempo? Potrebbe non essere così colpita dai miei traguardi. Economia, stage, lavoro nel marketing. E come reagirebbe nel sentire che sto per sposarmi?

Se questa fosse un'occasione per rimettere a posto le cose tra lei e mio padre? E se invece lui lo scoprisse e smettesse di parlare anche a me? Se l'eventuale scoperta lo portasse a rivangare un passato con cui ha davvero chiuso per sempre?

Il treno parte venerdì sera e arriva a Parigi sabato mattina. Dovrei andare alla stazione direttamente dopo l'ufficio e prendere il treno di ritorno per domenica sera, così da essere alla scrivania lunedì mattina. Due notti in viaggio, una a Parigi. Una follia.

Non posso chiedere consiglio alla Manubrio, sarà in Messico per tutto il mese e non è rintracciabile.

"Una vacanza è una vacanza," ha detto all'ultima seduta porgendomi la mano ingioiellata.

Confidarmi con Bernardo sarebbe come andare a processo, ragiona sempre per questioni di principio e vince sempre lui.

Se la vita è davvero come l'oceano, questa è un'onda anomala, mi trovo in bilico sopra una tavola che sembra andare per conto suo e la tutina è così attillata che non so neanche se riuscirò mai a sfilarmela.

3.

Il pollo arrosto attende sul piatto d'argento al centro del tavolo, già tagliato.

Come ogni giovedì Bernardo si è unito a noi e mia madre ha apparecchiato in grande stile. E come ogni giovedì, fanno i complimenti per chi debba servirsi per primo.

"Prima gli ospiti," dice mia madre.

"Grazie, dopo di te, Gabriella."

"Oh, come sei gentile," si arrende lei, adagiando nel suo piatto la porzione più piccola di petto.

Lancio un'occhiata a mio padre. Come da copione ha gli occhi incollati sullo schermo del telefono, per via del lavoro.

"È un po' insipido," dichiara mia madre, mortificata. "Non mi è venuto bene."

"Io lo trovo perfetto," la rassicura prontamente Bernardo.

È il mio turno. Prendo la coscia.

"È squisito," mi affretto a dire. Ma in realtà ha ragione lei.

Dopo qualche falsa partenza, anche questo giovedì la conversazione langue. Non sono tanti gli argomenti di cui si può parlare in casa mia. Sono banditi i problemi senza soluzione, le notizie tristi, gli sport estremi, le teorie complottiste, l'esoterismo, l'omeopatia, le constatazioni di difficile interpretazione. L'argomento ideale sarebbero i miei traguardi, peccato che non ce ne siano mai. Ogni tanto tirano fuori la pagella della quarta liceo, l'anno in cui ho preso due nove, uno in italiano e uno in latino. L'insegnante era sempre assente e col supplente giocavamo a backgammon: avevano dato il nove politico. Ovviamente, non l'ho mai confessato.

Da quando siamo fidanzati, sono bene accetti anche i traguardi di Bernardo. Per fortuna, oggi ne abbiamo uno: brindiamo al fatto che è appena stato assunto in un importante studio legale. Non si occuperà più di cause condominiali.

Mio padre gli stringe la mano con solennità.

"Ora parliamo la stessa lingua."

"Grazie Marcello, lo apprezzo," risponde lui.

Mio padre è felice all'idea che un domani mio marito possa prendere in mano il suo studio. Sarebbe spettato a me, se non fosse stato per gli esami di diritto romano e diritto privato e il fatto che non ho avuto la costanza necessaria per diventare avvocato, quella e la giusta dose di masochismo. Mi consolo pensando che, se ho fallito nel percorso universitario, per lo meno non ho fallito nello scegliere il mio futuro marito.

Il discorso cade sulla villetta in cui andremo ad abitare dopo il matrimonio. Tra poco sarà libera dagli affittuari, pronta per noi.

"È stato un buon investimento," dice mio padre. "In vent'anni il valore è raddoppiato."

È in fondo alla strada. Uguale a tutte le altre della via, compresa quella dei miei, in cui vivo ancora. Due piani, il tetto spiovente e il balcone alle finestre.

Cerco di non pensare al fatto che l'avevano comprata per mio fratello. Sarebbe stato lui quello con la villetta qui accanto, il lavoro sicuro, la vita perfettamente organizzata? Sarebbe bastato ai miei genitori? Forse non avrebbero avuto bisogno di me? A volte mi chiedo come sarebbe stato non nascere, ma non è possibile immaginarselo. Potrei vedermi fluttuare nel vuoto o nel buio più assoluto, ma non sarebbe preciso, perché finché riesco a immaginarmi esisto.

"La città si sta avvicinando," dice Bernardo, "e noi avremo pure il giardino."

La prospettiva di lasciare Milano per trasferirsi qui in paese gli piace, dice. Pace e silenzio, una dimensione più umana e, se esci all'ora giusta e corri un po' in tangenziale, non è nemmeno così lontano dallo studio. In privato mi ha detto che andremo a stare lì perché non paghiamo l'affitto, ma in futuro spera di comprare un appartamento a Milano. Vorrebbe vivere in centro. Piacerebbe di più anche a me, mi ha assicurato, come se ce ne fosse bisogno.

"Non credete a chi vi dice che il futuro è un'illusione," commenta mio padre. "Se c'è un'unica certezza nella vita, è proprio il futuro. Ed è importante farsi trovare preparati."

"Porto Oliva ad Alassio, sabato," annuncia Bernardo.

Come fossi un barboncino! Non avremmo dovuto consultarci, prima? Perfino io ricordo l'articolo 13 della Costituzione: *La libertà personale è inviolabile*. Sarà che me lo ripeteva sempre mia zia. Ad Alassio con i suoi amici, a cui non so mai cosa dire. Ogni volta che provo a fare conversazione mi si para davanti il buio. Sono tutti giovani avvocati, giovani notai, giovani dentisti. Di cosa dovrei parlare? Delle alghe tostate Hot and Spicy? Chiedergli se hanno presente la scena finale di *Via col vento* in cui Rossella O'Hara esclama: "Dopotutto, domani è un altro giorno!"? Il silenzio che immancabilmente accoglie le mie battute è imbarazzante, mi fa venire la tachicardia. Preferirei starmene a casa a risolvere sudoku o preparare pasticcini, anche se a casa non li mangia nessuno: mio padre odia i dolci e l'unico apporto calorico che contempla la dieta di mia madre sono le bacche di goji dell'Himalaya.

Stanno tutti aspettando che io dica qualcosa riguardo alla proposta. Le occhiate allusive di mia madre si fanno sempre più insistenti. Si compiono dei sacrifici per le persone che si amano, me l'ha già spiegato più volte. *Le responsabilità sono alla base della felicità*. Non lo metto in discussione, sono regole sociali, e se esistono le regole sociali c'è un motivo. Il motivo è questo: perché la realtà non si incrini gettandoci nel panico, perché tutti sappiano cosa aspettarsi e la vita scorra fluida, senza intoppi. Si va avanti così da secoli e l'ho sperimentato su di me: funziona. Meglio un interminabile attimo di finzione che una serie di salti nel vuoto e delusioni.

È per questo che sono la prima a stupirmi di quello che dico.

"Questo weekend sarò a Parigi."

L'eco riverbera per un pezzo.

"A Parigi?" esclamano tutti all'unisono, ghiacciandosi nella posizione in cui si trovano.

Forchette a mezz'aria, occhi spalancati. Mi viene in mente la foto di Dalí con i gatti e le sedie che volano.

"Come, a Parigi?" balbetta mia madre.

"Parigi?" ripete Bernardo.

"Questo weekend?" rincara papà.

Rimango immobile a mia volta. La tachicardia è così forte che mi aspetto che il cuore mi schizzi fuori dal petto e atterri sul piatto.

"Già, Parigi."

"E perché?" domanda mia madre, come se le avessero finalmente agganciato un respiratore artificiale.

Non sono preparata a questa domanda, ho deciso soltanto adesso di partire. Ammettere che ci vado da sola e col treno notturno è escluso. Menzionare zia Vivienne è impossibile. D'altra parte, odio mentire. Non voglio vivere nel terrore di essere scoperta.

"Oliva?" mi sollecita mia madre.

"Vado in vacanza."

"In vacanza?" ripete lei.

Mi viene un'idea: "Domenica è il compleanno di Linda. Partiamo insieme".

Tra le mie poche amiche, Linda è quella che preferiscono. La più affidabile. Lo sguardo di mio padre cambia. Sospetta? In effetti, da quando si è sposata non ci vediamo quasi più.

"Avete prenotato tutto all'ultimo?" chiede Bernardo, che non se ne capacita.

"Già, un volo sabato all'alba," dico, "per questo domani dormirò da lei. È il suo compleanno," ripeto. Almeno questo è vero.

"Ma Linda... è sposata," nota la mamma.

"Appunto," rispondo. A caso. Funziona. "E io ho trent'anni, avrò il diritto di prendermi una vacanza."

Ma sì, appelliamoci all'articolo 13, lo avranno pur redatto per un motivo. Ora che l'ho detto e sancito, non posso tornare più indietro.

"Quindi niente Alassio?" si sgonfia Bernardo.

E non solo. Visto che devo fare la valigia, non posso nemmeno andare a dormire da lui come sempre. Nel vedere la sua espressione afflitta, quasi cambio idea. Ma stringo i denti. Resisto.

Estraggo dal frigo la panna cotta con coulis di frutti di bosco che ho preparato e la porto in tavola. Si serve solo Bernardo.

"Ho cominciato la dieta dei biotipi," spiego a mia madre, dopo aver rifiutato di assaggiarla.

Il manuale in realtà non mi è ancora stato recapitato, ma la notizia l'ha rianimata. Comincia daccapo con la solita storia: non sono *grassa*, non devo perdere *tanti* chili, ma se ne perdessi qualcuno starei senz'altro meglio. Lo zucchero è veleno, crea dipendenza e... Sorrido e annuisco mentre annovera tutte le controindicazioni del glucosio. Le spiego che sono il biotipo mela (me lo assegno scartando quello pera per sentirmi un po' meglio con me stessa) e che la nuova dieta non prevede dolci. Non ne mangerò per un po'. Approva. Ha dimenticato Parigi, Linda, Alassio, tutto quanto. Mi chiedo se non sia la volta buona: forse, seguire un regime alimentare senza sapere in cosa consista porterà dei risultati. Annullerò l'ordine del libro.

Dopo cena, accompagno Bernardo al cancello. I suoi occhi verdi risaltano nel buio rischiarato dai lampioni. Mi chiedo cosa ho fatto per meritarmi un uomo tanto bello. Che importa se a volte mi pare che non abbiamo molto da dirci e non ride alle mie battute? La bellezza è confortante. Per certi versi la bellezza è tutto: finché dura.

Mentre lo guardo avviarsi verso la macchina, respiro l'aria di Cornaredo, un paese in cui potrei muovermi a occhi chiusi. Della sua manciata di strade conosco ogni irregolarità, ogni cancello, ogni cartello. L'ho amato e mi è stato stretto. Ormai, vivo qui con un senso di ineluttabilità. Mi sporgo per osservare la casa che ci aspetta, al piano di sopra c'è una luce accesa. Sarà la nostra camera. Ho una visione di noi due, tra un anno, sdraiati a letto con la testa appoggiata sui cuscini del corredo, lui che legge la memoria conclusionale per l'udienza del giorno dopo mentre io risolvo il sudoku di ultimo livello. Andrò in bagno fingendo di volermi spalmare la crema e prenderò un sonnifero? Ne avrò ancora bisogno?

4.

Spalanco l'armadio, apro la valigia.

Se c'è una cosa che non mi manca sono i vestiti, provengono tutti dalla boutique di mia madre. Dopo la terza media mi ha iscritta al liceo di Busto Arsizio, così facevamo il tragitto in macchina insieme. Eravamo sempre in ritardo, per colpa mia. Ascoltavamo Leonard Cohen e De André. Mi faceva scendere davanti al cancello del comprensorio scolastico, poi andava ad aprire il negozio. All'uscita della scuola pranzavamo insieme in un bar della zona, o meglio, lei mi guardava mentre mi rimpinzavo, perché aveva sempre mal di pancia, la nausea o "aveva già mangiato". Spiluccava frutta secca nel pomeriggio, attingendo da un barattolo che teneva nello sgabuzzino sul retro del negozio, dove posavamo gli ombrelli e i cappotti in inverno.

Dopo pranzo mi mettevo a studiare sul ripiano della cassa cercando di estraniarmi dal costante chiacchiericcio delle clienti affezionate. Mia madre è quel tipo di venditrice che non può lasciare indifferenti. La ami o la odi, come il pollo in agrodolce. Crede che vestirsi bene migliori la qualità della vita, che lo stile classico doni a qualunque figura (e ringiovanisca), non crede nelle mode, nell'esagerazione, nelle gonne troppo corte, nei tacchi troppo alti, nei capi oversize, non crede nell'indossare più di tre colori, nei materiali sintetici, negli strass, nelle stampe a fiori, nelle righe orizzontali. Si affida ciecamente alle regole della *Guida completa su come ab-*

binare i colori, tra cui le due cardinali: mai accostare colori primari o vicini nel cerchio di Itten e mai vestirsi con diverse tonalità dello stesso colore.

Ho osato ribellarmi alla sua dottrina una sola volta, quando sono andata a fare shopping con le mie compagne del liceo. Avevo risparmiato tre mesi di paghetta. Il bottino era composto da un paio di pantaloni gialli a vita bassa, una maglietta fucsia molto attillata e una collana effetto tatuaggio verde acqua. Avevo indossato tutto insieme quella sera a cena, sentendomi molto adulta e carismatica. Nel vedermi, mia madre era ammutolita. Mi aveva lanciato occhiate tetre per tutta la durata del pasto, in silenzio, e al termine era esplosa. Perché mi ero vestita in quel modo? Che cosa volevo esprimere con quell'abbigliamento dozzinale? Cosa volessi esprimere non lo sapevo. Avevo solo voglia di piacermi, di sentirmi desiderabile, forse. Non riusciva a spiegarsi da chi avessi preso se non da mia zia, aveva urlato in tono melodrammatico. Solo lei era capace di abbinare il viola col rosso, il giallo col nero, il blu col beige e di indossare vestiti scuciti, bucati o stinti. Il che era indice di sciatteria, mancanza di rispetto e pessimo gusto. Vestirsi bene era una cosa seria. Conquistava il rispetto degli altri, determinava il futuro. Lei stava cercando di trasmettermi tutto questo, affinché potessi avere una vita appagante, costruita su basi solide, all'altezza delle mie capacità.

Zia Vivienne una volta aveva detto che il bisogno di cercare l'armonia estetica può essere una forma di difesa. Forse avrei potuto semplicemente spiegare a mia madre che mi faceva stare bene l'idea di non essere elegante, ogni tanto. Ma lei era scoppiata in un pianto torrenziale, disperato, chiedendosi dove avesse sbagliato. Mi ero girata verso mio padre in cerca di sostegno, avevo trovato solo uno sguardo amareggiato e stanco. Gli ricordavo sua sorella. Ero la loro unica figlia e lo avevo deluso.

"Non sei tu ad aver sbagliato," avevo sussurrato a mia madre, "è colpa mia."

Ero salita in camera mia a cambiarmi, come mi era venuto

in mente di mettermi quegli stupidi vestiti? Li avevo buttati nel cestino.

La vastità delle ipotesi su quello che potrebbe accadere durante il viaggio è soverchiante. So che occorre essere previdenti, ma non so come si fa. Bernardo ha una sua tecnica: infila in valigia camicie tutte uguali per il numero dei giorni di vacanza più uno, aggiunge due paia di pantaloni e, se andiamo in un posto freddo, calcola il numero di maglioni dividendo il totale dei giorni per uno e mezzo e aggiungendone uno di peso medio.

Decido di affidarmi alla mia capacità di ragionamento. Il meteo annuncia una temperatura di ventisei gradi, senza rovesci. Scelgo un paio di pantaloni e due camicette, per andare sul sicuro. Un vestito a fiori di seconda mano che ho comprato al mercato; lo tengo in fondo all'armadio da anni, non ho mai osato metterlo per non dare un dispiacere a mia madre, anche se mi piace parecchio. Se a Parigi fa caldo lo sfrutterò. Decido di portare anche quei bellissimi orecchini da flamenco di plastica che presi per una festa di Carnevale annullata all'ultimo. Non ci posso certo andare in ufficio o ad Alassio, ma a Parigi sì. Oltre alle décolleté, che avrò ai piedi, scelgo un paio di scarpe da ginnastica e delle ballerine.

Infine piego e infilo in valigia un vestito con le paillettes, ha ancora l'etichetta, nel caso che Vivienne voglia portarmi fuori sabato sera. A teatro, al ristorante, a casa di amici? Secondo me le paillettes a Parigi vanno sempre bene. Per sicurezza metto in valigia anche una giacca e l'ombrello. Prendo due camicie da notte, una lunga e una corta. Se ho troppo caldo o troppo freddo, non riesco a dormire. Metto da parte l'accappatoio, le ciabatte per non scivolare dopo la doccia, le pantofole.

Rovisto nel cassetto della biancheria, nella speranza di trovare un reggiseno pulito e qualche paio di slip coordinati, cosa del tutto improbabile. Tra i turni di lavaggio sfasati e l'ingrigimento dei bianchi la situazione è ormai irrecuperabile.

In fondo al cassetto trovo un Tronky al pistacchio, non ricordavo di avercelo nascosto. Sto per scartarlo, direi che me lo merito visto il pollo scondito, ma sento bussare alla porta e lo ricaccio in mezzo alla biancheria.

Mia madre mi allunga una fodera quadrata e rigonfia.

"Il kit di pronto soccorso da viaggio," spiega con aria turbata. "Ho letto che ti possono anche amputare una gamba per un taglio non disinfettato."

"Non sto andando in guerra, mamma," dico, ma lo accetto. *Uno stupido incidente*. Ne può bastare uno. Nessuno può saperlo bene come noi, come i miei genitori. Loro vedono il pericolo in tutto, ora. Ora che è troppo tardi.

Mia madre mi consegna un antibiotico generico, il cortisone e il termometro. Dopo essersi assicurata che io li abbia messi in valigia, e che sarò cauta durante tutto il viaggio, mi augura la buonanotte. La abbraccio per rassicurarla. E rassicurare me.

Quando lascia la stanza, infilo in borsa lo spray al peperoncino che mi ha regalato mio padre quando ero in terza liceo. Sarà scaduto? Sulla confezione non c'è la data.

Estraggo il Tronky dal cassetto, sembra ancora buono. Non credo che la dieta dei biotipi ammetta il cioccolato. Eppure è un alleato del buon umore, allevia lo stress, fa bene alla pelle e rende addirittura più intelligenti. Cito a me stessa ricerche scientifiche. Convengo che la pelle e il buon umore non siano priorità, ma l'intelligenza mi serve davvero. E gli do un morso.

"La zia che per Carnevale ti aveva fabbricato il costume da Bacio Perugina con la carta stagnola?" chiede Linda.

"Lei," sussurro nel telefono.

"Quella dei fenicotteri?"

"La mia unica zia."

"Spero che nessuno mi chieda niente, Oliva, sai che sono incapace di mentire."

Rilevo nel suo tono un sottile rimprovero.

"Come mai hai tirato in ballo proprio me?"

In realtà, me lo sto domandando anch'io. "È per via del tuo compleanno."

"Senti, torna presto. Comunque non penso che incontrerò i tuoi per strada proprio questo weekend. No?"

Ci salutiamo con il proposito di pensare positivo. Per quanto mi riguarda, so già che sarà un disastro. Il Tronky non mi ha tranquillizzata per niente. Come se non bastasse, chiama Bernardo.

"Non vai a Parigi con Linda," dichiara in tono offeso.

"Perché dici così?"

"Lo so e basta."

D'altronde, fiutare le bugie è il suo lavoro. E questa è l'ennesima riprova che non so mentire. Cala il silenzio, mentre passo in rassegna le possibili risposte. In realtà mi ronza in testa solo un banale "certo che vado a Parigi con Linda", che non servirebbe a niente.

"Allora?"

Sospetto sia geloso. Forse, di tutti i mali, meglio la zia. E poi sento il bisogno di essere sincera almeno con lui. Senza neppure chiedermi se sia una buona idea, gli dico tutto. Del biglietto, del treno notturno, del pacco avvolto nel giornale cinese. Dei miei dubbi, del fatto che la zia non ha lasciato nemmeno un recapito.

Bernardo rimane in silenzio per un po', poi sussurra: "Quindi non hai un altro?".

Sono sollevata. Gli giuro che non ho nessuno all'infuori di lui. Mancano sei mesi al matrimonio, non siamo mica in *Se scappi ti sposo* e io non sono Julia Roberts, anche se mi piacerebbe. Questa è la vita reale.

"Con tua zia di mezzo, di reale sembra esserci ben poco."

"Ma non l'hai neanche conosciuta!"

"Se i tuoi hanno rotto i rapporti con lei dev'esserci un motivo valido. Andare fino a Parigi mi sembra una perdita di tempo."

Bernardo è un uomo razionale. Sarebbe più semplice persuaderlo che la Terra è piatta, con le argomentazioni giuste, che indurlo a credere che abbia valore il mio sentire di dover partire, senza saper spiegare il perché. Se non taglio corto, temo di perdere il coraggio.

"È già mezzanotte," dico, "sai che se non dormo almeno sei ore..."

"Be', allora tienimi aggiornato," fa lui, freddo come nelle telefonate di lavoro.

Non aveva mai usato quel tono con me.

Se ne dimenticheranno presto. Finirà tutto in un ricordo con il sorriso. Incontrerò mia zia che mi svelerà il suo mistero e non prenderò a vederla clandestinamente, ma farò sì che si riconcili con mio padre.

Per placare l'ansia cerco di concentrarmi sulle cose pratiche. Apro il cassetto della scrivania dove tengo nascosto il piccolo dizionario con dentro la mappa di Parigi. La zia ci si è trasferita a diciott'anni. Si è fatta cambiare il nome all'anagrafe, da Viviana a Vivienne, e appena ha potuto ha preso la cittadinanza.

"Così è diventata ufficialmente un'estranea," ha commentato mio padre alla notizia.

Sento che si sta insinuando il solito mal di testa.

Parigi.

L'ultima e unica volta che siamo stati a trovarla avevo sei anni. Ricordo come se lo vedessi ora il suo appartamentino col parquet e i gerani rossi alle finestre, le pareti tappezzate di vecchie locandine. Era nella fase cinema d'essai e non faceva che raccontare di rassegne di sconosciuti registi romeni o di attori cult della Costa Rica, passando per i film francesi della Nouvelle Vague. *Parigi.* Ricordo i boulevard, il cortile del Louvre invaso dai turisti, il croque-monsieur in un caffè turistico sugli Champs-Élysées, che mi aveva fatto venire il mal di pancia. La gran sudata per arrivare in cima a Montmartre, i lampioni di ferro battuto che illuminavano le strade acciottolate. File infinite di macaron colorati nelle vetrine. *Mademoiselle, bonne nuit, Paris.*

Scopro da Google che Shakespeare and Company è una libreria. La segno con un cerchietto sulla mappa.

Imposto la temperatura nel termostato perché rimanga compresa tra i venti e i venti gradi e mezzo. Prendo quindici gocce di analgesico. Spengo la luce, indosso la mascherina (dalle persiane filtra sempre un po' di luce) e mi infilo i tappi nelle orecchie (a volte il vento fa sbattere la tenda del gazebo in giardino).

Se mi sveglio di notte, non mi riaddormento più. Rimanere sveglia comporta il rischio di finire tutta la panna cotta che riposa in frigo, mandando così a monte l'ennesima dieta, e dovermi arrovellare per cercarne un'altra, che tanto non funzionerà.

5.

Infilo la mano nella borsa e stringo lo spray al peperoncino. Mi sembra che un uomo stia camminando lungo il binario in modo sospetto. Sono le otto di sera di un normale venerdì, ma è pur sempre la stazione Centrale di Milano.

Non ho mai viaggiato da sola in vita mia. Comincio a capirne il motivo. La zia mi ha prenotato una cuccetta di seconda classe. Una famiglia mediorientale carica enormi valigie: la moglie aiuta il marito a issarle una a una, mentre i due figli li guardano con gli occhi spalancati. Vi leggo dentro il mio stesso disorientamento. Il fatto che alloggino nel mio stesso vagone mi rassicura.

L'adrenalina e il terrore mi provocano una sorta di formicolio nel cuore, immagino sia come prima di tuffarsi dal trampolino. In fondo, ho un'arma stretta in pugno e nessuno può sapere se il peperoncino è scaduto, così come non si può sapere se una pistola è carica dandole solo un'occhiata.

Sono impalata davanti al predellino del treno, senza riuscire a decidermi. *È solo una perdita di tempo*, ha detto Bernardo. Potrei ancora tornare a casa, accampare una scusa, e sarebbero tutti così sollevati che nessuno si ricorderebbe più di niente. Tranne la zia, che mi aspetterebbe invano davanti alla libreria.

Ricordandomi della dottoressa Manubrio, chiudo gli occhi e prendo tre bei respiri. Penso al surf della vita, l'onda anomala, la tavola scivolosa, io sopra. Il capotreno sta fischiando. Ho in mano il biglietto della zia. Lo annuso... Pain au chocolat, il suo preferito! Ecco cos'è la macchia di unto! Deve averci fatto colazione sopra.

Il capotreno fischia per l'ultima volta. Prendo lo slancio, mi aggrappo alla maniglia per riuscire a issare il trolley. Prima che possa pentirmi, le porte del treno si chiudono dietro di me. Resto a fissare la serie di binari fuori dal finestrino fino a che non diventano campi, e poi paesini e ruderi abbandonati di fianco all'autostrada, e rimesse di auto e stazioni ferroviarie minori in cui il treno non rallenterà nemmeno. Nessuna fermata prima di Parigi. Il cuore mi martella nelle tempie, torna il mal di testa. Una scelta epocale. Sono partita.

Nel vagone l'atmosfera è rilassata. Sembra quasi un treno normale, uno di quei vecchi regionali, solo che qui gli scompartimenti hanno la porta con la chiave. Individuata la mia cuccetta, mi chiudo dentro. Controllo che la finestra sia bloccata. Lo spazio è piccolo, ma sembra pulito. Mi siedo sul letto dopo aver sistemato la valigia in un angolo. Ho fame. Prima di lasciare l'ufficio mi sono rovesciata in borsa tutti gli snack cinesi che avevo nel cassetto della scrivania, con l'idea di portare qualcosa da offrire a mia zia. Mi concederò un biscotto della fortuna. Uno solo. Ho bisogno di un messaggio d'incoraggiamento. Apro la confezione ancora sigillata e pesco il primo che mi capita. Lo mastico con calma, in attesa di scartare il bigliettino. *Non cercare guai, saranno loro a trovare te.* In quanto a fortuna, sapete a chi rivolgervi.

Quali guai mi attendono nella Ville Lumière?, mi chiedo con panico crescente infilandomi la camicia da notte lunga, perché non riesco ad azionare il riscaldamento. Mascherina, tappi, analgesico. Le coperte odorano di disinfettante. Spero di riuscire a dormire. Quali sciagure, quali sventure? Non dovevo partire, mi maledico, mentre sfrecciamo verso nord, stridendo sui binari, e la notte cala con pesantezza fuori dal finestrino.

Samedi

6.

Se il dondolio concilia il sonno di molti, di certo non ha favorito il mio. Una voce metallica avverte che il treno sta entrando a Parigi, sono le 7.25, e di ore ne avrò dormite a malapena due. Più di una volta, stanotte, mi è parso che qualcuno cercasse di forzare la serratura. Ho tenuto stretto lo spray al peperoncino e nell'altra mano il kit di pronto soccorso, la cosa più pesante che avrei potuto tirare sulla testa del malintenzionato. Per fortuna, erano solo falsi allarmi, nessuno ha cercato di fare irruzione nella mia cuccetta. Mi sono addormentata per sfinimento, ancora con lo spray in mano.

Ho sognato che venivo chiamata in tribunale da mio padre, che però aveva le sembianze di Bernardo e mi accusava di tradimento. "Ci dev'essere un errore," gridavo, "sono un'attrice!", ma nessuno sembrava prendermi sul serio.

Cerco di lavarmi come posso nel lavandino della cuccetta. Metto una camicetta pulita e il tailleur di ieri. Infilo le scarpe col tacco. Come avrà fatto la zia a scoprire dove lavoro? Ha mandato il pacco in ufficio per non coinvolgere i miei genitori? Non ha avuto dubbi sul fatto che sarei partita senza dirglielo? È probabile, è sempre arrivata alle cose prima di tutti.

"È troppo intelligente per la vita," ha detto una volta mia madre.

"O troppo poco," ha ribattuto papà.

Quello che so è che è riuscita ancora una volta a spingermi a fare una cosa che non avrei mai fatto.

Guardo la mia immagine riflessa nello specchio a parete, ho gli occhi cerchiati e i capelli ispidi, l'effetto del trattamento alla cheratina sta scemando. Li tiro indietro con il fermaglio a forma di fiocco che metto sempre e prendo l'astuccio dei trucchi. Ho imparato a memoria il tutorial *Make-up Effetto No Make-up Acqua e Sapone*. Il concetto è semplice: il trucco c'è, ma non si vede. Con primer, fondotinta, cipria, correttore, illuminante, ombretto, matita per gli occhi, matita per le sopracciglia e pettinino, mascara e balsamo per le labbra, rendo il mio viso più proporzionato, ridimensiono gli occhi, accorcio la distanza tra le sopracciglia, ombreggio gli zigomi, affino il naso, mi sbarazzo dei brufoli e della pelle lucida. Tira un po' sulla pelle, ma l'effetto è incredibile. Basti pensare che Bernardo non mi ha mai vista struccata, ma è convinto che io metta solo il mascara.

Il treno ha rallentato, non ho tempo. Realizzo la versione delle emergenze: fondotinta, correttore, mascara, cipria e lucidalabbra.

Calo il trolley sul binario prima di scendere dal predellino. Sono *à Paris*! Dal soffitto di vetro della Gare de Lyon filtra una luce vivace. Nella stazione c'è già movimento, coppie e famiglie in modalità vacanziera si avviano verso treni regionali. Gli inservienti raccolgono bottigliette di plastica dal pavimento e vecchi giornali con una lunga pinza. In testa ai binari ci sono delle palme. Sembra Milano Centrale con un vestito migliore.

Nonostante i tacchi avanzo velocemente verso l'uscita, trascinandomi dietro il trolley. Una volta fuori prendo una boccata di Parigi e alzo lo sguardo verso il sole: sono indenne. Anche solo per questo, c'è da rendere grazie.

"*Shakespeare and Company, s'il vous plaît*," dico all'autista infilandomi nel taxi.

Non che abbia soldi da sprecare, ma non posso permettermi di perdere tempo. Se la zia mi stesse già aspettando?

Scivoliamo lungo la Senna, la città da moderna diventa sempre più Parigi. Metà aprile, una brezza leggera. La riva del fiume è popolata da persone in tenuta da jogging, c'è chi ha il cane al guinzaglio e chi i pattini a rotelle. I palazzi con i tetti grigioazzurri riflettono la luce. *Paris*. La zia mi aveva comprato una crêpe Suzette e insegnato a dire *merci* arrotando la erre, quando eravamo stati a trovarla. *Paris*. Adesso sono tornata, e sono adulta.

Spiego al tassista che cerca di fare conversazione che ho studiato il francese da autodidatta, ma mi sembra di ricordare ben poco. Risponde qualcosa che credo voglia dire: peccato.

Come sarà incontrare zia Vivienne? Faccio un rapido calcolo, l'ultima volta che l'ho vista aveva sessantun anni anche se ne dimostrava cinquanta, quindi ora ne ha settantasette... ma quanti ne dimostrerà? Mio fratello, penso, ne avrebbe trentacinque. Un uomo fatto e finito. A lui l'avrei confidato che partivo per Parigi. Cosa avrebbe pensato di nostra zia? Sono sicura che lui mi avrebbe capita.

7.

A una prima occhiata appare subito chiaro, di librerie ce ne sono due. Una accanto all'altra, entrambe sovrastate da un'insegna dal fondo giallo. Affacciano su una specie di slargo pedonale con una fontana e un albero su ogni lato. Dall'altra parte della strada corre la Senna e, un po' più avanti, s'innalza Notre-Dame.

Antiquarian Books c'è scritto a caratteri neri sopra la libreria di sinistra, un cartello appeso all'interno della vetrina avverte che apre solo su richiesta; *Shakespeare and Company* campeggia sopra l'altra, che dev'essere quella principale e apre tra un'ora. Strizzato tra le due c'è un portoncino di legno verniciato di verde. Rue de la Bûcherie 37. Sono arrivata.

La luce del mattino sfiora la pelle scaldandomi appena, nell'aria fresca c'è odore di inizio, come quando attraversavo Cornaredo per andare a scuola. Ma questa è Parigi e non sto per chiudermi in classe, sto per incontrare mia zia. Il senso di anticipazione mi dà quasi la tachicardia.

Oltre il parchetto sulla destra vedo un caffè, bello come un giocattolo. Trascino il trolley sulla ghiaia del vialetto rischiando più di una volta che si ribalti. Ecco cosa succede a chi non sa rinunciare a niente. Quando sono con Bernardo, che mette camicie, pantaloni e maglioni sottovuoto, ne approfitto per affidargli i miei due o tre beauty-case, ma in questo caso ho dovuto stiparli tutti dentro il mio bagaglio.

Nel caffè sembra di essere in *Fino all'ultimo respiro*, non mi stupirei se mi si parasse davanti Jean-Paul Belmondo. Mi avvicino al bancone, ai cui piedi si stende un cimitero di tovaglioli accartocciati e briciole.

"*Un espresso, s'il vous plaît,*" tento di dire al barista, che mi guarda impaziente. Il suo viso sembra pronto a esplodere, come fosse allergico al mondo.

"*Un café pour Mademoiselle,*" ripete al collega che, di spalle, riempie le tazzine.

Trovo i croissant in una vetrinetta. Ne prendo uno, lo annuso prima di morderlo. È floscio e burroso, come quelli che ci portava la zia. I miei preferiti. Il barista mi mette distrattamente davanti la tazzina, lo zucchero è in un recipiente a forma di palla poco distante. Hanno ancora le zollette... ne prendo tre. Non si fanno diete in situazioni come questa.

Mentre mescolo il caffè, entrano due uomini con l'impermeabile e il quotidiano sotto il braccio. Insieme a loro c'è una donna ben vestita, con un cappellino color tortora.

Finisco il croissant e butto giù il caffè in un sorso.

"*Trois euros, cinquante,*" bofonchia il barista, non appena appoggio la tazzina vuota sul banco.

Gli lascio tre euro e cinquanta precisi, per non irritarlo oltre.

"*Bon courage, Mademoiselle,*" mi augura lui, afferrando le monete.

Bon courage. Allora era un classico finto scorbutico parigino? *Bon courage*, ripeto a me stessa, e di buona fortuna ho proprio bisogno, mi dico affrettandomi di nuovo verso la libreria.

Quando era ospite da noi, la zia si alzava sempre per prima e andava a dormire per ultima. Voleva scrivere almeno tre ore al giorno e, considerando che doveva anche lavorare per mantenersi e non voleva di certo rinunciare a vivere per questo, era abituata a riposare lo stretto indispensabile. Cercava di insegnarlo anche a me: "Svegliati presto," diceva, "la vita è breve, rendi ogni giorno degno di essere vissuto. Inventati delle cose da fare!".

Era sempre impegnata e per questo sempre in ritardo. A me non pesava, ma a mio padre sì. Lo faceva stare con il cuore in gola. Lui odia gli imprevisti. Ha bisogno di sapere in ogni momento dove siamo e cosa stiamo facendo e che stiamo tutti bene.

"Se tua zia non perdesse tutto quel tempo a scrivere o a fare cose inutili," borbottava, "magari riuscirebbe ad arrivare in orario."

Io penso che il tempo per lei scorresse diversamente, tutto qui. Chissà se è già per strada.

Seduta sulla panchina di legno della libreria, noto che l'albero davanti a me è ricoperto di boccioli: sarà un ciliegio?

"Ehi, mi daresti una mano?" chiede improvvisamente qualcuno, in un inglese da straniero.

Un ragazzo regge tra le braccia una pila di libri talmente alta da coprirgli quasi interamente la visuale, con un piede tiene aperta la porta della libreria dietro di sé.

"Cosa dovrei fare?" domando, a titolo informativo.

"Ci sono due possibilità..." Lo vedo sorridere dietro i libri.

"Okay, be'..." Prendo in mano metà della pila.

"*Merci*," dice appoggiando a terra i libri rimasti, senza spostare il piede che tiene aperta la porta.

Indossa un basco di tweed, da cui sbuca qualche ciocca di capelli biondi, una maglietta bianca con lo scollo a V macchiata di quello che potrebbe essere caffè e un paio di pantaloni di velluto, decisamente troppo grandi per lui. Al posto della cintura ha un nastro di raso rosa. Ai piedi porta due scarponcini consumati, uno è slacciato.

Rimango impalata con i libri in mano, ho la gonna troppo stretta per piegarmi e appoggiarli sul marciapiede come ha fatto lui.

"Tieni aperta la porta." Non completa la frase con un "per favore" o un punto interrogativo.

La fermo con il gomito, mentre lui rientra in libreria, prende un'altra pila di libri e appoggia anche questa sul marciapiede. Mi libera da quelli che tengo tra le braccia e li unisce agli altri.

"Vieni, aiutami," dice rientrando.

Dall'aspetto e dall'accento potrebbe essere scandinavo. Vorrei aiutarlo, ma la zia sarà qui tra un attimo e la polvere non aiuta la psoriasi... Come si dirà psoriasi in inglese? Indico la valigia. "Non vorrei lasciarla incustodita," spiego. E non è solo una scusa. Ci manca di trovarsi senza lo spazzolino da denti, il pigiama o il kit di pronto soccorso. E agli orecchini da flamenco ci tengo.

"Metti la valigia qui, contro la porta," dice lui. "Così possiamo entrare e uscire liberamente."

Mentre mi guarda in attesa che io esegua, capisco: dev'esserci un malinteso. Spiego che non lavoro lì, forse mi ha scambiato per qualcun altro. Lui scoppia a ridere, levandosi e rimettendosi il basco. "Lo so, ma hai l'aria di una buona samaritana."

Trascino il trolley fino all'entrata e lo sistemo contro la porta. Che altre opzioni ci sono? Un po' di moto mi farà bruciare le zollette di poco fa e tanto peggio per la psoriasi, non penso che il mondo smetterà di produrre autoabbronzante.

Dentro il negozio, la luce filtra dalla vetrina illuminando migliaia di libri che ricoprono le pareti fino al soffitto. È tutto sbilenco (anche il pavimento!), ma salta all'occhio un certo ordine nel disordine. C'è odore di biblioteca, e di Parigi. Il disimpegno all'entrata è ingombro di due o tre scaffali con le ruote. Li spingiamo fuori uno a uno.

"Come mai mi hai parlato in inglese?" chiedo al ragazzo col basco.

"Qui parliamo tutti in inglese. Vendiamo solo libri in inglese."

Non ci avevo fatto caso. In effetti, considerando il nome è anche logico. "Meglio, comunque, così faccio pratica," dico, sentendo un'improvvisa nostalgia per il presente progressivo, le negative e il genitivo sassone.

"Lo parli bene."

Ripenso a Miss Rinaldi, l'italoamericana con l'alito pesante che mi dava lezioni private quando ero piccola; alla scuola d'inglese dove mi portava la mamma il mercoledì pomeriggio e mi veniva sempre il mal di pancia; alle ripetizioni del liceo; alla vacanza studio a Dublino, che i miei mi avevano costretto a interrompere perché mi ero lasciata sfuggire che i miei compagni fumavano; al pacchetto di ore di conversazione che mi hanno offerto in ufficio come formazione: sei mesi di telefonate Skype il lunedì nel tardo pomeriggio con un'irlandese più giovane di me che ha messo in piedi la sua società di consulenza per aziende, mentre io cercavo di glissare sul fatto che stavo solo portando a termine uno stage.

Il ragazzo col basco apre i lucchetti degli scaffali appesi al muro accanto alla vetrina, e ripiega le ante per mettere in mostra i volumi di seconda mano all'interno. Rientra in libreria e accende le luci.

"Grazie mille," dice affacciandosi sulla soglia, "ora posso cavarmela da solo." Gira il cartello all'ingresso da *Sorry! We are closed* a *Come in! We are open*.

"Non c'è di che," bisbiglio, anche se ormai è troppo lontano per sentirmi. L'esperienza studio finisce qui, e anche l'attività fisica.

Mi risiedo sulla panchina e tiro fuori il giornalino del sudoku. Ne ho comprato uno alla stazione, ho dimenticato a casa quello da finire. Il mio cuore accelera ogni volta che, sollevando la testa, scorgo passare una signora anziana, ma, immancabilmente Madame tira dritto, senza dare cenno di riconoscermi.

Sono le dieci e cinquantacinque. A quest'ora di sabato, a casa, ho già ribaltato i cuscini del divano, aperto le finestre e sollevato i tappeti. Come farà, mia madre, a fare tutte queste cose da sola? Le manca il fiato ed è così sottile che quando si piega sembra spezzarsi. Mi accorgo di non averla ancora avvertita che sono arrivata. Le mando un messaggio e ne invio uno anche a Bernardo. Scrivo che sto bene e aggiungo in entrambi: *Qui è bellissimo.* A Bernardo invio anche la foto dell'albero quasi in fiore. *Come va ad Alassio?*, chiedo, anche se lo so già.

Lui e i suoi amici staranno prendendo il caffè in paese, mentre discutono se andare ai Bagni Londra o agli Ideale.

Bernardo ha la cabina ai primi, gli altri ai secondi. Ai Londra hanno il calcetto, agli Ideale c'è la rete da pallavolo in mare. Nei primi c'è il wi-fi gratuito, negli altri affittano i pedalò. Non hanno mai chiesto il mio parere. D'altronde, l'unica differenza per me è il colore degli ombrelloni, altrimenti mi sembra che abbiano in comune tutto: folla, sabbia bollente, musica a tutte le ore e il bagno sempre occupato. Se mi concentro, però, riesco a risolvere il sudoku in entrambi. Quindi, se anche me lo chiedessero, risponderei che per me è uguale.

"Scusa!" esclama un uomo frenando la sua bici a due passi da me.

Ha lunghi capelli rossi raccolti in una cipolla in cima alla testa e una barba foltissima. Porta un paio di occhialetti tondi con la montatura di metallo, una sciarpa scozzese, una camicia a quadretti sulle tonalità del rosa salmone, un paio di pantaloni di velluto blu e ai piedi delle polacchine.

Smonta dalla bici e fa un cenno verso l'interno della libreria. Si affaccia il ragazzo col basco e gli lancia un paio di chiavi. Lui le afferra al volo, apre il portoncino verniciato di verde, sparisce dentro con la bici in spalla. Lo sento salire le scale.

Rileggo il biglietto. Mi alzo per ricontrollare l'insegna e l'indirizzo. Sono senza dubbio nel posto giusto.

8.

"Café au lait?"

Il ragazzo con il basco mi porge una tazza colma fino all'orlo di un liquido color nocciola.

La libreria ha cominciato ad affollarsi al punto che mi sono dovuta stringere su un lato della panchina, per lasciare spazio ai clienti che vogliono riposarsi.

Si fermano qui davanti perfino gruppi di turisti con la guida, che racconta sempre la stessa storia. Shakespeare and Company è una libreria fondata da George Whitman nel 1951. Inizialmente si chiamava Le Mistral, ma il proprietario le ha cambiato nome nel 1964 – quattrocentesimo anniversario della nascita di Shakespeare – ribattezzandola Shakespeare and Company in onore della leggendaria libreria fondata nel 1919 da Sylvia Beach in Rue de l'Odéon, che si chiamava così ed era frequentata, tra i tanti, da Hemingway, Joyce e Fitzgerald. Questa libreria, che vende libri in inglese, è stata punto di riferimento per autori come Henry Miller, Anaïs Nin, William Burroughs. Ancora oggi, qui si organizzano eventi con grandi nomi della letteratura e si ospitano giovani artisti e aspiranti scrittori di tutto il mondo.

I turisti scattano foto, spesso includendo anche me, che guardo in basso nella speranza di mimetizzarmi.

"Come ti chiami?" chiede il ragazzo, aspettando che beva dalla tazza che mi ha appena offerto.

Ha enormi occhi blu, la fronte alta e la faccia piatta, quasi quadrata. Il labbro inferiore, più carnoso dell'altro, sporge un po' dandogli un'aria buffa, che contrasta con lo sguardo perspicace.

Mi andrebbe davvero un caffè, ma vedo dello sporco depositato sul bordo della tazza che, tra l'altro, non emana nessun calore. Preferirei lasciarlo intonso, il kit di pronto soccorso.

"Oliva?" Inclina la testa da un lato. "Cioè il frutto dell'ulivo?"

"Viene dal latino."

"*Veni, vidi, vici.*"

"Quella sarebbe la *mia* battuta."

"Battuta? Ero serio." Prende un sorso dalla sua tazza.

Rido. Non saprei dire quanti anni abbia, ma dev'essere più giovane di me.

"Oliva: mi piace molto. Io mi chiamo Victor Poul Spole," dice scrollando le spalle, "che in danese significa 'vittoriosa piccola bobina'." Mi guarda. "Come dicono i latini? *Nomen omen?* Un nome un destino?"

"E allora il nostro qual è?" domando, un po' per dire qualcosa, un po' perché devo riprendere dimestichezza con l'inglese. Preferisco far parlare lui.

Butta la testa all'indietro. "Se vai a vedere sul dizionario, alla voce destino trovi qualcosa come: l'insieme delle cause imponderabili che si pensa abbiano determinato o determineranno gli eventi della vita, e che portano a una conseguenza finale prestabilita." Fa una pausa. "Cioè, tu riesci a crederci? Che sia prestabilito?"

Nel migliore dei casi il destino è un'esistenza tranquilla, che dura fino a quando i nipoti sono grandi, ecco cosa penso.

"Credi che sia tutto prestabilito?" insiste Victor.

"Non lo so," rispondo, dubitando che lui condivida la mia opinione.

"Di solito, si hanno due atteggiamenti diversi: o si accetta questa idea e si affronta la vita in modo passivo o la si rifiuta e si affronta la vita in modo cinico."

"Oppure..." dico io, ma mi sono persa nei meandri del mio stesso ragionamento.

"Oppure di destini ne esistono tanti e dipende da noi," continua lui, sempre più infervorato. "Il destino cui andiamo incontro se ascoltiamo noi stessi, oppure se cerchiamo di soddisfare le aspettative degli altri, se scappiamo da qualcosa, se rimaniamo passivi..."

Vorrei interromperlo, ma non oso.

"...molti di noi vivono vite che non sono la loro. Cerchiamo di essere la versione perfetta di noi stessi. In questo caso, il nostro destino quale potrà mai essere, se non quello di qualcun altro?"

Il destino di qualcun altro.

Ripenso a quello di Vivienne, al fatto che non so nemmeno quale sia. Mi ha fatto credere che la vita fosse magica e invece passo le giornate dietro una scrivania a scervellarmi su come vendere prodotti dietetici a persone che probabilmente starebbero molto meglio senza.

"Io sono contenta della mia vita," dico. "Del mio lavoro."

"Sei una hostess?"

Si leva il basco, si gratta la testa, se lo rimette.

Gli lancio un'occhiata interrogativa.

"Da come sei vestita."

"È solo un tailleur!"

Ho mai conversato con tanta libertà con uno sconosciuto? E in una lingua straniera? Sembra impossibile, ma ci capiamo.

Sento i morsi della fame, vorrei aprire la borsa e tirare fuori gli snack cinesi.

"Io sono un *tumbleweed*," ha ripreso lui. "Hai presente quelle sfere fatte di arbusti che rotolano nelle praterie? Tipo nella prima scena del *Grande Lebowski*? Ecco, in inglese quelli sono i *tumbleweeds*. Ci chiamiamo così."

"Chi si chiama così?"

"Noi che viviamo qua dentro," indica la libreria. "Rotoliamo per il mondo sospinti dal vento. È un termine che ha inventato George."

“George... Whitman?”
“Sei preparata.”
“Merito delle visite guidate.”
Infilo la mano nella borsa e tasto una confezione di alghe per un po’ di conforto.
Victor mi spiega che, in cambio dell’ospitalità, lavora qui un paio d’ore al giorno. Ma fa anche altro. Nel senso, altri lavori: dog-sitter, cameriere, traduttore. Quel che capita. Al momento sta aiutando un’anziana scrittrice col suo archivio, ma oggi lei non aveva bisogno.
Rimaniamo in silenzio. Butta un occhio sul sudoku. “Vuoi qualcosa da leggere?”
“Questione di poco e dovrò andare. Grazie.” Gli tendo la tazza di caffè.
“Ma non l’hai toccato!”
Faccio un largo sorriso. Lui alza le spalle, stupito più che offeso.
Non ce la faccio a trattenermi, estraggo le alghe dalla borsa, apro la confezione e ne prendo una manciata.
“Hot and Spicy,” commenta lui, leggendo la busta.
Gliel’allungo aspettandomi un rifiuto, invece infila la mano e se ne lascia cadere in bocca un pugno. Mastica rumorosamente.
Ne mangio un altro po’. Sottili e croccanti pezzi di mare spolverati di piccante.
È una questione importantissima, il prossimo weekend, Shakespeare and Company, vicino a Notre-Dame.
Sono passate le due e la zia non c’è.
In ufficio non faccio che studiare statistiche, condurre studi qualitativi e quantitativi su fenomeni con calibri di incertezza decisamente inferiori e, nonostante i trascorsi, non ho mai preso in considerazione l’ipotesi che Vivienne non si presentasse.
Siamo ai Bagni Londra, scrive Bernardo, *ti salutano tutti. Bello l’albero, è un ciliegio?*
Ha vinto il calcetto.

“Ormai possiamo dirlo, ti hanno scaricata,” fa Victor di punto in bianco, alzando gli occhi dal suo libro.

Henry Miller, *Tropico del Cancro*. È un’ora che legge seduto accanto a me sulla panchina.

Mi slaccio la giacca del tailleur. Le previsioni erano azzeccate, fa più caldo che in Italia. Che idea stupida, mettermi in tailleur per mia zia. Probabilmente è passata qui davanti e non mi ha riconosciuta. Però io l’avrei vista. Non mi sono mai mossa.

Oltre alle alghe, Victor e io mangiamo un sacchetto di nuvole di drago, e lui anche un biscotto della fortuna. Mi chiede di tradurgli il biglietto: *Aspettati il peggio, non resterai deluso*.

“Alla faccia della fortuna,” commenta.

“Sembrano tutti così, i biglietti di questa confezione.”

“Dev’essere fallata.”

“O è il nostro destino?”

Ride con la testa all’indietro.

I miei staranno prendendo il tè come ogni sabato pomeriggio. Chissà se mia madre toccherà la tarte Tatin che ho preparato per loro ieri mattina, alzandomi apposta prestissimo. Ogni tanto le ho visto prendere di nascosto qualche pezzetto dei dolci che cucino. Vorrei quasi, quasi, essere in giardino a fare merenda con loro. Preferirei sentirmi ripetere che... Aiuto! Caccio un urlo. Qualcosa di nero e peloso mi è saltato addosso. Ero distratta, mi sono spaventata, è un cane.

“Colette! Vieni qui!” lo sgrida una giovane donna minuta, con grandi ricci biondi tagliati corti e due enormi occhi azzurri.

Indossa un vestito rosso a pois gialli anni cinquanta e un paio di décolleté. La guida di mia madre su come abbinare i colori non lascia spazio a dubbi: mai abbinare due colori primari, se si hanno i capelli chiari sono da preferire le tonalità pastello. A me invece viene in mente un tramonto e mi pare che il vestito le doni. Provo a immaginare come dev’essere indossarlo. Quel taglio è bandito dal mio guardaroba, su di me farebbe "effetto maritozzo". Solo tagli dritti, per me, abiti a tunica, cardigan, maniche scampanate, pantaloni a palazzo.

Il cane sta facendo le feste a Victor, la donna gli chiede se può fargli fare un giro.

Victor appoggia il libro in bilico sul bordo della panchina, mi dice: "E tu vieni con me".

Non posso andare da nessuna parte, io. È un giorno che sono seduta qui ad aspettare, ho fame, sonno, sete, voglia di urlare, di piangere, di prendermela con mia zia, con me stessa, con mio padre, con quel pacco, col tailleur che è così stretto, con le décolleté che mi segnano i piedi.

"Stiamo via poco," mi fa lui, con il guinzaglio in mano. "Lasciamo il trolley dentro. Tu hai aspettato, adesso aspetterà tua zia. È deciso."

Colette scodinzola verso di me con la lingua fuori, mi alzo, non so mai come comportarmi con i cani. In realtà neanche con gli umani, perché dico: "Se proprio insisti...".

9.

Colette scende le scale di pietra che portano alla Senna piena di entusiasmo, trascinandosi dietro me e Victor. La banchina è popolata di coppie, gruppi di amici che bevono birra seduti per terra, padroni di cani, patiti del fitness, anziani a passeggio. Nel fiume navigano i bateau-mouche carichi di turisti, dagli altoparlanti esce gracchiante la storia di Notre-Dame. La Cattedrale ci guarda dall'alto, illuminata dal sole.

Victor corre dietro a Colette, mentre io cerco di tenere il passo, nonostante i tacchi.

"Alla faccia della passeggiata!" mi lamento, quando ci fermiamo.

Il cane scodinzola davanti a un uomo con due grandi baffi giallognoli e il corpo magro che naviga in un completo grigio, liso. Se ne sta seduto su una valigia di tela, la schiena contro la base di pietra del ponte e un cappello da pioggia ben calcato sulla testa.

"Oh, oh. Bella mia!" borbotta in un inglese strascicato, rivolto al cane. "Giù, Colette. Giù."

"Come ce la passiamo, John?" chiede Victor, aggiustandosi il basco.

"Non c'è male, Victor. Lassù? Si gioca sempre a fare Hemingway?"

Victor libera Colette e si siede per terra accanto a lui. Mi fa cenno di imitarlo. Sorrido, senza muovermi. È tutto pieno di foglie e mozziconi. Se mi presento in ufficio con il tailleur al sapore "sotto un ponte di Parigi" mi licenziano.

"È brutto, ma non morde," insiste Victor, riferendosi a John.

Che poi in realtà non ho neanche tempo, devo tornare alla libreria.

L'uomo con i baffi mi squadra in modo indecifrabile. Si sta chiedendo se è il suo aspetto a frenarmi? Immagina di farmi paura? Gli sembro ridicola?

"Victor, scusa, io vado. Ho paura di perdere l'appuntamento."

"Ah, gli appuntamenti!" esclama l'uomo dall'alto della valigia, con un accento che non riesco a identificare. È americano? "Come sono felice di aver risolto il problema alla radice: se qualcuno mi cerca, sa dove trovarmi. Se non sono qui, tornerò. Fine degli appuntamenti." Raddrizza la schiena. "Ti dai appuntamento con qualcuno ritenendo che quel giorno avrai voglia di vederlo. Ma non ce l'hai quasi mai, poi, perché è un altro giorno. No? Pensate alla magia nella vostra vita. Accade quando...?"

Quando le nuvole di drago mi invadono la lingua con il loro sapore di gambero? Quando riesco a risolvere il sudoku senza cancellature?

"Mica quando te lo sei segnato in agenda, no?" Ci guarda aspettando una reazione.

"No, in effetti," sogghigna Victor.

Io mi vergogno delle mie risposte, non dico niente.

"A proposito, Victor, grazie." John tira fuori dalla tasca della giacca un libro consumato e glielo allunga. "Arrivare alla mia età senza aver letto Saul Bellow era un oltraggio. Accidenti, se ne capiva lui della vita. Aspettate, vi leggo un passaggio che..." Sfoglia il libro fino a trovare una parte sottolineata a penna, recita: "*Essendo la realtà esterna così potente, gli strumenti così enormi e terribili, le imprese così grandiose... tu produci un individuo capace di esistere davanti a tutto questo. Inventi un uomo in grado di resistere davanti alle terribili apparenze...*". Prende fiato, ci scruta. "Ci mascheriamo per integrarci. Ma bisognerebbe chiedersi: integrarsi in cosa?"

D'un tratto mi sembra di riuscire a interpretare il suo

sguardo: vuole capire. Capire se lo sto seguendo, se sono d'accordo. Victor fa per prendere il libro.

"Ti spiace se lo tengo?" dice l'altro, ritraendolo. "Magari me lo rileggo."

"Fa' pure." Victor lancia un'occhiata in direzione della libreria. "Paga la ditta."

Prende un sorso dalla bottiglia di vino che gli ha allungato John, me la passa.

L'ultima volta che ho bevuto vino rosso a stomaco vuoto ero a una festa del liceo, l'indomani Linda ha raccontato di avermi dovuta trascinare via prima che chiamassero la polizia perché volevo ballare sul buffet mentre sostenevo di essere la reincarnazione di Carmen Miranda.

"Bevi?" insiste Victor.

Hanno gli occhi puntati su di me, sta cominciando a diventare imbarazzante. Prendo la bottiglia e provo a prendere un piccolo sorso senza toccare il vetro con le labbra. Il vino è caldo e acidissimo. Ripasso la bottiglia a Victor.

"Ora devo proprio andare."

"Colette!" fa lui in direzione del cane, che sta scavando con foga intorno alle radici di un albero.

Al secondo fischio il cane trotterella verso di noi, Victor le aggancia il guinzaglio.

Il vino ha aumentato la sensazione di disorientamento, ho la testa leggera, mi sento nel corpo di un'altra.

"Mi dispiace che viva per strada," dico riferendomi a John, mentre saliamo i gradini di pietra che portano alla strada.

Victor mi spiega che è una sua scelta rimanere sempre lì, accanto a quel ponte, al solito posto. Rifiuta il capitalismo, la mediocrità, la rispettabilità, l'autorità, lo status quo, il benessere, le regole, i diktat della vita borghese. Mancava solo che aggiungesse le posate d'argento, il bon ton e il matrimonio e mi sarebbe sembrato di sentir parlare di mia zia.

"Il vero problema è che ha troppe donne," conclude. "Ma ne ama una sola, che l'ha abbandonato."

Fuori dalla libreria la folla si è diradata.

Colette si affretta verso la sua padrona che sta entrando nel portoncino verde con una pila di libri in mano. Scopro da Victor che è Sylvia Whitman, la figlia di George. Dirige la libreria ora che suo padre è anziano e malato.

"Per caso è passata una signora... di una certa età?" trovo il coraggio di chiederle, sempre in inglese, "...che cercava una ragazza? Cercava Oliva, cioè me?"

"Oliva? Che bel nome!" Si sistema i ricci. "Non che io sappia. Hai chiesto a Maya?"

È la ragazza con i capelli corvini che sta dietro alla cassa. Ha preso il posto dell'uomo che prima mi è quasi montato sui piedi con la bicicletta. Nemmeno lei ha visto mia zia.

Mi lascio cadere sulla panchina. Sono passate le sei, il sole non scalda più. Il mio tempo a Parigi si è dimezzato e sono ancora sola. Rivaluto i Bagni Londra di Alassio, almeno lì ci sarebbe Bernardo. Lui è affidabile. Le sorprese le fa solo al compleanno e va sul classico: rose rosse in ufficio o una scappata alle terme.

Anche io credo sia un ciliegio! Mi manchi, gli scrivo.

Ho ricevuto anche un messaggio da mio padre. *Come va a Parigi? Ho aiutato io la mamma in casa, oggi. Ma come fate voi due a sollevare i materassi? Pesano un quintale!*

Mio padre che aiuta la mamma in casa? Se non lo vedessi scritto, non ci crederei. E poi mio padre non mi scrive mai.

"Mi sa che hai bucato l'appuntamento." Victor mi allunga una lattina di birra da cui ha già preso qualche sorso. "Ma tecnicamente c'è ancora tempo, chiudiamo alle dieci."

Ho letto che con un bacio si passano circa ottanta milioni di batteri. Chissà bevendo dalla stessa bottiglia... Che paura.

"Eddai," dice lui, notando le mie perplessità, "guarda che tanto l'alcol disinfetta."

"Weekend" potrebbe anche voler dire domenica. Magari la zia intendeva domani? Se avesse dimenticato di specificarlo non mi stupirei.

Chiedo a Victor se conosce un albergo qui vicino, anche se probabilmente non me lo posso permettere un albergo in centro a Parigi, un sabato di primavera. Ho già speso quasi tutto lo stipendio di questo mese per comprarmi un'impastatrice tedesca.

"Dormi qui, no? In libreria." Alza le spalle come a dire: logico. "Non si paga. Ma devi chiedere a Sylvia, se vuoi rimanere. E devi chiederglielo ora. In cambio dell'ospitalità domani dovrai aprire insieme a noi e fare un turno di due ore."

Viene fuori che non è il solo ad abitare lì dentro, ci sono anche due teatranti e una ragazza che studia alla Sorbona. Chiedo dove siano i letti, risponde che non ce ne sono.

"Senti, lasciamo decidere al biscotto della fortuna." Ne tiro fuori uno, lo scarto, lo spezzo, estraggo il biglietto. *C'è un mondo migliore, però è carissimo.*

"Allora?" chiede Victor.

"Dev'essere proprio una confezione fallata."

Sylvia Whitman è appena uscita in strada con una borsa di tela sotto il braccio.

"Questa ragazza vorrebbe rimanere qui, stanotte," le dice Victor.

Lei si gira verso di noi, come se l'avessimo appena distolta da un pensiero importante. Mi fa cenno di seguirla dentro il negozio di libri antichi. Mentre armeggia con dei fogli dietro la scrivania, le riassumo la mia situazione.

"E quindi tua zia non è venuta?"

"Proprio così."

"Be', certo che puoi rimanere."

Devo aiutare i ragazzi a chiudere stasera e ad aprire domattina, e poi lavorare per due ore. Chi vive qui legge un libro al giorno. È una regola che ha inventato suo padre. Victor mi spiegherà tutto. Sorride con gentilezza, come a dire: *C'è altro?*

Vorrei dire che io un libro al giorno non l'ho mai letto in vita mia.

10.

Tedesca, magrissima, ha due vivaci occhi castani. Per anni Julia ha fatto danza classica, lo si capisce dal portamento e comunque è stata la prima cosa che mi ha detto di sé. In passato, ha fatto anche l'artista di circo.

"Che genere?" chiedo. "Quella che rimane in equilibrio sugli elefanti o..."

"Oh, no!" Si fa scura in volto. "Non il circo con gli animali."

È seduta per terra con le gambe divaricate, sottili come quelle di un ragno ballerino.

"Certo, e poi io a quello con gli animali non sono mai andata," mi affretto a rassicurarla, "mi facevano paura. In realtà, mi facevano paura anche i clown."

Lei ride, strattonando Ben per la manica. "Hai sentito? Ha paura dei clown."

Ben è un ragazzone alto e muscoloso, dall'incarnato chiaro e lo sguardo gentile, sta parlando con Victor. È scozzese, lo capisco a fatica.

La stanza più grande del secondo piano è "la biblioteca". I libri che ricoprono le pareti non sono in vendita. Chi vive qui può prenderli in prestito.

Julia e Ben sono tornati appena in tempo per chiudere con noi. Abbiamo trascinato dentro gli espositori, impilato i libri in eccesso per terra, ripiegato le grandi ante degli scaffali esterni. Dopo aver chiuso le casse e girato il cartello da

Come in! We are open a *Sorry! We are closed*, Victor ha spento le luci.

"E stiamo qua dentro al buio?" gli ho sussurrato.

"Naa, sopra possiamo fare come vogliamo," ha risposto lui, prendendomi per mano e conducendomi al piano di sopra attraverso le stanzette sommerse di libri.

Ha la pelle ruvida. Ho cercato di esercitare la minor pressione possibile, perché non fraintendesse. Si vede che conosce a memoria questo posto, perché siamo riusciti a non sbattere contro niente.

"In ogni caso, il circo con gli animali lasciamolo agli anni ottanta," fa Julia. "Il mio era un lavoro diverso. Ora voglio fare l'attrice, ma di teatro fisico."

"Teatro fisico?"

"Conosci la Lecoq?"

Il suo accento è così diverso da quello di Victor, che è diverso da quello di Ben, che è diverso da quello di Sylvia Whitman, che mi sembra di essere alla prova orale del Cambridge Advance. Siamo a Parigi, ma c'è uno spaccato di mondo, qui dentro. Una specie di arca di Noè. Sarà per questo che l'ha scelta, zia Vivienne?

"È una scuola di teatro," mi spiega Julia. Ha un tono vivace come lo sguardo, ma la sua voce incrinata mi fa pensare ai cristalli di ghiaccio che ricoprono il prato in inverno. Vorrebbe che lunedì andassi con loro a vedere una rappresentazione di *Aspettando Godot*, così potrei capire meglio cosa significa teatro fisico. Ma io riparto domani.

"*Tant pis*," fa lei alzandosi con la leggerezza di una foglia mossa dal vento. "Vado a fare il risotto!" E sparisce oltre la porta che dà sulle scale condominiali.

Non le dico che mi sono interessata anch'io di teatro un tempo, ma non sono arrivata così in là da aver sentito parlare della Lecoq.

I *tumbleweeds* non avrebbero accesso alla cucina nell'appartamento di George Whitman, all'ultimo piano, ma Julia e Victor sono riusciti a farsi dare il permesso da Sylvia.

Salendo le scale condominiali ci fermiamo al primo piano, dove, incassato nella parete, c'è un ripostiglio chiuso con un lucchetto. Dentro è polveroso e pieno di zaini da campeggio. Mettiamo lì la mia valigia e, prima di richiudere la porta, mi cambio le scarpe.

La cucina nell'appartamento di George è in realtà un angolo cottura semi-attrezzato: si trova al centro del corridoio che porta verso il disimpegno su cui affacciano il bagno e la sua camera. Il padrone di casa è ormai costretto a letto, non va disturbato. L'idea che se ne stia sdraiato al buio a soffrire mentre noi chiacchieriamo nell'ingresso che è anche soggiorno mi mette in apprensione.

"Siamo sicuri che non abbia bisogno di qualcosa?" chiedo.

Ben va a controllare, non ha bisogno di niente.

Cosa ci faccio nell'appartamento invaso di libri del leggendario proprietario di una libreria leggendaria, nel centro di Parigi, con questo gruppo di ragazzi sconosciuti che mi ricordano la banda dei bambini smarriti di *Peter Pan*? Potrei offrire qualcuno dei miei snack cinesi come ringraziamento, penso, anche perché sono passate le dieci e il risotto prende il suo tempo. Ma mi vergogno. Sono tutti più giovani, parlano di persone che non conosco, fanno battute che non capisco... Me ne sto accanto alla finestra che dà sull'entrata della libreria e guardo giù, nella speranza di vedere mia zia. Non arriva.

Bernardo è ancora ad Alassio, mi scrive che stanno andando fuori a cena, mi chiamerà più tardi. Mi accorgo di avere il cellulare scarico e, più o meno nello stesso secondo, visualizzo il caricatore nelle mani di Veronica, a cui l'ho prestato ieri in ufficio. Non me l'ha restituito! Ne sono quasi certa, frugo nella borsa, è così. Trovo il coraggio di chiedere se qualcuno ha un caricatore per cellulari come il mio.

"Io non ho neanche il telefono," dice Ben.

"Il mio si è rotto e non era uno smartphone," fa Julia, dall'angolo cottura. "Quando arriva Ocean chiediamo a lei." Si tira indietro i capelli con due dita.

È di una bellezza inesatta, interessante. Gli zigomi alti e le guance scavate mettono in risalto gli occhi dal taglio obliquo.

Ricorda Lauren Bacall, se non fosse per le labbra a cuore. Vorrei riuscire a muovermi con la sua disinvoltura, senza correggermi mai.

"Io ho questo," esclama Victor tirando fuori dalla tasca un vecchio Nokia. "Se vuoi dire a qualcuno di chiamarti qui, fai pure."

In fondo, è perfetto: non ho voglia di ammettere con Bernardo che zia Vivienne non si è ancora fatta vedere e non voglio neanche mentire. Gli scrivo che ho dimenticato il caricatore e trascrivo il numero di Victor, per ogni evenienza. Mando un messaggio simile a mia madre.

"Avete soldi?" chiede Victor. Si è messo un giubbotto a scacchi di lana per andare con Ben a comprare del vino, vogliono prendere una bottiglia anche per John. Chiedo se sono sicuri di essergli d'aiuto comprandogli dell'alcol.

"Oddio, non dirmi che sei cattolica!" esclama lui, ridendo.

Mi guardano tutti, sento le guance avvampare. Gli allungo dieci euro, sperando di distogliere l'attenzione. Funziona.

"Con questi ci andiamo avanti una settimana," dice, in segno di apprezzamento.

"I cattolici il vino lo bevono," puntualizza una ragazza appena entrata. Porta grandi occhiali dalla montatura scura e una frangetta nera tagliata storta.

È Ocean.

"Comunque, i regali si fanno per far avverare i desideri degli altri," puntualizza Victor, "non per imporre i propri. Se no, che regali sono?"

Quando tornano gli chiedo di controllare che non ci siano chiamate perse sul suo telefono. Non ce ne sono.

Il mio si è spento.

Fatta eccezione per l'accento texano, Ocean corrisponde in tutto e per tutto allo stereotipo della studiosa. Oltre agli occhiali, indossa una maglietta abbondante sotto un golfino bucato, un paio di pantaloni sformati, sa tutto. Non è il tipo a cui offrirei i piselli croccanti al peperoncino, in condizioni normali, invece l'ho fatto. Ne ha presa una manciata senza battere ciglio e se li è infilati in bocca. Seduta per terra vicino a me, in biblioteca, mi sta spiegando la differenza tra le varie chiese, Cattolica, Ortodossa, Protestante, Metodista, Avventista del settimo giorno e Dei santi degli ultimi giorni, che sarebbe quella dei mormoni, se ho capito bene. Un po' per l'accento, un po' per via delle guance rigonfie di legumi, faccio fatica a capirla, ma non oso chiederle di ripetere.

Per fortuna, Julia ci interrompe posando la pentola con il risotto per terra, al centro della stanza. "Non ho trovato piatti puliti. Ci toccherà mangiare direttamente da qui." Prendiamo le forchette che ci distribuisce.

La salopette color ruggine e la camicetta di seta ingiallita fanno sì che si integri perfettamente nel contesto della libreria. Sono tutti vestiti in modo coerente tra loro. Con il mio tailleur e le scarpe da ginnastica, mi sento ridicola. Come se avessi sbagliato epoca.

Prendo una forchettata di risotto. Julia mi guarda in attesa di una reazione. Non voglio deluderla.

"Mmm," sorrido, "buonissimo."

Ci starebbe un po' di peperoncino. Penso allo spray per difendermi, ma si potrà usare per condire gli alimenti? Meglio desistere.

Il risotto mi è calato nello stomaco come un blocco di granito. Il senso di sazietà durerà fino a domattina. Cerco di rilassarmi mentre ascolto gli altri discutere di Anaïs Nin e Henry Miller. Capisco che sono autori che un tempo frequentavano la libreria.

"Anaïs è più brava," sostiene Julia, accalorandosi, "è passata in secondo piano solo perché è una donna."

Ben non è d'accordo. "Fanno due cose diverse: lei scrive erotici racconti di finzione, lui scrive della vita... solo che ha avuto una vita molto erotica."

Julia, in risposta, gli lancia addosso il libro. "Anche Anaïs racconta della sua vita, nei diari. Non ne sapete niente. Volete che vi dica perché? Perché è una donna, quindi non la leggete. Vi fidate più del vostro vecchio Henry. Invece è lei quella che ha più talento."

"Io trovo che nessuno scriva di sesso come D.H. Lawrence," dice Ocean.

Scoppiano tutti a ridere. Non so perché.

Ho il terrore che chiedano la mia opinione. Non voglio ammettere di non aver mai letto questi scrittori. Il mal di testa va e viene, se fossi sola mi sdraierei su una di queste panche a occhi chiusi.

Mi hanno accolta senza riserve. Di solito il candidato viene testato, prima di essere ammesso in un gruppo. Per inserirmi nelle conversazioni con i colleghi davanti alla macchina del caffè ho dovuto dimostrare di essere divertente e, se non necessariamente intelligente, per lo meno non stupida. Ho studiato: Fabri Fibra, il Pacha di Ibiza, lo smalto semipermanente, il riconoscimento vocale, la differenza tra gigabyte e megabyte, *Grey's Anatomy*. Anche se mi piacciono De André e Leonard Cohen e la musica classica, ho imparato a memoria le canzoni di Lady Gaga, così da poterle canticchiare quando passano alla radio e non sembrare un'aliena.

Perfino con Bernardo mi sono dovuta impegnare: ho sempre cercato di parlare poco e mai a sproposito, fingo che m'interessino le sue cause di condominio, nelle notti insonni non lo sveglio, pensa ancora che odi la panna e che sia nata con i capelli setosi e la carnagione di pesca.

Mi guardo la mano sinistra, l'anello di fidanzamento è sproporzionato sul mio anulare sottile.

"Ha chiamato qualcuno sul tuo telefono?" chiedo a Victor.

Ha chiamato un numero che non ha in rubrica. È quello di Bernardo! Voglio parlargli. Pazienza, se devo ammettere che la zia non si è fatta vedere. Voglio parlargli perché ho sbagliato a intestardirmi, non sarei dovuta partire. Sono a Parigi e lei non è arrivata. È quasi mezzanotte e io sono qui seduta sul pavimento di una libreria, con quattro ragazzi molto più colti di me, senza avere niente da offrire se non una manciata di piselli croccanti e qualche biscotto della fortuna.

Victor mi autorizza a richiamare, ma scopro al primo squillo che non ha credito.

"Posso tenerlo per un po'?" chiedo, stringendo il vecchio Nokia. "Magari richiamano."

Me lo appoggio in grembo, con lo schermo rivolto verso di me. *Chiama*, *chiama*, imploro.

È importantissimo, ha scritto Vivienne sul biglietto. Ma se è importantissimo, perché non è qui?

11.

È passata la mezzanotte e John è al solito posto. L'idea di andare a trovarlo è stata di Julia, hanno accettato tutti subito. Io ero esausta, ma come facevo ad ammettere che volevo andare a letto? Non so come funzionano le cose qui, dove devo mettermi, per esempio, e poi non avevo voglia di rimanere da sola: non che avessi paura, ma una libreria vuota non è una casa. E non è casa mia.

"Bevete?" chiede John, passando una bottiglia di vodka a Ocean.

Questa volta mi sono seduta per terra con loro. Rimanere in piedi a farmi fissare sarebbe stato peggio che presentarmi in ufficio col tailleur al sapore "sotto un ponte di Parigi". Dopo aver preso un sorso, Ocean mi allunga la bottiglia. La passo a Victor, senza toccarla.

"Allora, chi di voi ha letto Saul Bellow?" esordisce John in tono minaccioso.

Nessuno apre bocca.

"Be', siete un branco di ignoranti!"

"Ma se anche tu l'hai scoperto da poco," ribatte Victor.

"Sì, ma ho fatto tanto altro nella vita. Sono stato un soldato, per esempio. Voi lo siete mai stati?"

Guarda Julia in attesa di una risposta, lei ride, scuotendo la testa. Si è messa un giaccone di velluto a coste foderato di pelo che le sta enorme e si stringe a Ben, che le ha passato un braccio intorno alle spalle.

"Sono stato sposato, pure," rincara John.

Victor alza gli occhi al cielo. "Lo sappiamo, lo sappiamo."

"Ma se ho voglia di raccontare qualcosa," salta su lui, "perché me lo devi impedire? Voi Unni ci avete rovinato. Eravamo una civiltà evoluta, fatta di persone colte e raffinate: parlavamo il latino, costruivamo acquedotti, abbiamo inventato il diritto... Poi sono scesi loro dal Nord e ciao. Tutto finito. Ci siamo ridotti a parlare una lingua da bifolchi, tingerci i capelli di rosa e mangiare la pizza con la melagrana. *Questa* è la culla della civiltà. Capitelo, o finirete col culo incollato a un pick-up per il resto dei vostri giorni a comprare antidepressivi nelle farmacie drive-in. Cioè, Ocean, da quando mi hai detto questa cosa delle farmacie drive-in non ci dormo la notte."

Rido, mentre cerco di immaginarmi come sia la pizza con la melagrana.

"Vorrei ricordarti che sei australiano," dice Ben. "Non hai costruito nessun acquedotto, né inventato il diritto, se è per questo. I tuoi antenati facevano la danza della pioggia con gli ossi infilati nel naso."

"Questa è bella! Australiano, io? Figuriamoci. Sono *nato* lì. Per sbaglio. Puoi immaginarti Nostro Signore che smistamenti ha da fare ogni secondo, con tutti i bebè che vengono al mondo? Si è confuso! Chi dice che Dio è perfetto? Ci ha fatti a sua immagine e somiglianza, ricordatevelo. Branco di ignoranti, ma voi l'avete letto il Vangelo?"

"Lei sì." Victor mi sta indicando. "È italiana."

"Io?" Le tempie mi pulsano.

"L'hai letto o pensi di averlo letto?" mi chiede John. Adesso so che il suo accento è australiano.

Prende un lungo sorso di vodka. Per fortuna, non è una domanda vera. Ha già deciso. Ha deciso che la risposta è no. Sermona che la parola del Signore è cristallina, così semplice che per secoli è stata male interpretata. Lui lo sa, si è convertito da poco. Provo a chiedere cosa l'abbia spinto a farlo, quando Ocean mi tira una gomitata.

"Lascia perdere," sussurra.

Lui non mi ha sentito. È troppo intento a parlare.

"Be', cosa fate lì impalati, bevete!" esclama, passando la bottiglia. "Ma cosa stavo dicendo? Ah, sì. Ecco: se prima avevo voglia di raccontare del fatto che sono stato sposato, adesso non ne ho più. Me l'hai fatta passare, Victor. Allora stiamo tutti in silenzio, perché è così che ci insegnano le popolazioni incivili: parlano tanto e non dicono niente. Non andiamo in profondità, lasciamo perdere il racconto, non tramandiamo. Smettiamo di leggere, perfino! Quando arriverai alla mia età, Vic, vedrai il bagaglio che ti tocca portarti dietro. E non è che lo puoi lasciare al deposito della stazione e andartene. No, caro, quel malloppo verrà sempre con te."

La bottiglia di vodka è tornata a lui.

"Sei stato sposato?" Non lo chiedo per rianimare la discussione, ma perché so cosa significa voler raccontare qualcosa quando nessuno ti ascolta.

"Con Mélanie." Si accende, ma di tristezza. "E se n'è andata. Non me la meritavo. Era... Era troppo per me, ecco."

Inaspettatamente si alza, fa qualche passo in tondo, senza una direzione, mi accorgo che zoppica. Infila una mano nella valigia su cui era seduto, tira fuori un'altra bottiglia. Ha una tale sofferenza scolpita in volto che vorrei abbracciarlo. Si risiede mentre cerca di aprirla. È di quelle con il tappo che si avvita.

"Tu cosa ci fai a Parigi?" mi chiede. "Hai l'aria spaurita."

"Sono qui per mia zia."

Tento di spiegare la situazione usando il minor numero di parole possibile. Mi fissano tutti, il sudore mi cola lungo la schiena appiccicandomi la camicetta alla pelle. Mi sembra di aver dimenticato l'inglese.

Nel sentire il nome di mia zia, John s'illumina. Con la stessa eccitazione del concorrente di un quiz televisivo, lo completa col cognome. "Vivienne Villa."

Prendo un sorso di vodka, brucia scendendo lungo la gola. Trattengo il fiato.

"Non ci vediamo da anni," dice, scegliendo con cura le parole. “Sono stato ospite a casa sua per mesi dopo che Mélanie se n’è andata, mi ha rimesso in piedi.”

Ospite da lei?

“Sai il suo indirizzo?” domanda Victor.

“12, Rue Princesse,” risponde di slancio. “Impossibile da dimenticare.”

Il mio corpo si tende interiormente mentre esulto. Allora non ha cambiato indirizzo! Per una volta da quando sono qui, le cose vanno per il verso giusto. Se domani mattina non si presenta, so dove andare a cercarla.

Quando torniamo alla Shakespeare and Company sono le tre, non facevo così tardi dai tempi del liceo. Julia e Ben si tengono per mano, Ocean trascina i piedi, sembra che stia già dormendo.

Il divano nella sala del pianoforte al secondo piano, accanto alla biblioteca, spetta a Ocean. Ben e Julia si sono aggiudicati lo *studio*, una stanzetta al secondo piano separata dalla libreria, con il bagno e la chiave.

“A noi restano questi,” spiega Victor, issandosi sul divanetto dell’area bambini, al secondo piano accanto alle scale, per sfilare da una nicchia, celata da una tenda, due materassi in gommapiuma. “Da mettere per terra.”

Proprio per terra? Allora era vero. Ripenso alla prima e unica notte passata distesa nella tenda di nylon dei boy-scout. Felice, nonostante l’odore di piedi. Durante l’escursione alla ricerca di funghi avevamo segnato i tronchi degli alberi con il coltellino svizzero per non perdere l’orientamento. La sera avevamo fatto sciogliere i marshmallow sul fuoco, mentre il capo scout ci raccontava le storie degli indiani d’America. Mi sentivo già una Coccinella, quando i miei avevano ritirato la domanda d’iscrizione: gli era giunta voce che uno dei ragazzi più grandi era stato morso da una vipera. Non sarei mai diventata Lupetto. Non avrei mai imparato a costruire una palafitta e non avrei ottenuto nessuna delle specializzazioni a cui già aspiravo, nessun distintivo sulla divisa: cuoca, astronoma, attrice, interprete o guida marina.

Non ci sono né orsi né serpenti in questa libreria addormentata, che sembra un giocattolo vittoriano. Al massimo c'è qualche topo di biblioteca. Ma mi piace pensare che sia la mia rivincita. Per una volta nella vita, una notte avventurosa.

Faccio un salto nel bagno dello studio, dove m'infilo la camicia da notte, anche se me ne vergogno: a parte Ocean, che si è messa un pigiama di Topolino, gli altri dormono vestiti. Prendo dalla valigia i tappi e la mascherina e, visto che non chiuderò occhio, il dossier dell'ufficio. Lego i capelli in una coda e la infilo nel collo della camicia da notte, per evitare che si sporchino troppo. Nel richiudere la valigia, intravedo con stupore il pacco incartato nel giornale cinese. Non posso credere di essermene dimenticata! *Porta il regalo, non aprirlo finché non sei lì.* Sono qui e avrei dovuto aprirlo da ore, potrebbe esserci dentro una spiegazione e io non ci avevo pensato. Sollevo lo scotch con l'unghia, ho voglia di ricevere almeno una buona notizia. Lo scotch viene via facilmente, il foglio di giornale cade a terra, mi ritrovo con un paio di lenzuola nuove tra le mani.

"Cos..." ma l'esclamazione mi si spegne in gola.

La zia sapeva che avrei dormito qui? Arriverà domani?

La mia mente gira a vuoto. Le lenzuola profumano di fragola ed è tutto quello di cui ho bisogno.

Victor ha sistemato i nostri materassi nell'area bambini. Non so perché sia così gentile. *Non essere inospitale con gli estranei, potrebbero essere angeli in borghese*, vedo scritto sul muro sopra l'apertura dalla quale si accede alla biblioteca.

"È il motto di questo posto," spiega sottovoce.

Mi chiedo se sono un angelo anch'io, secondo loro. Se è per questo che mi hanno offerto il risotto e un materasso. Mi chiedo se mamma e papà avrebbero concesso a mio fratello di fare il boy-scout. Se lui mi avrebbe insegnato qualche trucchetto e se magari avremmo costruito insieme una casa sull'albero dove nasconderci. Ripenso alla sua foto che teniamo su una consolle del salotto. Il sorriso ignaro, felice. In soffitta c'è una scatola con alcune delle cose che gli sono appartenute e che la mamma non ha avuto il coraggio di buttare: copertine, peluche, ciucci, libri e giocattoli. L'ho aperta spesso, da bambina, e le ho tirate fuori a una a una per cercare di capirlo. Cosa passava nella mente di un bambino così piccolo, che andava incontro alla vita senza sapere cosa gli avrebbe riservato? A volte mi portavo giù uno di quegli oggetti e lo nascondevo nel cassetto del mio comodino. Dove se n'era andato mio fratello?

Mi rincantuccio nelle lenzuola pulite cercando una qualche morbidezza a cui abbandonarmi.

"Dici che ci sono topi, qui dentro?"

"Sta' tranquilla." Victor ha già la voce impastata di sonno. "I topi stanno fuori, lungo il fiume."

Penso a Bernardo nel suo appartamento ordinato, i vestiti piegati con criterio sulla sedia in un angolo della camera da letto, la temperatura degli ambienti controllata, un bicchiere d'acqua sul comodino. Se fossi lì, mi rigirerei sotto le lenzuola accanto a lui, nell'abbraccio del materasso, con una voragine di fame nello stomaco, attenta a non sfiorarlo perché ha il sonno leggero. Conterei i minuti grazie alla sveglia digitale che proietta l'ora sul muro chiedendomi se provare a scartare la confezione di biscotti che ho in borsa senza fare rumore.

Penso alla casa nuova, che si sta svuotando dalla vita di altri per contenere la nostra. Troveremo un posto dove mettere la sveglia in modo da riuscire a vedere entrambi la sua proiezione? Mi ricorderò di tenere qualche biscotto già scartato nel cassetto del comodino?

Ho fatto un sogno. Zia Vivienne era sotto lo scacco di una gang di mafiosi cinesi a cui doveva dei soldi e che, invece di chiedere un riscatto, la costringevano a risolvere un enorme sudoku insieme a Henry Miller e Anaïs Nin.

Mi sveglio di soprassalto con una terribile voglia di piangere. Cos'è successo a mia zia?

Dimanche

12.

Victor dà una rapida occhiata alla mappa sul computer della cassa prima di infilarsi il basco e imboccare la porta.

"Andiamo!" mi fa, senza neanche voltarsi.

L'aria è tersa e il sole brilla su Parigi, nemmeno una nuvola. Abbiamo mangiato noodles con verdure e tofu direttamente dalla vaschetta del take-away, senza perdere di vista l'ingresso della libreria. Zia Vivienne non si è presentata.

Questa mattina, Sylvia Whitman mi ha permesso di fare la doccia nell'appartamento di George. Lo concede ai *tumbleweeds* solo da poco; fino a qualche tempo fa dovevano andare ai bagni pubblici. La doccia è un cunicolo scavato nel muro, nel bagno si gela. Ho tirato fuori lo shampoo, il balsamo e la maschera che applico sui capelli la domenica, ma poi ci ho ripensato, non era il caso di rimanere lì dentro per quindici minuti con i capelli bagnati, a meno di non voler prendere la bronchite. Dentro la doccia ho trovato solo un pezzo di sapone di Marsiglia consumato. Per fortuna avevo con me una saponetta rubata in un albergo. Superati i primi secondi, in cui ho capito che l'acqua non sarebbe mai stata più che tiepida, la doccia mi ha rimessa al mondo.

Avevo dormito poco e malissimo. Victor ha giurato che non è colpa del materasso, secondo lui una volta che ci fai l'abitudine lo trovi più comodo di qualsiasi letto. Inoltre dormire per terra, sostiene, fa bene alla schiena. Ora, non so come sia il suo letto, ma io dormo su un materasso Supremo

Benessere alto trenta centimetri, in tessuto di fibre di bambù traspirante, con all'interno una combinazione di memory foam, molle insacchettate e lattice naturale... Più comodo di quello, no di certo!

Mi sono vestita in fretta, con l'abito a fiori del mercato, fuori faceva già abbastanza caldo. È stato talmente piacevole infilarmelo che mi sono resa conto di non provare una sensazione simile da una vita. Forse non l'avevo mai provata. Mi sono raccolta i capelli con il mio solito fermaglio a forma di fiocco.

Uscendo dal bagno ho pensato a George Whitman sdraiato al buio nella stanza accanto. Ero tentata di affacciarmi per conoscerlo. Ho teso l'orecchio per sentire se dalla porta socchiusa proveniva qualche rumore, ma niente. Non ho osato.

Ora cerco di stare dietro a Victor mentre avanza deciso tra le strette vie lastricate inondate di turisti. Anche oggi indossa il basco di tweed e comincio a pensare che la scarpa slacciata sia un vezzo. Adesso so quanti anni ha: ventiquattro. Ne dimostra meno.

Abbiamo chiesto a Charlie, il libraio con i capelli rossi e la barba che ieri è arrivato in bicicletta, di avvertirci se una signora anziana dovesse chiedere di me in libreria o aspettare a lungo fuori dal negozio.

Nell'attraversare Place Saint-Michel, Victor mi ha preso per mano, dovrei sfilarla ma mi piace lasciarmi trascinare, e poi se non sto attenta lo perdo, la folla spinge in senso contrario. Prendiamo Rue Saint-André des Arts e Rue de Buci.

Riconosco quel baracchino, lì ho assaggiato per la prima volta la crêpe Suzette con zia Vivienne e imparato ad arrotare la erre!

"*MeRci, Monsieur, meRci, Monsieur, meRci, Monsieur,*" mi aveva fatto ripetere la zia, finché non ci ero riuscita. In realtà la crêpe sapeva di arancia e liquore, non mi era piaciuta. Il mio disappunto le aveva fatto venire un'idea.

Avremmo fatto il giro della città e provato tutti i dolci tipici francesi nei posti più famosi per raffinare il mio palato. In un solo pomeriggio avevo assaggiato macaron, madeleine, canelé di Bordeaux, Paris-Brest, tarte au citron, galette des rois, religieuse, éclair, Saint-Honoré, tarte Tatin, petits choux... Il risultato era stato un feroce mal di pancia e una gran soddisfazione per la zia: volevo diventare pasticciera.

Mi aveva regalato un librone di ricette, scritto in francese, grande come una Bibbia. Ogni volta che sarebbe venuta a trovarmi, avremmo provato a eseguirne una insieme. Avremmo impastato, infornato, decorato e degustato tutti i classici della tradizione francese, così sarei arrivata all'età adulta preparata per la professione. Io, che mi ero immaginata con un cappello bianco in testa e una bacchetta magica mentre cucinavo dolci perfetti grazie all'aiuto di cerbiatti e uccellini come in *Biancaneve*, avevo scoperto quanto fosse dura, in realtà, l'arte della pasticceria. Ma avevo capito anche quanto mi piaceva.

"Sarà come nel *Pranzo di Babette*!" cinguettava la zia. Ma tutti i miei sogni si erano infranti nel giugno 1994, quando i miei genitori mi avevano vietato d'iscrivermi all'alberghiero. Davvero avrei voluto fare quella vita? Svegliarmi all'alba, star dietro alle continue esigenze dei clienti rischiando di guadagnare pochissimo? Diventare una taglia 52?

No. Mi ero dovuta accontentare di rimanere un'appassionata.

Attraversiamo Boulevard Saint-Germain, prendiamo Rue du Four e svoltiamo a sinistra.

Rue Princesse è una via stretta, con palazzi eleganti e boutique dagli infissi colorati. Il mio battito cardiaco accelera in un crescendo. Mi pare di vedere Vivienne uscire anche adesso, come ventiquattro anni fa, con il cappello di paglia sproporzionato sulla testa e un paniere di vimini al braccio da cui sbuca una baguette e dentro del formaggio e un po' di prosciutto, uva e una bottiglia di rosé, mentre ci porta al Bois de Vincennes a fare un picnic perché è nella fase cinema d'essai e ha appena visto *Una gita in campagna* di Renoir.

"Villa?" mi chiede Victor, che sta controllando il nome sui citofoni.

"Suona!"

Victor preme il campanello. Non succede niente.

"Riprova," lo esorto.

Faccio qualche passo indietro per osservare le finestre. L'appartamento è all'ultimo piano, una chambre de bonne.

Quando eravamo andati a trovarla, io e i miei avevamo dormito in albergo perché lì dentro si stava stretti come in barca. Le finestre sono chiuse, ma i vetri sembrano puliti e ci sono ancora i gerani rossi appesi alla balaustra.

Dal citofono non proviene nessun suono. Victor propone di fare un giro e riprovare tra un po', dice che sarebbe bello prendere un caffè al Café de Flore, come Apollinaire, Simone de Beauvoir, Picasso, Jacques Prévert.

Trotterello dietro di lui attraverso il quartiere di Saint-Germain. Le strade sono affollate di turisti e di famiglie. È una giornata afosa, sembra quasi estate. L'insegna del Café de Flore spicca in mezzo a fioriere sospese straripanti di verde. Il perimetro del locale è delimitato da tavolini tondi con sedie impagliate rosse e bianche; all'interno, l'arredamento prevede gli iconici divanetti rossi imbottiti di tutti i caffè parigini, i tavolini di mogano e le applique rétro; gli avventori sono turisti, coppie al primo appuntamento, uomini e donne con il giornale aperto e romantici che scrivono su un taccuino.

Immagino Henry Miller e Anaïs Nin seduti a uno di quei tavolini, ripenso a quello che hanno detto di loro ieri sera, al loro modo di essere liberi: erano sempre fedeli a loro stessi, non facevano programmi, scrivevano quello che sentivano, a costo di perdere tutto. "Se ascolti te stesso e sbagli," aveva commentato Julia, "almeno sai con chi prendertela."

Scelgo un tavolino lungo il muro, ma Victor mi afferra per un braccio prima che possa sedermi. "Costa un occhio della testa! Sei pazza? Ordiniamo un caffè da portar via."

Un cameriere con il riporto e il papillon ce lo serve in due bicchierini di plastica, guardandoci con un certo sussiego. Non ci dice nemmeno *bon courage*.

Stiamo camminando su Rue Bonaparte, verso la Senna, quando m'impietrisco nel bel mezzo del marciapiede: davanti a noi c'è il negozio di macaron dove mi ha portato la zia. Inconfondibile, la vetrina sembra un salotto di Maria Antonietta, piramidi di dolcetti color pastello troneggiano su alzate di vetro in mezzo a scatole dipinte a mano. Entrerei e li assaggerei tutti, se solo non fossi di costituzione mela o pera e non avessi deciso di fare la dieta dei biotipi, anche se non so ancora bene in cosa consista.

"Be'?" Victor mi guarda perplesso.

"Ti va un macaron?"

Scrolla le spalle come a dire che per lui è uguale. Meglio così. Mi faccio coraggio, tiro dritto. So farli anch'io i macaron, anche se è proprio quello il punto: quanto si discosteranno dall'originale? Non ho mai avuto modo di appurarlo. Ce li avevo lì davanti e...

"Dai, entriamo." Victor mi tira per il braccio. "Entriamo in questo posto da ricchi e spendiamo tutto quello che abbiamo." Ha un'aria ispirata, come se fosse una grande impresa. "Facciamolo," insiste. "Si vede che ci tieni."

"Io?" Le mie guance avvampano come se qualcuno ci avesse posato sopra un panno caldo e non faccio in tempo a tirare fuori l'argomentazione della dieta che mi ha già trascinata dentro.

"È una questione scientifica," bisbiglio, tanto per chiarire. "Devo fare una *valutazione tecnica*. Sono anni che studio come si fanno i macaron."

L'odore dei dolci m'inebria. Guardo quei piccoli macaron perfetti dietro al vetro... Vaniglia, caramello, cioccolato, melone, pistacchio, liquirizia, bergamotto... Scoppia una guerra? Chiudetemi in una pasticceria.

"Come posso esservi utile?" ci chiede la ragazza dietro al bancone.

"Due di ogni gusto," fa Victor, senza consultarmi. Si volta verso di me: "E andiamo a mangiarli al Pont des Arts".

"Allora volete il *coffret de macarons prestige*," ci informa la commessa, mostrandoci una grande scatola dipinta. Comincia a riempirla.

Ventiquattro macaron a scelta, costa come una cena al ristorante. E noi stiamo per provarli tutti! Sento le guance farsi di nuovo incandescenti. *Tutti.* Risucchio in dentro la pancia, raddrizzo la schiena. L'unico modo per mettere a tacere la voce di mia madre è promettermi che rimarrà per sempre un segreto. Dopo aver pagato, affido a Victor il sacchetto elegante. Sarà lui a sopportare la vergogna.

"Abbiamo fatto un atto artistico," esclama, quando siamo già in strada. "Quelli come noi mettono in discussione l'esistenza, rendono la vita un'opera d'arte."

Io non capisco cosa intenda, né perché mai abbia detto "quelli come noi". Anche se mi piacerebbe, la mia vita non è un'opera d'arte, a meno che acquistare alghe e "arachidi ricoperte gusto cocco" al supermarket asiatico non sia un talento.

Il Pont des Arts è un ponte pedonale che collega l'Académie des Beaux-Arts al Louvre. Ci siamo seduti per terra come tanti altri ragazzi che hanno l'aria di essere studenti, con la scatola dei macaron davanti.

Il giorno in cui mi sono lasciata scappare con la Manubrio che le altezze mi terrorizzano, lei l'ha chiamata acrofobia. Poteva essere il segnale, a parer suo, che la mia esistenza pendesse troppo verso le sicurezze, che mi fossi allontanata dall'abitudine di espormi al rischio, come quello di dire realmente ciò che penso. La cura era semplice: non dovevo allontanare la paura, ma accettarla. Cavalcare le onde, tenendomi in equilibrio sulla tavola da surf. Avvicinarmi gradualmente alla finestra dell'ufficio, per esempio, e guardare sotto. Affacciarmi dalla terrazza di un ultimo piano. Se capitava, prendere l'aereo. Col tempo, la tachicardia e i sudori freddi sarebbero scomparsi. Il mio ufficio è solo al terzo piano, ma non avrei guardato in basso nemmeno sotto tortura. Ci mancava solo che mi trovassi a dover gattonare fino alla scrivania o sdraiarmi per terra e urlare. No. Dopo qualche settimana, per apparire credibile, le ho assicurato che le sue erano state indicazioni molto efficaci e la paura mi era passata. Ho deciso che me la sarei tenuta.

Fisso Victor, ora, per evitare che mi caschi l'occhio sull'acqua che scorre sotto di noi.

"Sei pronta?" chiede prima di sollevare il coperchio della scatola e rivelare i pasticcini perfetti. Ne prende uno al cioccolato, io uno al pistacchio. È più piccolo e leggero di quelli che faccio io e le due meringhe, che combaciano perfettamente, sono così lievi che sono già incrinate. Chiudo gli occhi per concentrarmi, come si fa alle vere degustazioni. La ganache è densa ma si scioglie in bocca, ti accarezza il palato per poi fondersi con la meringa, friabile, ariosa; mi è rimasto in bocca un gusto intenso e delicato insieme. Come quando la zia mi abbracciava senza preavviso, avvolgendomi in un profumo sempre diverso: talco, fiori d'arancio, sandalo indiano.

Passo da un macaron all'altro senza prendere fiato, cercando di indovinare il gusto a occhi chiusi.

"Allora qual è la tua valutazione tecnica, chef?" domanda infine Victor.

"Penso che non ci siano abbastanza aggettivi nel dizionario per descrivere i macaron."

"Che categoria di svantaggiati. Dobbiamo formare un comitato. Più parole per i macaron! Non calpestiamo i loro diritti!"

Si aggiusta il basco sulla testa.

"Quindi, tu sei in grado di cucinare cose così?"

"Più o meno."

"E com'è?"

Com'è? Il mondo si ferma, il tempo cambia forma, si dilata, si raggomitola. L'impasto è un manto di velluto in cui mi voglio avvolgere. Trasformo la materia come un alchimista. Come faccio a dirgli, senza sembrare ridicola, che stare in cucina mi emoziona? Che se un dolce non si gonfia o la pasta sfoglia si sbriciola, soffro come se fosse una creatura viva, una pianta con un ramo spezzato, un uccellino caduto dal nido?

"È bello," rispondo, "ma a casa mia non li mangia nessuno, quindi non ne faccio quasi più."

"Che peccato. Io li mangerei."

Ne sono rimasti solo due, le nostre dita si scontrano nel prenderli. Lascio decantare l'imbarazzo, poi indico il suo telefono. Chiedo se per caso ci sono notizie di mia zia. Pare di no.

È domenica pomeriggio, ho dodici macaron sulla coscienza, un carattere debole e una costituzione quasi di sicuro pera, sono seduta su un ponte che forse crollerà, mia zia continua a tenermi sulle spine e io mi sto preoccupando. Per tranquillizzarmi, decido di parlare di lei. Comincio a raccontare senza che Victor mi abbia chiesto nulla, con mio grande stupore parlo a ruota libera. Lui mi guarda rilassato, non sembra avere fretta che il discorso si focalizzi, si concluda, arrivi da qualche parte. E allora prendo a parlare del teatro. Sì, ne parlo senza riuscire più a fermarmi. Racconto degli spettacoli che ho visto, della mia fascinazione per il palcoscenico, pari quasi a quella per la pasticceria, gli rivelo che ho continuato a pensarci anche dopo la sparizione di mia zia, che mi esercitavo di nascosto e che dopo il liceo ho fatto il provino per entrare all'Accademia di recitazione, ma non sono stata ammessa.

Victor fa una piccola smorfia di delusione, ma il cielo continua a reggere sopra le nostre teste, il ponte non crolla, l'aria che respiriamo è satura di ossigeno. L'ho confessato e sono ancora viva. Ma poi perché l'ho confessato a lui?

"E quindi hai mollato," dice.

"Sarebbe stato stupido ostinarsi."

"Non lo so. Fino a che punto è stupido ostinarsi?"

Rimaniamo in silenzio. Già, fino a che punto?

"Una volta ho cercato il termine sul dizionario," dice. "L'ostinazione è intesa sia come irrigidimento caparbio, sia come perseveranza in ciò che è bene."

Il punto è: come si fa a sapere ciò che è bene? Io mi sono fidata di mio padre. I nostri genitori non ne sanno forse più di noi? Ci conoscono meglio di chiunque altro, ci osservano da prima che sapessimo di essere osservati. Dovrebbero avere un'idea più chiara di quali siano le scelte migliori per noi. Vorrei chiedere a Victor se è d'accordo, ma cosa penserebbe? È più giovane di me e sembra molto più maturo, le sue scelte sono sicura che le fa da solo. Parlare ancora dei miei genitori a trent'anni! Come minimo, mi darebbe della cattolica. Per giunta, non vorrei trovarmi a menzionare mio fratello.

"E poi che hai fatto?" mi chiede.

Cerco di non pensare al cigolio del pavimento di legno del ponte ogni volta che qualcuno ci passa accanto. All'acqua sotto e alle mie scarse doti di surfista.

"Mi sono iscritta a legge per diventare avvocato come mio padre, ma non ha funzionato. Allora mi sono iscritta a economia. E ora lavoro nel marketing."

Dice che gli dispiace che io non ci abbia più provato, col teatro. Ma gli assicuro che sono felice così.

"Lo sei?" Guarda la Senna sotto di noi.

"Mi sposo a settembre."

Victor fissa il mio anello. "Grande come l'occhio di uno squalo martello."

"Non si chiamava pesce martello?"

Viene fuori che il pesce martello è il più grande tra le varie specie di squali martello. Tutti pensano che veda meglio degli altri squali grazie agli occhi laterali. In realtà è per le ampolle di Lorenzini, organi speciali con cui riesce a captare i campi elettrici emessi dalle prede, anche le razze nascoste sotto la sabbia. Victor si è chiesto più volte se anche noi abbiamo, nascosto da qualche parte, un organo simile, in grado di rilevare il campo elettrico del cuore degli altri. Pensa di sì. Il campo elettrico del cuore è il più potente del nostro corpo, mi spiega, cinquemila volte superiore a quello del cervello.

Mi sono sempre piaciute, questo genere di teorie. E anche Victor, con gli occhi tondi illuminati dal sole primaverile, improvvisamente mi sembra bello. Sì, lo trovo bello nonostante sia buffo e abbia i lineamenti sproporzionati, come se non fossero ancora ben definiti.

Gli ho confidato qualcosa che non ho mai detto neanche a Bernardo e non riesco a spiegarmi il motivo.

"Comunque, devi avere un fidanzato molto ricco. È avvocato?"

"Come lo sai?"

"Sei tu l'esperta di sudoku: quando tutto è logico..."

"E tu?" domando, "la *tua* famiglia?"

Scrolla le spalle, butta la testa all'indietro, schiocca la lingua. "La mia famiglia non c'è."

13.

Sono le tre e quarantacinque di una domenica pomeriggio di primavera, mio padre starà lavorando nello studio o leggendo qualche tomo sulla poltrona di velluto del salotto. Avrei voglia di chiedergli se ha mai sentito parlare delle ampolle di Lorenzini. Abbiamo davvero, anche noi, un organo segreto che ci permette di percepire l'elettricità del cuore degli altri, gli stati d'animo nascosti sotto la sabbia?

L'ha mai captato qualcuno il campo elettrico del mio cuore? La sera in salotto, per esempio, quando fingo di risolvere il sudoku mentre tutto quello che riesco a pensare è che mi sembra di essere sul ciglio di un burrone, nel quale vorrei precipitare? O in ufficio, quando i miei colleghi ridono e scherzano intorno alla macchina del caffè e io vorrei solo farmi inghiottire dal pavimento di linoleum pur di non dover affrontare un futuro dove non mi resta più niente da scegliere? O quando mia madre guarda il piatto e dice che non ha fame? Se esiste un campo elettrico del cuore e noi siamo in grado di captarlo e nessuno riesce a captare il mio è perché l'ho seppellito troppo in profondità sotto la sabbia?

Perché voglio sempre che gli altri mi pensino felice?

Chiederei anche un'altra cosa a mio padre, ora: dove potrebbe essere la zia. Gli confesserei di essere qui per lei, se solo questo non rischiasse di rattristarlo per giorni, forse per sempre.

"Riproviamo?" chiede Victor, con l'indice già sul campanello.

Il citofono, questa volta, emette un fischio.

"*Bonjour*," scandisce lui.

Il fischio si tramuta in un brusio metallico.

"Sono Oliva!" faccio io, in italiano.

Sembra che qualcuno stia parlando, ma non si distinguono né il tono, né le parole. Il portone si apre. Il mio battito cardiaco accelera. *Zia! Arriviamo!* Spingo il portone ed entro con passo deciso.

La corte umida è rimasta la stessa, con le pareti ricoperte di edera e le biciclette parcheggiate in un angolo, vicino ai bidoni della spazzatura. Giro a sinistra, ricordo la strada. Victor mi segue per la grande scala in pietra, scivolosa, con i gradini di altezza irregolare. Raggiungiamo il quinto piano, svoltiamo in un corridoio basso e sghembo e ci fermiamo davanti alla porta dell'appartamento. È semiaperta.

Il cuore mi martella nelle orecchie, al punto che non riesco a sentire cosa mi sta dicendo Victor, quando la porta si apre del tutto, rivelando la figura di un uomo alto di mezza età. Dai lineamenti sembra indiano.

"*Bonjour.*" Ci rivolge un sorriso.

Gli spiego in inglese che cerco Vivienne. Villa.

"Vivienne!" L'uomo s'illumina, roteando gli occhi verso l'alto. Apre le braccia. "*Entrez, entrez, s'il vous plaît.*"

Guardo Victor incerta, ma l'uomo ha già fatto qualche passo nel corridoio, voltandoci le spalle.

"Tu lo sai il francese?" bisbiglio.

Victor fa segno di sì con la testa, anche se non sembra molto convinto.

Entriamo in un corridoio stretto che dà su un salottino. Mi rendo subito conto che l'appartamento è invaso da decine di dipinti a olio, di varie dimensioni, che rappresentano uccelli di diversi tipi. L'uomo sposta qualche tela per farci spazio sul divano. Ci fa segno di accomodarci, mentre lui rimane in piedi.

"Chiedo scusa," dice. "Non ci si rigira."

Con mio grande sollievo, ha parlato in inglese. Il sole pomeridiano invade la stanza e questo per qualche ragione mi fa sentire meglio. Guardo fuori dalla finestra, quando ero piccola avevo immaginato di volare sopra quei tetti con un aliante. Ora solo l'idea mi fa paura. Per non sbagliare, faccio tre rapidi respiri.

"Un colibrì di Elena," esclama Victor indicando un minuscolo uccellino blu su una tela.

Il padrone di casa sembra stupito. "Proprio così. *Mellisuga Helenae.* L'uccello più piccolo del mondo."

"È lei l'autore?" domanda Victor.

Lui annuisce e i suoi occhi sorridenti si velano di quella che sembra timidezza.

Gli uccelli sono sospesi su sfondi colorati, in uno stile non lontano dai fauves. Vivienne non faceva che parlarne: i loro quadri sbagliati, i colori sfasati, i contorni imprecisi, la mancanza di prospettiva sprigionavano, secondo lei, una dirompente carica espressiva. Osservare le opere di Matisse o Derain la riempiva di "una gioia primordiale". Mi aveva regalato il catalogo di una mostra, quando mi sento giù di corda lo sfoglio ancora.

"Ha mai dipinto dei fenicotteri?" chiedo.

"Avevo fatto una tela gigante, un gruppo di cinque o sei fenicotteri," mi risponde il pittore. "Ma l'ho venduta. Non ricordo più a chi. Dimentico sempre a chi vendo i miei quadri. Somatizzo il distacco. Se ti piacciono i fenicotteri, devi vedere la Camargue."

"Il mio animale preferito è la *Rana sylvatica*," dice Victor, "vive in Canada e riesce a ibernare. Quando le temperature vanno sotto lo zero, si ricopre di ghiaccio: il suo cuore smette di battere e non respira più, ma quando il ghiaccio intorno si scioglie, torna a vivere."

"Una bella metafora per il nostro Io." L'uomo si è acceso. "A volte rimane sepolto una vita, ma se scavi lo trovi lì, ancora palpitante, pronto a sorprenderti."

"Mia zia vive qui con lei?"

Magari è di là in camera da letto o nella minuscola toilette che sembra un bagno sottocoperta.

Il pittore, dritto nel suo metro e novanta, scuote la testa.

"Non c'è?" sospiro.

In risposta, ci offre un caffè. Vorrei rifiutare, ma Victor ha accettato di buon grado.

"Mia zia abitava qui..." insisto, seguendo il proprietario di casa fino alla soglia della piccola cucina, "e siccome il suo cognome è ancora sul citofono..."

"Adesso vi racconto una storia divertente," fa lui, armeggiando con la caffettiera.

Vedo un caricatore compatibile col mio telefono, mi autorizza a usarlo. Lo inserisco nella presa, mentre lui spiega che sognava da una vita una casa tutta sua, ma si sa, non è facile vivere di arte.

"Finché qualcuno di importante non dice che i tuoi quadri valgono qualcosa, per gli altri non valgono niente. Quasi nessuno si fida della propria capacità di giudizio. Sono poche le persone che credono nel loro intuito. Tua nonna, per esempio, è una di queste."

"Mia zia."

"Scusa, tua zia."

Quando si sono conosciuti, racconta, lei si è incuriosita subito, ha visitato il suo studio e gli ha comprato un quadro a un prezzo molto alto stabilito da lei.

"Se è una donna di successo, è perché si fida del suo intuito."

"Di successo?"

Mi giunge nuova. Come, di successo? Che tipo di successo? C'entra con la sua sparizione?

"Io e Vivienne ci siamo capiti subito. Sono partito da Bombay che ero appena maggiorenne e non sono più tornato. I miei penseranno che sono morto. Forse sono morti loro. È terribile da dire, ma non mi interessa. Loro non credevano che potessi diventare un artista. Non c'erano artisti nella nostra casta. Non credevano in tante altre cose che mi riguardano. Mi volevano diverso. Non ero libero di essere me stesso. E così mi uccidevano."

Il caffè ha preso a bollire, lo versa in tre tazzine gialle che mette su un vassoio. Lo seguo in salotto, dove Victor sta osservando una tela che raffigura una cicogna.

"Finalmente ho cominciato a guadagnare un po' con i miei quadri, all'alba dei cosa? Dei quaranta? Così ho cercato casa in affitto in una zona più centrale. Tua zia mi ha proposto questa. Aveva deciso di lasciarla e comprarne una da qualche altra parte, perché il proprietario non era disposto a vendergliela. Vivienne voleva passare il testimone a qualcuno che se la meritasse e ha scelto me."

Mia zia ha comprato una casa a Parigi? Non oso interromperlo, temo di fargli perdere il filo, e poi non voglio che scopra che di lei non so niente. Sempre meno.

Spiega che, dopo essersi trasferito qui, ha chiamato il numero in Normandia fornito dall'amministratore per ottenere una targhetta d'ottone uguale a quelle degli altri, da mettere sul citofono e sulla cassetta della posta. Al telefono gli hanno assicurato che gliel'avrebbero spedita entro una settimana. Nel frattempo, ha scritto il suo nome su un post-it che ha applicato sulla cassetta della posta, a coprire il cognome di mia zia. La sera dopo, però, era stato rimosso. E così per diversi giorni: la mattina metteva il post-it, la sera non c'era più. Dopo qualche settimana ha richiamato l'azienda che produceva le targhette. "C'è il suo nome sulla cassetta della posta?" gli hanno chiesto, "altrimenti non può riceverla." Ride con una specie di sibilo. "Allora, sapete cosa ho fatto?"

"Si è recato personalmente in Normandia a ritirare la targhetta?"

"Ma no... più semplice," risponde il pittore, dopo essersi scolato il caffè in un unico sorso. "Ho cambiato nome. Se la montagna non va da Maometto... Vedete la mentalità dell'artista? Ho aggiunto Villa al mio nome. Trovo che gli dia un che di esotico. Così, adesso mi chiamo Aalok Kumar Villa."

"Suona benissimo," dico.

"Grazie. Lo apprezzo. Solo quello che si sceglie ha valore."

Noto che il mio telefono si è acceso.

Tutto okay?, ha scritto Bernardo alle 11.32. *Sono in pensiero.*

Lo vedo come se ce l'avessi davanti, cammina avanti e indietro per la sala della casa al mare, con la camicia a righe sotto il golf carta da zucchero, le mani tra i capelli appena lavati. Come ho fatto a passare tutta la mattina senza cellulare, senza preoccuparmene? Gli rispondo che va tutto a meraviglia. Così ci credo un po' anch'io.

"Per caso ha il numero di mia zia?" chiedo ad Aalok.

"Che io ricordi, non ha il telefono."

Avrei dovuto immaginarlo, non l'ha mai avuto.

"E il suo nuovo indirizzo?"

"L'indirizzo di Vivienne?"

Si gratta la testa, apre un paio di cassetti, tira fuori qualche blocchetto per gli appunti. Passa in rassegna una pila di fogli sotto la scrivania. Non lo trova.

"Venite alla mia mostra, mercoledì, in Rue Dauphine, qua dietro. Probabilmente ci sarà anche lei."

Sono costretta a rispondere che parto stasera, devo trovarla prima.

"Oh, non preoccuparti, cara. Se è il tuo karma, la troverai."

Salutiamo e ringraziamo.

Cerco di respingere la delusione che mi monta dentro come l'alta marea, penso al surf della vita, alla tavola e alla tutina attillata. Victor canticchia la sigla della *Signora in giallo*, forse per risollevarmi l'umore. Ma funziona solo a metà.

"La troveremo," mi assicura. "Vedrai."

Siamo in Rue Saint-André des Arts quando arriva un messaggio di Charlie.

"Ha notato una signora che aspettava su una panchina," riassume Victor, accelerando. "Pensava fosse una clochard, quindi non ci ha fatto troppo caso. Ma poi le ha chiesto se aspettava qualcuno e lei ha risposto: 'Mia nipote'. Quando è rientrato in negozio per chiamarci, se n'era andata".

Victor comincia a correre. Cerco di stargli dietro, ma è troppo veloce, mi ha seminato. Urto i turisti, evito all'ultimo una vecchietta curva su un bastone, mi guardo intorno alla ricerca del caschetto di capelli bianchi, gli occhi intelligenti, il naso dritto, le labbra sottili, il corpo agile e magro... Zia? Come sarebbe a dire "una clochard"?

Quando arrivo alla libreria sono senza fiato, Victor mi ha preceduto dentro il negozio.

"Ha lasciato questo," sventola un pezzo di carta.

È un lungo scontrino della spesa, ripiegato a fisarmonica. Dietro c'è scritto:

Oliva, mi dispiace non essere riuscita a passare prima, ma sono contenta di sapere che sei qui, che ti sei fidata.

La grafia procede rimpicciolendosi.

Ti offro una cena da Bouillon Chartier. Ho già avvertito il proprietario, ti aspetta. Porta chi vuoi. Noi ci vediamo domani, qui alla libreria. Vivienne.

Lo rileggo. Domani? Ci vediamo qui, domani? Ma io domani sarò partita. I miei mi aspettano, Bernardo mi aspetta, in ufficio contano su di me. La marea rimonta, questa volta in modo più violento.

"Senti, è perfetto," esclama Victor. "Devi vederlo, Bouillon Chartier. Costa poco, ma è elegante come il Café de Flore. Magari lì sapranno dirci qualcosa su di lei. Se hai il treno alle undici, ci andiamo alle otto. Poi decidi se partire o restare. Se parti, alle dieci ti accompagno alla stazione. Intanto, adesso è arrivato il tuo turno."

"Il mio turno?"

In cambio dell'ospitalità si lavora un paio d'ore al giorno, me l'ero scordato. Sono così nervosa che l'unica cosa che vorrei è montare gli albumi con lo zucchero in eterno, invece siamo rientrati in libreria e Maya, che ha dato il cambio a Charlie, mi assegna il reparto della Beat Generation: devo assicurarmi che i libri siano in ordine alfabetico e mettere in evidenza i più interessanti.

"I più interessanti?" ripeto, ma la stanno chiamando alla cassa e corre via.

Come faccio, io, a sapere quali sono i più interessanti? Beat Generation. Per quanto ne so, potrebbe essere il nome di una boy band.

14.

"È scurrile, ma ti piacerà," dice Victor, afferrando il guscio di una lumaca con la pinza e infilandoci dentro la forchettina a due denti per estrarla.

Si riferisce al libro che ho appoggiato sul tavolo. L'ho comprato da Shakespeare and Company prima di dirle addio.

Appena entrati da Bouillon Chartier, abbiamo chiesto di parlare con il proprietario. Stasera non è di turno, ma ha lasciato istruzioni: la cena è offerta da Madame Vivienne.

"La conoscete?" ho provato a chiedere ai camerieri dietro il banco in un francese improvvisato, con un tono quasi supplichevole.

C'è stato un periodo in cui la zia andava spesso lì, hanno raccontato, insieme a un Monsieur. Sul quando non si sono trovati d'accordo, c'era chi giurava solo due o tre anni fa e chi di più.

"E non è più tornata?"

Qualche volta. Da sola, lascia una mancia generosa, non prende mai *les escargots*. Non sapevano dirci altro.

Victor ha insistito così tanto, invece, che io le lumache le ho ordinate. Ne abbiamo davanti sei ciascuno, ricoperte di una salsa verde all'aglio. Ne mette in bocca un'altra.

"Puoi mangiare anche le mie," gli avvicino il piatto, "visto che ti piacciono tanto."

"Non puoi lasciare Parigi senza aver assaggiato *les escargots*."

Tiro il trolley verso di me per far passare una coppia che sta cercando di sedersi dietro il nostro tavolino. Il ristorante è affollato, abbiamo fatto la fila per entrare e sono solo le otto e dieci. Lampade a forma di palla scendono dagli alti soffitti, gettando una luce calda sulla stanzona decorata da specchi antichi, tutta ottoni e legno scuro, lucido, come un treno d'epoca. I camerieri, in gilet nero e papillon, si muovono tra i tavoli senza sosta, scrivendo le ordinazioni direttamente sulla tovaglietta di carta.

"Hai fatto bene a scegliere *Tropico del Cancro*, comunque," fa Victor, indicando il libro con il mento. "Parla di Parigi. Di un modo di vivere a Parigi. Cioè un modo di vivere in generale, ma ancora di più a Parigi."

Secondo lui, il passaggio più bello del romanzo è quando Miller realizza che non c'è niente da sperare. Per settimane, mesi, anni, per tutta la vita aveva aspettato che succedesse qualcosa, qualcosa che non avesse niente a che fare con lui e che alterasse la sua vita per sempre. È la prima volta che sento pronunciare da qualcun altro un pensiero che conosco così bene. Quante domeniche ho speso ad aspettare, sperare, pregare che il telefono suonasse e che qualcuno, non importa chi, chiamasse con una notizia che mi avrebbe cambiato la vita?

"Ma a un certo punto Miller si rende conto che è un'idea assurda," continua Victor, "ha aspettato inutilmente, aspettare è da pazzi. Questo lo fa sentire sollevato. Quando si smette di credere che ci manchi qualcosa, di colpo siamo completi."

"Tu ti senti così?"

"No, ma è il mio obiettivo." Ha quasi finito le sue lumache. "Vieni, ti faccio vedere." Afferra un guscio dal mio piatto e ci infila la sua forchettina. "Ecco qua." Mi allunga la lumaca.

È spessa, marrone, sembra viscida anche da cotta. Sui dolci non mi tiro mai indietro, una volta ho provato perfino un dessert turco a base di pollo, ma con le lumache proprio non ce la faccio.

"Mi dai una delusione. Probabilmente non ci vedremo mai più e io mi ricorderò per sempre di quella ragazza italiana che non bevve il café au lait che le avevo preparato e non trovò il coraggio di assaggiare le lumache di Chartier."

"Perché dici che non ci vedremo più?" Lo guardo e penso che mi mancherà svegliarmi per terra tra i libri e vedere la sua faccia buffa come prima cosa al mattino. Anche se mi rendo conto che ci siamo svegliati insieme solo una volta.

"Non si può mai dire, ma è improbabile. Non mi sembra che tu faccia molto altro a parte andare in ufficio, mentre io continuerò a rotolare per il mondo come una sfera di arbusti nelle praterie."

"Puoi fermarti anche tu, prima o poi."

"Provala," insiste. "Sa di carne. E la salsa è buonissima."

I suoi occhi sporgenti, sotto questa luce, sembrano di un blu più intenso.

La salsa è ottima, penso ritrovandomi, non so neanche come, a masticare la lumaca. Cerco di non pensare fino a quando, finalmente, riesco a mandarla giù. Faccio la scarpetta nel piatto, mangiandomi un'intera fetta di pane. Contro ogni aspettativa, estraggo un'altra lumaca e me la infilo in bocca. Sono abbastanza viscide, ma anche abbastanza buone. Sono buone!

"Scrivimi qualcosa," dico, spingendo il libro verso di lui. "Qua, dove si fa la dedica."

"Mica te l'ho regalato io."

"Tanto, qualsiasi cosa scrivi la leggerò dopo in treno. E non ci vedremo più, come hai giustamente fatto notare."

Victor estrae una penna dal taschino della camicia e guarda la pagina del libro, in meditazione.

Mi metto in bocca una terza lumaca. Lo racconterò a mio padre. Nel controllare il cellulare, scopro di aver ricevuto un suo messaggio.

Per evitare di preoccuparmi per te, mi sono distratto con il sudoku che ho trovato in salotto. Ho risolto quello lasciato a metà, avevi inserito un sei al posto di un nove. A volte per trovare la soluzione basta capovolgere il quadro.

Capovolgere il quadro. Mi ripeto queste parole più volte nella mente. *A volte per trovare la soluzione basta capovolgere il quadro...*

Sorrido all'idea di mio padre alle prese con un passatempo. Mio padre, l'avvocato Villa, esperto di arbitrati, fusioni, private equity, che inventa metafore.

Se solo sapesse cosa mi è capitato qui a Parigi, capirebbe che il quadro l'ho capovolto eccome. Eppure la soluzione non l'ho trovata.

"Se viene mia zia, domani, in libreria, le dai il mio numero di telefono?" chiedo a Victor, annotandolo su un tovagliolo. "Le dici di chiamarmi, così ci mettiamo d'accordo per vederci? Dille anche che mi sposo. Okay?"

"Senti, mi è venuta un'idea." Fa il gesto di indicarsi la tempia come a dire che è un genio. "Perché non mandi una mail in ufficio dicendo che non puoi partire a causa dello sciopero?"

Pare che ci sia uno sciopero dei controllori di volo, stanno annullando tutte le partenze dalla Francia. Cerco di spiegare a Victor che il problema non è avere una scusa per non tornare, il problema sarebbe non tornare. In ufficio dobbiamo concludere la strategia di risposta al competitor, trovare nuove promozioni e nuovi modi di vendere le barrette, forse suggerire delle modifiche al prodotto o l'introduzione di un elemento innovativo in base alla risposta che arriverà dai test di laboratorio e dalle ricerche di mercato, non posso permettermi di fare errori se voglio che mi assumano a tempo indeterminato...

"Io non sono una sfera di arbusti che rotola per le praterie. Nemmeno se volessi, potrei esserlo."

Sta per rispondere qualcosa, ma viene interrotto dall'arrivo di Ben e Julia.

"*Bonsoir!*" dicono in coro, prima di prendere posto.

Per pura fortuna, il tavolino accanto al nostro si è appena liberato.

Di domenica la libreria chiude prima, spiega Julia, così

sono riusciti a raggiungerci. Ha addosso lo stesso giubbotto di ieri sera, sopra un vestito lungo color melanzana.

"*Escargots pour moi!*" esclama rivolta al cameriere, ma poi ci ripensa. "Non posso mangiarle."

Le lumache non hanno calorie, vorrei dirle. Non so perché lo so, devo averlo letto da qualche parte. Troppo tardi, ha ordinato verdure bollite e tacchino. Non appena il cameriere si allontana, si gira verso di noi.

"Sono incinta," annuncia a bruciapelo.

Sorride arrossendo, guarda in basso. Ben è diventato pallido come Amleto davanti al fantasma di suo padre nello spettacolo che ho visto anni fa con la zia, deve averlo scoperto anche lui in questo momento.

Julia prende a parlare veloce, per l'imbarazzo, con un sorriso tirato e il tono enfatico delle grandi notizie: lo ha appena scoperto, è felice, il bambino è di Ben. Gli lancia un'occhiata incerta, lui rimane pietrificato. Si chiamerà Noa, insiste Julia, vivrà con loro in libreria, imparerà da ciascuno, lo cresceranno tutti insieme. Per crescere un figlio ci vuole un villaggio. Faranno come le tribù africane. Il nome Noa può adattarsi a un maschio come a una femmina, deriva da Noè, la fa pensare alla sua arca che ha rigenerato il mondo. Sorrido al pensiero che proprio ieri ho pensato questo della libreria, che fosse come un'arca di Noè.

La guardo pensando al nipotino che si aspettano i miei. A come dovrò preparare la cameretta seguendo le direttive di mia madre: pavimentazione antiscivolo, vernice atossica alle pareti, paracolpi, fermacassetti, nessun mobile vicino alla finestra, prese elettriche in sicurezza... Non lo toccherà nessuno senza prima essersi lavato le mani e se vorranno prenderlo in braccio dovranno chiedere il permesso.

Non ho mai confessato ad anima viva che l'idea di un figlio mi getta nel panico, ci penso quando non riesco a dormire, lo immagino fragile come cristallo, morbido come il burro, mi vedo romperlo per sbaglio, odiarlo, temerlo, subirlo. Ho paura di non essere neanche in grado di farlo. Di commettere un errore e di perderlo.

"È una bellissima notizia," dico, visto che ancora nessuno ha aperto bocca.

"Davvero!" mi segue a ruota Victor.

Alza il bicchiere, brindiamo. Ben ci guarda con aria assente.

Julia prova a cambiare discorso. Si butta sulle verdure bollite con entusiasmo, mentre accenna con leggerezza allo spettacolo che andranno a vedere domani. *Aspettando Godot.*

"Vieni con noi?" mi domanda.

Non ricorda, forse, di avermelo già chiesto ieri sera. Non sono mai più stata a teatro, andarci con loro mi piacerebbe, ma devo partire, dico. Anzi, devo correre! Sono già le dieci e venti. Con mio sollievo, si alza anche Victor.

"Buona fortuna," dico a Julia. "*Bon courage.*"

"È stato un piacere conoscerti. Mi dispiace che tu non rimanga con noi."

Sto per stringerle la mano ma mi abbraccia, poi mi guarda negli occhi e si fa seria: "Ricordati di leggere Anaïs Nin".

Me lo ricorderò, tu invece ripensaci, vorrei dirle, trova una casa con Ben, evita se vuoi i paracolpi, ma organizza una cameretta, installa uno di quegli affari girevoli che pendono dall'asta della culla per fare addormentare Noa.

"Ciao bella!" Ben mi saluta in italiano. "Pizza, spaghetti e cotechino."

Victor mi aiuta a trasportare il trolley giù per le scale della fermata Grands Boulevards.

"Muoviamoci," dice lanciando un'occhiata al tabellone.

Salta il tornello, fa passare la valigia sotto la sbarra, si affretta verso la fine del corridoio e svolta a destra. Mi avvicino alla biglietteria tastandomi nelle tasche, ormai la donna dietro al vetro mi ha vista. Trovo degli spiccioli, ma non bastano. Victor spunta dal fondo del corridoio, mi fa segno di sbrigarmi. Apro il portafogli, non ho banconote di piccolo taglio. Infilo la mano nella borsa: pezzi di carta appallottolati in cui ho archiviato gomme al ginseng masticate, piselli tostati che vagano sparsi perché dev'essersi aperta una confezione, briciole di nuvole di drago che mi si infilano sotto le unghie, una penna aperta che continua a disegnarmi ghirigori sulla mano, vecchi scontrini... Ci sono delle monete sul fondo, le sfioro, mi sfuggono. Finalmente, recupero l'euro mancante. La signora in biglietteria alza un sopracciglio. Timbro il biglietto e passo, facendo girare il tornello.

So di dover accelerare. Devo prendere il treno, presentarmi in ufficio, annientare il competitor, abbracciare Bernardo, rassicurare mio padre. *Le responsabilità sono la base della felicità.* Eppure studio la mappa fissata al muro piastrellato senza riuscire a muovermi. Traccio col dito il percorso che faremo con il métro. Sto partendo senza aver incontrato mia zia.

A volte per trovare la soluzione basta capovolgere il quadro.

"Corri!" grida Victor sbucando dalle scale che portano al binario, "corri, è arrivata!"

Ma la perdiamo.

Al treno successivo mancano sei minuti. Secondo Victor, sette fermate si percorrono in nove minuti. Se siamo fortunati con la coincidenza a Bastille, forse ce la facciamo.

Dice proprio così, "forse". Mi siedo sulla panchina arancione. *Forse.*

Mi è scoccata una scintilla nello stomaco, ma cerco di non farci caso.

Sto trascinando il trolley traballando sui tacchi, come fosse un corpo morto. Mi accorgo solo ora che sono quasi più alta di Victor, che mi cammina di fianco con le mani affondate nelle tasche. Costeggiamo la Senna sul quai in direzione nord, verso la libreria. È lo stesso tragitto che ho fatto poco più di ventiquattr'ore fa. Questa volta, però, sono a piedi. La città sembra un'altra, eppure è la stessa. E io?

Continuo a rivivere la scena come sarebbe dovuta andare: mi vedo arrivare alla stazione in tempo, salire sul treno, issare il trolley, salutare Victor prima che si chiudano le porte. Partire. Parigi che si allontana, i binari illuminati dai lampioni nel nero della notte, campi e paesi francesi. Attraversare le gallerie, stendermi sul letto e cercare di dormire, all'alba indovinare i primi cartelli in italiano immersi nella nebbia, Torino, poi Milano. Scendere dal treno, correre in ufficio, pranzare con un dorayaki ai fagioli rossi, dormire da Bernardo.

Il notturno è filato davanti ai miei occhi, invece. L'ho perso per una manciata di secondi. Io e Victor siamo rimasti impalati sulla banchina a fissarlo.

"Fermati!" ho gridato. "Fermati!"

Ma non si è fermato. Cosa racconto ai miei? Come lo giustifico a Bernardo? Cosa dirò in ufficio?

"Prendi i babbuini, per esempio," dice Victor. "Quando diventano adolescenti, lasciano il branco e si uniscono a un altro. Lo ha scritto Sapolsky, il primatologo."

Lo guardo nel tentativo di capire.

"Ecco come funziona: due branchi di babbuini si incontrano nei pressi di una divisione naturale, come un fiume. Uno di qua, l'altro di là. Si lanciano grida aggressive fino a che non si stancano. Il giovane babbuino di un branco fa un passo verso l'altro. Si ferma, fa qualche passo avanti e il doppio indietro, e così via, fino a che non trova il coraggio di attraversare il fiume e sedersi per un po' vicino al nuovo branco. La settimana successiva, quando i due branchi si incontrano, il giovane babbuino fa la stessa cosa, ma questa volta rimane un po' più a lungo vicino agli altri, prima di tornare dall'altra parte. La volta dopo, li segue qualche metro, prima di farsi prendere dal panico e rifugiarsi dalla mamma. Fino al giorno in cui si sente coraggioso e decide di restare."

"Cosa stai cercando di dirmi, Victor?"

"Che ho fatto di tutto per farti prendere quel treno."

Ed è vero.

Lundi

15.

"Su qualunque crosta mi si fermi l'occhio, io voglio piombarci sopra, e divorare. Se vivere è il meglio che ci sia, allora voglio vivere, a costo di diventare cannibale..."

Mi sono alzata nel cuore della notte, preda dell'inquietudine, e ho cominciato *Tropico del Cancro*. Cogliere l'attimo, vivere aderenti al mondo. Ciò che fanno tutti, qui dentro, e che per qualche oscura ragione ieri ho fatto anch'io.

Prima di addormentarmi ho scritto a Bernardo che ho perso il treno e a mia madre che non sono potuta partire per via dello sciopero dei controllori di volo. In entrambi i casi, non sono riuscita ad aggiungere altro. Neanche un "ti voglio bene" o "a presto". È come essere in trincea, ho pensato: non è la vita vera, questa; finché non porto a termine la missione non sono veramente io.

La libreria è immersa nel silenzio, di tanto in tanto emerge qualche bolla di respiro sonnolento, qualche parola biascicata da un sogno. Seduta accanto alla finestra, approfitto della luce dei lampioni e quasi senza accorgermene arrivo a metà del romanzo di Henry Miller.

Balle, mi ha scritto Victor nello spazio per la dedica. *Ci rivedremo.*

Tornati alla Shakespeare and Company dalla stazione, abbiamo trovato Julia e Ben seduti fuori sulla panca di legno. Lui fumava una sigaretta arrotolata, guardando avanti come se cercasse di distinguere qualcosa oltre la Senna: il suo futuro? Julia si stringeva nel giaccone, tirando a sé le ginocchia, come per proteggere Noa.

Victor ha fischiato, mi sono avvicinata con il passo incerto, un po' d'imbarazzo, il trolley dietro, invece mi hanno guardata con gioia, come se fossi portatrice di qualche buona notizia. Perché gli importava che fossi tornata?

Victor e Ben hanno proposto di andare giù alla Senna a trovare John.

"Rimaniamo in libreria, noi?" ha detto Julia rivolta a me.

Siamo salite in biblioteca. Sbirciando nella mia borsa, ha visto i biscotti della fortuna.

"Apriamone uno," ha proposto. "Tu lo mangi, io leggo il biglietto."

Mi è sembrata una pessima idea: e se le fosse capitato un messaggio deprimente? Ma aveva battuto le mani felice come una bambina, con lo sguardo acceso di speranza. Aspettava eccitata che mi decidessi a lasciargliene pescare uno.

Ho tenuto aperta la confezione davanti a lei pregando perché estraesse una frase rassicurante. *Se nessuno ti vede mentre lo mangi, questo biscotto non ha calorie.* È toccato mangiarlo a me, e le calorie le aveva di sicuro, ma non mi sono lamentata.

Sdraiate sul pavimento, abbiamo immaginato la vita di Noa. Per noi era una femmina. L'abbiamo vista gattonare per la libreria, mettersi in bocca i volumi che faceva cadere dagli scaffali, giocare con Colette, dormire nello studio rannicchiata accanto a Julia, e poi fare i compiti seduta lungo la Senna, con l'aiuto di John, magari. Da grande, rotolare per il mondo come i suoi genitori.

"Ha già tutto dentro di sé," ha detto Julia, "la sua vita è scritta e ce l'ha dentro, come se fosse la pellicola di un film."

L'idea mi è piaciuta moltissimo. Era vero? Nel corredo genetico c'è già il nostro destino? Nel grembo di mia madre esistevano già l'azienda di barrette energetiche, le alghe Hot and Spicy, i macaron che avrei creato? Questo viaggio? L'incontro con Julia e con Victor? La nostalgia di mio fratello, il maglione di Bernardo carta da zucchero, la scelta di lasciar perdere il teatro? Julia ne era convinta.

Ho scoperto che ha ventitré anni e per lei il legame di sangue non significa niente, qualunque gruppo di persone unite da reciproco affetto può essere una famiglia.

"Gli amici sono parenti che ci scegliamo noi," ha detto.

"D'altra parte, ha valore solo quello che si sceglie," ho replicato, riproponendo le parole di Aalok Kumar Villa.

Lei è cresciuta senza genitori, senza fratelli. Nelle varie case famiglia in cui è stata ha incontrato persone buone e altre pessime, ma alla fine non è così anche nelle famiglie in cui si nasce?

Non sono riuscita a rispondere. Avrei voluto abbracciarla, ma non ho trovato lo slancio, così sono rimasta sdraiata accanto a lei, ad ascoltarla.

"E poi, vogliamo pensare a tutti i condizionamenti che i genitori passano ai figli?" ha continuato. "I bambini non sono liberi, ereditano le loro nevrosi."

Esistono delle tribù africane, mi ha spiegato, in cui i piccoli vengono cresciuti dal gruppo. Ogni adulto gli trasmette quello che può, che sa, che nella sua ottica gli farà bene, anche se in contrasto con gli insegnamenti di un altro membro della tribù. Un'educazione così impartita non rischia di compromettere la libertà individuale, perché i bambini possono assorbire quello che ritengono opportuno, scampando così alla condanna di crescere influenzati dai limiti di una coppia di persone.

"Un proverbio cinese dice: il ricco trova parenti anche tra gli sconosciuti." Julia si era alzata a sedere, esaltata dal suo stesso discorso.

Avrebbe fatto il provino per entrare alla scuola di teatro Jacques Lecoq. Non voleva rinunciare per via della gravidanza. Il desiderio di fare l'attrice era dentro di lei da sempre, voleva incarnarsi in tante vite, viaggiare insieme a una compagnia, emozionarsi sulla scena. Erano cose che avevo desiderato anch'io, ma non l'avrei mai ammesso se lei non mi avesse ripetuto "Capisci? Capisci?". Capivo. Capivo davvero. E come potevo dimostrarglielo se non regalandole quel pezzetto di me che avevo tenuto così a lungo nascosto?

"Sì, capisco," le ho risposto, e le ho raccontato dell'Accademia e del provino che poi non ho superato.

Il vero problema era che mi vergognavo. Lei aveva sogni a cui aggrapparsi, sogni di cui non si dispiaceva, ma che anzi usava come scudo. Io non avevo più uno scudo. Io mi ero arresa.

Ho chiesto come avrebbe fatto se l'avessero presa alla Lecoq, come si sarebbe organizzata con Noa. "Troverò un modo," ha risposto, "anche a costo di rimandare di un anno." Sapeva di poter contare su tante persone, lì alla libreria. E poi c'era Ben. Ben avrebbe accettato Noa, avrebbe accettato ogni cambiamento, aveva solo bisogno di tempo.

Mi ha guardato con un sorriso così pieno di speranza che mi sono commossa. Ha voluto sapere della casa in cui io e Bernardo ci trasferiremo. Ho raccontato della cucina separata dal salotto al piano terra, le due stanze da letto con bagno al piano di sopra, i balconi e il giardino. Traiettorie che conoscevo così bene, eppure mi hanno disorientata.

"Avrete anche un cane e un garage?"

"Sul cane non lo so."

Julia ha socchiuso gli occhi, forse per immaginare la scena. Non ha commentato, non mi ha giudicato. Non mi è sembrata neanche sorpresa.

"E Bernardo com'è? Cosa gli piace?"

"I ristoranti gourmet, andare al mare... e ovviamente, vincere le cause in tribunale."

"Sono contenta che tu non sia partita," ha sussurrato prima che andassimo a dormire.

"Sveglia!" grida ora, facendo una piroetta accanto al mio materasso. "Andiamo al Père-Lachaise!"

"Come?" Sollevo la mascherina.

I tappi devono essermisi sfilati durante la notte, tasto tra le lenzuola per trovarli. Fisicamente, mi sento da buttare. Sono crollata con l'arrivo dell'alba in una posizione innaturale e ora ho il lato destro intorpidito.

"Cos'è il Père-Lachaise?"

Ho individuato i tappi: uno era sotto di me, l'altro è rotolato lontano dal materasso. Mi alzo per prenderlo.

"Come 'cos'è?'! È un cimitero."

"Un cimitero?"

"Portiamo un mazzo di fiori a Édith Piaf."

Non ho un buon rapporto con i cimiteri, ma non lo dico.

"Io vado alla Sorbonne," annuncia Ocean, stropicciandosi gli occhi. "Apro e scappo."

Mentre Julia va a cambiarsi, controllo il cellulare. Mi ha risposto Bernardo: *Sono preoccupato, ti chiamo.*

Scrivo una mail a Veronica dal mio telefono, in cui spiego che sono rimasta bloccata a Parigi per via dello sciopero dei controllori di volo. In due anni non è mai successo che saltassi un giorno di lavoro. Preciso che mi dispiace, che sono disponibile a lavorare da remoto, che è come se fossi lì.

Quando chiama Bernardo, gli confesso che non ho ancora incontrato mia zia. "Ci siamo mancate," dico. Non sono preoccupata. So che non avrei dovuto mentire ai miei. So che è meschino usare la scusa dello sciopero. So che probabilmente non è valsa la pena di venire. So che è proprio il momento in cui al lavoro dovrei esserci al cento per cento. Ho sbagliato tutto, lo so. Prometto di tornare domani.

Attacco con la sensazione di essere stata fraintesa, eppure non sono mai stata più sincera.

Peccato, scrive mia madre, *dovevamo andare dalla sarta stasera, ricordi? Per cominciare a pensare all'abito. Allora disdico.*

L'abito da sposa.

La vigilia di Natale, a Pasqua e il due luglio andiamo al cimitero, perché mio fratello non si senta solo. Per anni, il lunedì mattina, ho controllato anche il suo oroscopo. Era del Cancro. Un segno femminile, governato dalla luna, elemento acqua, colore bianco, numero fortunato due. Sempre consapevole degli innumerevoli pericoli del mondo, ama difendere i suoi spazi. Accedervi è concesso solo a pochi eletti, che il Cancro accudisce e protegge come nessun altro. Sarei stata tra questi?

Immaginavo noi due in un letto a castello, io sopra. Nella mia mente, lui inventava cose utili e strane come una prolunga per spegnere la luce comodamente distesi sotto le coperte o un lavapiedi automatico.

Mi innamoravo, nei miei sogni, del suo migliore amico, un bambino dai capelli rossi con cui cercava di scavalcare la siepe in fondo al giardino e bigiava la scuola. Si chiamava Arturo. Per Arturo mi esibivo in appassionati monologhi e nella danza del ventre che avevo visto una volta alla televisione.

Quando c'erano dei problemi, a casa, facevo finta di parlarne con mio fratello. Era sempre dalla mia parte, ovviamente. Si assumeva tutte le responsabilità. Se sentivo i miei litigare, di sotto, lui diceva: "Giochiamo a carte" o "Raccontami una storia di paura". Allora io la raccontavo. Mi accorgevo solo alla fine che ero da sola.

Poi sono cresciuta, lui è rimasto bambino.

Julia ha deciso che se al provino della Lecoq le chiedono una canzone canterà Édith Piaf, ma gira voce che succedano cose terribili a chi canta le sue canzoni sul palco senza la sua autorizzazione. Per questo vuole andare al Père-Lachaise, a chiederle il permesso.

Non posso dire perché preferisco evitare i cimiteri. Trovo un'altra ragione per rifiutare, e poi è vero: devo aspettare mia zia.

"Lasciale un biglietto," ribatte Victor che, in piedi sul divanetto dell'area bambini, sta infilando nella nicchia il suo materasso. "Tanto ormai Charlie la riconosce. Se arriva quando non ci sei, ci avverte e corriamo qua."

Julia mi fissa con sguardo speranzoso. Non pretendono che io sia diversa da quello che sono, ma non contemplano che io possa tirarmi indietro. Sarebbe come tradirli.

Di sotto, la libreria è ancora al buio. Ben spinge fuori gli espositori. Io e Victor li riempiamo di volumi. Julia gira il cartello su *Come in! We are open* e accende le luci. Ocean apre le ante degli scaffali all'esterno, quelli dei volumi di seconda mano, e li sistema. Questa volta Charlie lega la bici per strada, ci saluta con un gesto della mano e si mette dietro la cassa.

Anche oggi abbiamo aperto.

"Andiamo su da George a bere il caffè," propone Ben, come se anche una piccola occasione come quella fosse un'avventura.

Chiedono a me di prepararlo perché sono italiana, ma la caffettiera ha una forma strana, funziona con una specie di pistone su cui è inserito un filtro, senza bisogno di metterla sul fuoco. Se ho capito bene inserisci il caffè in polvere, ci butti dentro l'acqua bollente e abbassi il pistone, ma sbaglio la pressione e l'acqua schizza ovunque, per fortuna nessuno si ustiona. Victor mi leva dalle mani quell'arnese e ride scuotendo la testa. Lascio fare a lui.

Approfittando del computer fisso dell'appartamento, cerco di prenotare un biglietto del treno per stasera, ma scopro che i posti sono esauriti. Probabilmente è per via dello sciopero dei controllori di volo, che durerà tre giorni.

"E ora?" sospiro.

"Non ci sono alternative," dice Victor porgendomi il caffè.

Dopo aver passato il dito sul bordo della tazza, azzardo un sorso. È pressoché imbevibile, e ora so perché, ma ne ho bisogno. "E quindi?"

Sono tutti e tre intorno a me e mi guardano con partecipazione.

"Prendi il treno di domani," suggerisce Victor.

"Così passi più tempo con tua zia," aggiunge Julia.

"Per due giorni, tanto, cosa vuoi che cambi?" le fa eco Ben.

Sul treno di domani sera c'è ancora una cuccetta disponibile. "Ho alternative?"

"L'unica alternativa è non scegliere," dice Julia.

Impossibile. Non posso certo permettermi di saltare un altro giorno di lavoro. Prenoto la cuccetta per domani.

Mi spiace, cara, riesci comunque a dare un'occhiata alle ricerche di mercato e al report del laboratorio e farmi qualche proposta?, scrive Veronica.

Sì, certo.

Sono lusingata che chieda la mia opinione. In ufficio dà spesso l'impressione di farlo solo perché mi trovo davanti a lei, come un golden retriever che attende il lancio del bastone. Da padrona clemente non me lo lancia mai troppo lontano, e quando glielo riporto si congratula appena. Anche da qua posso rendermi utile, mi dico, ma mi servono spazio e silenzio per concentrarmi. Chi riuscirebbe a risolvere un sudoku in questa situazione? Lo farò più tardi, quando sarò sola.

C'è il sole anche oggi, e un venticello caldo. Davanti a me, Ben, Julia e Victor camminano di buon passo agitando le mani, scherzando ad alta voce. Abbraccio Notre-Dame con lo sguardo, respiro Parigi. Mi sento sola e mi sento parte della banda. Soltanto dopo aver superato il ponte mi accorgo di non aver fatto caso all'altezza. Mi tornano in mente Henry Miller e le pensioni pulciose in cui passava le giornate, il suo *vivere a costo di diventare cannibale*. Cosa ne penserebbe la zia?

Métro Cité, le scalinate sembrano portare al centro della Terra. Dentro, saltano tutti e tre il tornello. Vorrei comprare il biglietto, ma stanno già sparendo in fondo al corridoio. Mi guardo intorno, non arriva nessuno, scavalco. Una scarica di adrenalina alimenta la corsa che faccio per raggiungerli. Ben ha comprato un mazzo di rose rosse e quattro croissant, che mangiamo sul binario.

16.

Il Père-Lachaise sembra un parco, più che un cimitero. Una mappa all'ingresso aiuta a orientarsi. Le celebrità sepolte qui sono tantissime: Maria Callas, Proust, Modigliani, Jim Morrison, Colette, Camus, Oscar Wilde...

Le tombe hanno la forma di templi o casette, molte lapidi sono adornate da una statua. Il Père-Lachaise ha l'aria gotica, scomposta, naturale. Mi sforzo di non paragonarlo al cimitero di mio fratello, cerco di non pensare a quando andiamo lì il due luglio. E una malinconia mi prende quando sento Julia cantare in modo sommesso:

"*Quand il me prend dans ses bras... Il me parle tout bas, je vois la vie en rose...*".

Stiamo cercando la tomba di Édith Piaf. Seguo i *tumbleweeds* per i sentieri acciottolati bordati di ippocastani.

"*Il me dit des mots d'amour, des mots de tous les jours, et ça me fait quelque chose...*" Anche Ben ha preso a cantare, con la sua voce da baritono. "*Il est entré dans mon coeur, une part de bonheur, dont je connais la cause...*"

Il sole si infila tra le foglie smeraldo, batte sul marmo di una tomba, irradiando calore. Le note dolci della canzone echeggiano per il cimitero.

"*C'est lui pour moi, moi pour lui dans la vie. Il me l'a dit, l'a juré pour la vie....*"

Mi sento pietra, mi sento sole, mi sento albero. Per un attimo non so più come mi chiamo e nemmeno voglio saperlo.

Mi sembra di fluttuare in una dimensione lontana, senza punti di riferimento.

"*Et dès que je l'aperçois, alors je sens en moi, mon coeur qui bat...*"

Abbiamo percorso molti sentieri, fino al fondo del cimitero. All'improvviso la vediamo: la tomba di Édith Piaf è in marmo scuro, ricoperta di fiori. Non è imponente come mi aspettavo, ma ha qualcosa di magnetico. Julia vorrebbe che cantassimo tutti. Mi unisco anch'io, senza sapere le parole, senza vergognarmene:

"*Ta, ra, ra, ra, na, na, na, je vois la vie en rose...*".

Ben posa il mazzo di rose rosse sulla tomba. Cantiamo, questa volta a gran voce.

"*Il me dit des mots d'amour, des mots de tous les jours, et ça me fait quelque chose...*"

Insieme a rivedere Parigi e infrangere una regola senza motivo (che sarebbe aver saltato il tornello del métro) posso depennare dalla lista dei miei desideri anche cantare all'aria aperta senza preoccuparmi del parere altrui. Perché si pensa che, per rispetto dei morti, al camposanto bisogna stare in silenzio? Non dovrebbe piacergli la musica, mi chiedo? Secondo un noto astrologo di cui ho letto un articolo, i nati sotto il segno del Cancro amano le canzoni d'amore: ne canterò una a mio fratello quando torno. Forse, gli canterò questa.

"Édith..." Julia si è inchinata davanti alla lapide. "Ti chiedo umilmente di poter cantare una tua canzone per renderti omaggio."

Ben chiude il pugno in aria per chiedere silenzio.

Rimaniamo in attesa. Il vento sussurra tra le foglie, da lontano arrivano i bisbigli di una preghiera.

Guardo Victor prendere a calci un sassolino, si è fatto scuro in volto.

"Va tutto bene?" mormoro.

"Non ti preoccupare."

Anche se vorrei non insisto, il cimitero è terra franca, pace eterna; qui, ancora più che fuori, si ha diritto alla solitudine. Chiudo gli occhi, vorrei dire una preghiera per mio fratello, vorrei chiedergli consiglio, mettere la mia vita nelle mani della sua saggezza senza tempo.

"È lei!" esulta Ben, interrompendo il corso dei miei pensieri. Indica un uccellino che ha preso a cinguettare su un ramo poco lontano. "*Piaf* significa 'passerotto'. Chiamavano così Édith per via del fatto che era magrolina. Ti sta concedendo la sua benedizione!"

Julia e Ben esultano. Sfioro le rose rosse per fondermi con quel prodigio. Mi sento felice anch'io. Mi sento parte di tutto questo.

"Andiamo a mangiare gelato e torta di mele?" propone Ben. Conosce un posto a Belleville. Pare che, in *Sulla strada*, Kerouac e i suoi compagni mangino gelato e torta di mele a tutte le ore. Prende per mano Julia, prima di incamminarsi verso l'uscita. Io e Victor li affianchiamo.

"Sono sicura che a Noa piace che cantiamo," dice Julia.

Abbiamo passato un'ora in un luogo di morte, penso, e non abbiamo fatto altro che celebrare la vita.

"È arrivata!" esclama intanto Victor.

Ha ricevuto un messaggio di Charlie, mia zia è in libreria. Victor propone di affittare le bici del Comune per fare prima. Non salgo su una bici da quando ho levato le rotelle, forse, ma non c'è tempo da perdere. Per fortuna, la postazione dove affittarle è a due passi dall'uscita. Salutiamo Julia e Ben, Victor dice che sa come tornare alla Shakespeare and Company.

Monto in sella, riesco a malapena a tenere l'equilibrio mentre seguo Victor che si butta a rotta di collo per la strada in discesa. Sfioriamo le macchine, cerco di accelerare, inghiotto l'aria. Parigi. Sento che stiamo diventando tutt'uno! Victor e io ci perdiamo e ritroviamo la rotta. Cantiamo Édith Piaf. Il vestito a fiori, al vento, mi scopre le gambe. Mi sento leggera.

"Il Marais!" urla Victor, "la Bastiglia!", "l'Hôtel de Ville!". Filiamo lungo i boulevard, attraversiamo la Senna.

Quando arriviamo a Notre-Dame sono paonazza, ansimante, e ho le gambe irrigidite dallo sforzo. Victor mi ha ordinato di parcheggiare le bici ed è volato in libreria. Quando lo raggiungo, mi dà una cattiva notizia. Mia zia se n'è andata.

“Ha lasciato questa per te,” aggiunge passandomi una busta stretta e lunga, da cui è stata cancellata con un tratto di penna l’intestazione di un’agenzia immobiliare. Cerco di non mostrare la delusione, la maledico, poi mi pento, sento le guance bruciare. Dentro la busta ci sono due biglietti del teatro con un post-it: *Ho un problema con Massimo. Vai, secondo me ti piace. Ci vediamo domani pomeriggio qui alla libreria. Non partire!*

“È mezz’ora che te ne stai lì impalata,” mi dice Victor aggiustandosi il basco. “Fai qualcosa.”

Seduta sulla panchina fuori dalla libreria, mi sto ancora rigirando i biglietti tra le mani.

“Chi diavolo è Massimo?” chiedo, non trovando di meglio da dire.

“Pare sia un furetto.”

“Un furetto?”

“Così mi ha riferito Charlie. Tua zia ha accennato a un furetto.”

Ci mancava solo un furetto... Di animali domestici normali zia Vivienne non ne ha mai avuti. Nella fase della pittura aveva adottato Magritte, un pappagallo a cui aveva insegnato solo a dire “non sono un pappagallo” e che è morto di crepacuore dopo essere stato affidato al vicino per un mese. Durante la fase induista c’era stato Roger, un topo fatto secco per sbaglio dall’idraulico. In una fase non meglio identificata aveva preso Manhattan e Milwaukee, due pesci palla che non si sgonfiavano mai. E durante la fase *La mia Africa* non sono potuti mancare Timon, un suricato che aveva fatto un buco nel muro ed era scappato, e Susanna, un camaleonte talmente bravo a mimetizzarsi che un giorno non era stato più trovato.

Ora, è la volta di Massimo il furetto. In che fase sarà la zia?

“E poi come ha fatto a scegliere proprio *Aspettando Godot*, lo spettacolo che andranno a vedere Ben e Julia?”

“Non ne ho idea, ma meglio così, no? Domani mattina non ti muovi da qui, così avrete tutto il giorno insieme. Tanto parti comunque domani sera, visto che stasera non c’è posto sul treno." Aggiunge: "In ogni caso Sylvia la conosce, ha detto Charlie che si sono parlate".

"Sylvia Whitman?" scatto in piedi.

"Prova a chiederglielo. È di sopra."

Sylvia è seduta alla scrivania dell'appartamento di suo padre. Indossa un vestito fucsia a maniche corte, i capelli trattenuti da un cerchietto rosso. Rosa e rosso, un peccato mortale secondo il cerchio di Itten. Io trovo che stiano benissimo insieme. Così bene che spero di avere anche io un aspetto almeno decente.

"Ciao Sylvia, non vorrei disturbarti..." azzardo, aggiustandomi il fermaglio nei capelli.

Alza lo sguardo come se si accorgesse solo ora della mia presenza.

"Volevo sapere... mi ha detto Charlie che tu e mia zia... vi siete parlate?"

Assume un'espressione interrogativa, dev'essere molto concentrata su altro perché per qualche secondo non sembra nemmeno riconoscermi. Darei qualsiasi cosa per riuscire a mantenere il suo aplomb quando mi interrompono sul più bello.

Spiego che mia zia si chiama Vivienne Villa.

"Oh, Vivienne!" I suoi occhi azzurri s'ingrandiscono in un'espressione divertita. "Scusami. Ma non avevo capito che sei la nipote di Vivienne! In effetti, dimentico sempre che è italiana."

"La conosci da molto?"

"C'è stato un periodo in cui era spesso qui. Pare che scriva benissimo."

"Pensavo che nessuno la volesse pubblicare."

"Be'... non vuol dire che non sia brava."

"Immagino che tu non sappia dove abiti."

"Se non ricordo male, a Château Rouge. O da quelle parti. Abbiamo parlato di Château Rouge."

Ha riabbassato lo sguardo sui documenti, non posso trattenerla ma devo chiederglielo, mi faccio forza: “Non è che avresti l’indirizzo esatto?”.

“Ricordo che abitava in una via con un nome buffo.” Assume un’espressione concentrata. “...Poulet. Rue Poulet!”

“Bisognerebbe introdurlo nel linguaggio comune,” commenta Victor. “Invece che dalle stelle alle stalle, da Rue Princesse a Rue Poulet.” Poi si fa serio. “Andiamo a cercarla?”

“Oliva in realtà dovrebbe fare il suo turno,” interviene Maya alle mie spalle. “Non ti eri segnata per due ore a cominciare da adesso?”

Me l’ero dimenticato. Oggi mi tocca il reparto poesia, l’ordine alfabetico è del tutto scomparso. Mi siedo su un panchetto di legno e mi concentro sul da farsi, ma più di una volta devo farmi da parte per lasciare spazio a qualche cliente. La poesia attrae molte più persone di quante avrei immaginato.

In una di queste pause noto un libro appoggiato su uno sgabello: c’è un iris bianco, dentro, a mo’ di segnalibro. Mi guardo intorno per capire se appartiene a qualcuno, ma non sembra. Un iris bianco, il mio fiore preferito. Prendo in mano il libro. L’autrice è francese e la copertina è completamente bianca, hanno risparmiato. Eppure è una raccolta di poesie tradotta in dodici lingue che ha venduto più di centomila copie.

La apro.

Sai?
Non essere mai riuscita mai a vivere abbastanza.
Al parco arrampicarmi – sulle giostre, con le bambole.
Correre alle feste e in casa cucinare.
Dormire dalle amiche, rimanere nel mio letto.
A rimuginare.

17.

Ciao Veronica,

analizzando la ricerca di mercato e le proposte dal laboratorio, mi salta all'occhio una sola vera opportunità di business: fare qualche modifica al prodotto e aumentarne il costo, considerando che il competitor entrerà sul mercato con un prezzo di penetrazione.

Ti spiego: il loro target è più vasto, ma anche più volubile. Donne e uomini che tengono alla linea sono notoriamente sensibili alle mode. Siamo nel 2011 e sta arrivando quella delle barrette ai cereali, ma potrebbe anche passare, poi, per essere sostituita dalle bacche di goji o dai semi di chia. (Grazie, mamma. Se non ci fossi tu a tenermi sempre aggiornata.) *Il nostro target, al contrario, è molto più fedele al nostro prodotto e la spiegazione è semplice: ne ha bisogno. Si allena e deve compensare. Il fatto che anche chi è semplicemente attento alla linea, ma non si allena, possa essere interessato a comprare i nostri prodotti non rappresenta a parer mio una solida opportunità di business.* ("Mai e poi mai," mi ha risposto la mamma quando le ho chiesto se sostituirebbe per qualche tempo le sue bacche di goji dell'Himalaya con le barrette Energy and Co.) *Bisognerebbe, in quel caso, introdurre un prodotto pensato per loro, ma secondo me non ne vale la pena, considerando l'investimento.* ("È proprio la vostra azienda il problema, Oliva. È tamarra, per gente da palestra. Io mi fido solo di TerraBio.") *Sappiamo benissimo che quando si parla della grande distribuzione le dinamiche sono aggressive e tra noi e il competitor, che è già forte sui prodotti per la colazione, non c'è competizione. Vale la pena rischiare?*

Secondo me, tra le varie proposte di laboratorio la più interessante è quella che sviluppa le Energy (che, non dimentichiamoci, sono la nostra cash cow), aggiungendo il calcio e altre sostanze nutritive. Alzerei il prezzo e aumenterei le promozioni, in un primo periodo.

Sappiamo che il nostro target è fedele, non smetterebbe certo di comprarci per qualche decina di centesimi in più. E se avesse la possibilità di risparmiare prendendone più di una in promozione, dici che non ne approfitterebbe?

In allegato trovi il report appena completato e le mie note.

Comunque, se hai bisogno di me sono qui.

Oliva

Mando la mail seduta al tavolino di un caffè nel Quartiere Latino, dove mi sono rifugiata per trovare concentrazione, con un computer portatile preso in prestito dalla libreria.

L'ufficio mi sembra un passato remoto. Ho già dimenticato, per esempio, il tono di biondo di Veronica. Cenere o miele? Ripenso alla mia postazione, le macchie di caffè sulla scrivania che copro con il computer, la piantina di aloe vera (sopravvivrà anche se oggi è lunedì e non le darò da bere?), i piselli al wasabi che mi sono rotolati una volta tra la scrivania e il muro, impossibili da recuperare. Marciranno e si disintegreranno?, mi chiedo. Quanto ci metteranno? Qualche mese, una vita, un'era geologica? Li troveranno, se mai dovessimo trasferirci in un altro ufficio?

Veronica ringrazia, dice che ne parlerà con il Grande Capo.

"Be'," dico a Victor, che mi ha raggiunto e mi sta osservando, impaziente che finisca. "Fai tanti lavori, ma non lavori mai?"

"Per l'appunto, sono qui come messaggero," sorride. "Sylvia ci chiede di lavorare per lei giovedì sera. Ci sarà Leonard Cohen in libreria."

Cohen?

Penso al tragitto casa-scuola con la mamma, al Natale

passato a saltare sul divano con mia zia cantando *So Long, Marianne* a squarciagola, i suoi dischi arrivati per posta da Parigi, ancora su uno scaffale in camera mia. Incontrare Cohen è sulla lista dei miei desideri. Ci ho disegnato accanto una stellina come per tutti quelli impossibili da realizzare.

"Sarà a Parigi," spiega Victor. "E Sylvia l'ha invitato in libreria: organizziamo una cena in suo onore."

Lo scruto, sembra serio. Mi obbliga a dire: "Lo sai che parto domani".

Depennare dalla lista una voce con la stellina accanto! Avere fortuna, una fortuna sfacciata, per una volta nella vita.

"E comunque aiutare Sylvia a organizzare una cena in libreria non è un lavoro vero," dico.

"Perché non è dietro a una scrivania e non si timbra il cartellino?"

"Non è continuativo. Non richiede uno sforzo quotidiano che porta a dei risultati nel lungo termine."

"Lungo termine..." Victor emette un fischio. "Che parolone."

Alzo le spalle. "È la vita."

"La vita è a breve termine."

Penso che mi stia venendo un debole per la sua intelligenza. I suoi occhi blu brillano incorniciati dai capelli biondi che sbucano dal basco, la giacca di tweed indossata con nonchalance.

"Be', se intendi il lavoro come una linea retta, in divenire nel tempo, che va da A a B," concede lui, "in quest'ottica possiamo dire che io non abbia mai lavorato. E considerando che non ho fatto l'università, non lavorerò mai."

Snocciolo quello che mi ripete sempre mio padre, che ci vogliono degli obiettivi perché la vita sia appagante. Se sono chiari gli obiettivi, aumentano le probabilità di ottenere ciò che vogliamo.

"E se io non volessi ottenere niente? Chi te lo dice che andare avanti sia l'unico modo possibile? Se si arrivasse più in profondità muovendosi lateralmente? Forse, è l'accumulo di esperienze diverse a farti arrivare più lontano."

Chiudo il computer, finisco il café au lait. Non so cosa rispondere. Ho fallito in tutte le esperienze diverse che ho provato.

"Hai presente i colombi viaggiatori?" continua lui. "Tutti pensano che venivano spediti in avanscoperta in luoghi sconosciuti a recapitare messaggi. In realtà, succedeva l'opposto."

"Cioè?"

"Venivano cresciuti in un luogo e poi portati via. Quando il padrone voleva mandare un messaggio al loro luogo d'origine, ne liberava uno. Il colombo trovava istintivamente la strada del ritorno."

"Che cosa vuoi dire?"

"Sembra che partano, in realtà tornano a casa."

"Ciao papà," dico al posto di pronto, per via della sorpresa. Non mi chiama mai.

Mi sintonizzo con lo scenario in cui mi immagina: Linda, una vacanza, lo sciopero. Mi fa piacere sentirlo, anche se mi sudano le mani. Stiamo al telefono tre minuti e venticinque secondi. Le sue parole ricorrenti sono responsabilità, lavoro, futuro, abito da sposa, tua madre.

Le mie solo due: mi dispiace.

Godot ci sta aspettando. Il Théâtre du Soleil è immerso nel Bois de Vincennes, dove tanti anni fa la zia ha portato me e i miei genitori per il picnic. Maya ha accettato di chiudere la libreria solo con Ocean, che rimane lì a studiare. Mentre camminiamo attraverso il bosco in direzione del teatro, affianco Julia, lasciando Victor e Ben indietro. Le domando se sta lavorando al provino, risponde di sì, che porterà un monologo tratto da *Le serve* di Genet, la storia di due sorelle al servizio di una ricca signora. Quando la padrona esce, una a turno si mette i suoi vestiti e i suoi gioielli, imitando il suo modo forbito di parlare, e maltratta l'altra, finché questa non finge di ucciderla. *Le serve* si chiude con la morte di una delle due protagoniste e il monologo delirante di Solange. Quello che farà Julia. Certo più interessante di me che faccio Rossella O'Hara buttandomi sull'erba e dicendo con le lacrime agli occhi: "Dopotutto, domani è un altro giorno".

È un testo molto intelligente, spiega Julia, non parla solo di una serva che uccide la padrona, ma di qualunque oppresso che si ribella all'oppressore, una figlia al genitore, una nazione al conquistatore.

"L'autorità ti porta a pensare che ci sia un solo modo di vedere le cose, ma non c'è mai un solo modo, un modo giusto. Dove c'è il potere nascono l'imitazione del potere e la liberazione dal potere."

Rimugino su questo pensiero, qui sono tutti così perspicaci che mi sento sempre più sciocca. Farei meglio a tornare nel mio cantuccio, dove Bernardo al massimo mi domanda la differenza nutrizionale tra il pesce fresco e quello surgelato, mia madre ogni quanto penso che sia meglio cambiare le lenzuola e Veronica se posso occuparmi di rendere "più carino" il layout della sua presentazione.

Ben sostiene che la parte della pazza le viene bene, continua Julia, ma lei vorrebbe un parere più imparziale. Mi offro di darle il mio, le giuro che mi farebbe piacere. Sarei davvero contenta se l'ammettessero alla scuola.

"Julia!" Una ragazza bionda si affaccia al finestrino di un furgone che ci ha appena superate. Il furgone si ferma e la ragazza scende scavalcando l'uomo seduto accanto a lei. Abbraccia Julia, Ben e Victor, poi punta i suoi occhi verde foglia su di me. Ha i lineamenti delicati di una bambola di porcellana e un corpo tondo, senza spigoli.

"Sono nominata Odette," dice in inglese, con un forte accento francese e un tono spumeggiante, preannunciandosi difficile da capire.

"Odette è al secondo e ultimo anno della Lecoq," spiega Julia. "È una nostra amica."

La ragazza lascia che il furgone riparta e riprendiamo a camminare. Se ho capito bene, Vladimir ed Estragon saranno interpretati da due attrici, amiche di Odette.

"La regista ha deciso così, perché che importanza ha che

siano uomini o donne? Sono solo l'enigma... dell'essere umano, no?" spiega.

"Forse volevi dire l'emblema?" interviene Julia.

"Quello. L'essere umano che è in attesa. Di Dio?"

"In attesa che accada *qualcosa*." Mi stupisco di averlo detto.

Odette mi guarda aspettando che io approfondisca, ma non so davvero cosa aggiungere. Per fortuna, si inserisce Julia.

"È giusto che vengano rappresentate anche le donne."

"Infatti. È una scelta cadenzata." Odette annuisce convinta.

"Intendevi azzeccata."

Poco prima di entrare, mi chiama Bernardo. Non posso credere che siano passati già tre giorni da quando ci siamo sentiti l'ultima volta. Ha il tono più squillante di quanto mi ricordassi e il suo accento lombardo mi pare più marcato. Mi racconta di un cliente che l'ha invitato a un vernissage sabato. Ci andremo insieme, dice. Mi verrà a prendere domattina alla stazione. Solo adesso mi rendo conto che non sa che non prenderò il treno nemmeno stasera, non lo sa perché non l'ho informato. Come potrebbe immaginare che sto andando a una rappresentazione alternativa di *Aspettando Godot* e non alla stazione?

"I treni erano pieni per via dello sciopero," cerco di dire in tono calmo.

Guardo gli altri camminare avanti a me. Victor ha quel modo dinoccolato di muoversi, si gira per assicurarsi che io ci sia.

"Arrivo mercoledì, Bernardo," aggiungo.

Segue un lungo silenzio. Tento di prevedere cosa potrebbe rispondere, ma la mia mente gira a vuoto.

"I tuoi lo sanno?" chiede, infine.

Gli assicuro di sì.

Si starà domandando come mai ho aspettato un giorno intero per informarlo, prego che non me lo chieda. Non saprei dirlo.

18.

Fanno entrare il pubblico all'ultimo, tutti insieme. Non c'è sipario. Sul palco spoglio, immerso in una luce arancione, ci sono una palma e due ragazze in costume da bagno.

Vent'anni fa, mia zia aveva spento la televisione sul più bello di una puntata di *Lady Oscar*, annunciando che mi avrebbe portata a teatro. Davano una pièce di Čechov, *Il gabbiano*, quella sera. "Le sue pièce rappresentano una svolta nella drammaturgia mondiale," mi aveva spiegato con gli occhi colmi di commozione, era giunta l'ora che cominciassi a familiarizzarci anch'io. Era nella fase russa, andava in giro con un colbacco di pelo e cucinava blinis con caviale, leggeva solo Anna Achmatova, Nina Berberova, Marina Cvetaeva. Trovavo i loro libri sparpagliati sul pavimento della mia stanza, che condividevo con lei quando veniva a trovarci; libri dalle copertine austere, sui toni del verde marcio e del marrone, che il più delle volte ritraevano uomini con barbe lunghe e cappotti di pelliccia, donne dall'aria affranta nella penombra o al lume di una misera candela.

A teatro non ci ero mai stata e pensando allo sguardo di quegli uomini e quelle donne sulle copertine dei libri russi avevo avuto paura, ma poi avevo deciso di fidarmi di mia zia. Si era preparata come per una festa: abito di seta cangiante e rossetto rosso, i capelli raccolti in uno chignon. Avevo scelto anch'io un vestito carino, quello con le paillettes che mi aveva regalato per la comunione e che la mamma mi vietava di indossare.

"Stai benissimo, Oliva," esclama Vivienne nel vedermi, "è così che si va a teatro."

Si infila il colbacco e la pelliccia e montiamo in macchina. È la macchina di mio padre, con cui lei ha già avuto un paio di incidenti.

"Qual è la frizione?" mi chiede, guardando i pedali disorientata.

Guida solo quando è da noi, nemmeno sempre, e la sua è una memoria di tipo selettivo. Io non ho idea di quale sia la frizione, ma infine, dopo un paio di partenze a singhiozzo, la zia se lo ricorda. Nonostante una serie di défaillance ai semafori e qualche invettiva verso chi ci supera strombazzando, arriviamo sane e salve.

Non ha fatto in tempo a prenotare, ma c'è ancora un palco disponibile. "La forza del destino!" sospira facendo sorridere la signora della biglietteria.

Il palco è centrale, domina la platea: il velluto, il brusio, le persone che si fanno fresco col programma, il lampadario sfavillante, gli specchi antichi, è un mondo che non somiglia a niente che io abbia mai visto prima. Qualcosa di magico, forse di sacro, di meraviglioso o spaventoso sta per cominciare.

Il sipario si apre su un interno spoglio, abbastanza squallido, in cui si muovono personaggi vestiti esattamente come quelli delle copertine dei libri della zia. Parlano in modo strano e dicono cose incomprensibili. Ma *come* lo fanno! Sprofondata nella morbida poltrona rossa li guardo litigare, amarsi e soffrire con un senso di godimento primordiale. Sono l'unica bambina, lì dentro, e mi sento importante: sto assistendo a una pièce che ha rappresentato una svolta nella drammaturgia mondiale, qualunque cosa significhi.

Quando si riaccendono le luci, mi accorgo che mia zia ha pianto.

"Prendiamo qualcosa da bere," dice dopo essersi asciugata gli occhi con un lembo dello scialle.

Sedute al bar del teatro (acqua e menta per me, vodka liscia per lei), mi parla come se fossimo vecchie amiche: sapeva che venire a teatro le avrebbe fatto bene, perché il teatro è lo specchio dell'anima. Sul palco c'eravamo noi. Noi. Capisco? Ma no, io non capisco... Quello che ho visto è straordinario, non lo dimenticherò mai, ma quei personaggi mi sembravano a tutti gli effetti degli estranei. Degli estranei bizzarri, per di più!

"Erano in costume, d'accordo," risponde la zia, conciliante, "perché vengono da un'altra epoca, ma i loro dolori e le loro gioie rispecchiano i nostri, Oliva cara."

Lei è come Nina, dice. Non si sente all'altezza della sua vocazione, e nonostante questo non riesce ad abbandonarla. Sono più di vent'anni che scrive lo stesso libro, capita che ci vogliano giorni per trovare una parola. Pensa solo a scrivere, solo a quella storia, alla quale sta sacrificando tutto; la scrittura si mette in competizione con la vita e vince, portandola a trascurare gli affetti, impedendole di costruirsi una famiglia o tenersi un lavoro troppo a lungo. E la storia non migliora, la vita sfugge, scorre fluida, si trasforma, la tradisce. Rifiuta di farsi raccontare. Forse non arriverà mai a pubblicare il suo manoscritto.

Vorrei darle un consiglio, ma ho dieci anni, devo ancora sostenere l'esame di quinta elementare, indosso il vestito che avrei voluto mettere alla comunione, le calze di lana, le ballerine, non sono mai stata in Russia e vedere mia zia così fragile mi fa sentire ancora più piccola. Che alla sua età ci si possa sentire così sperduti mi atterrisce. Gli adulti che ho intorno sono come i miei genitori, soddisfatti; essere soddisfatti è la loro religione. Pensano che la zia dovrebbe rinunciare alle ambizioni letterarie, ormai ha fallito, è ora di farsene una ragione, gliel'ho sentito dire origliando alla porta della camera da letto.

Ora so che una ragione non se la farà mai. Ma proprio quando sto per intristirmi anch'io, la zia si rallegra: "Potrebbe sembrare una tragedia, ma non lo è. Avere una passione ti fa sentire vivo, ti dà una ragione per stare al mondo, è una risorsa cui puoi attingere sempre. Credimi, è meglio avere una passione e non sentirsi all'altezza, piuttosto che non averne affatto e vivere una vita piatta, banale".

Succhio la mia acqua e menta tutta d'un fiato, poi dichiaro che la mia passione è il teatro. Voglio fare l'attrice. L'attrice e la pasticciera o la pasticciera e l'attrice. Diventerò brava come quella che ha interpretato Nina stasera. Riuscirò a farla commuovere anch'io.

Rinuncerò a tutto il resto, se ce ne sarà bisogno. Ci credo davvero. Con Vivienne accanto mi sembra ragionevole.

"Però!" esclama la zia. "Tu sì, che sei una tosta, Oliva."

Da allora, ogni volta che era venuta a trovarmi, mi aveva portata a teatro.

"È un po' quello che dicevo di Henry Miller," fa Victor.

Siamo seduti vicini sul pavimento della biblioteca, la schiena appoggiata alle panche di legno.

Anche io non faccio che ripensare allo spettacolo. Estragon sono io, che aspetto mia zia davanti a una libreria invano? Vladimir sono io, che spero senza riuscire ad ammetterlo che nella mia vita succeda finalmente *qualcosa*?

L'albero accanto alla fontana sta fiorendo. I fiori rosa a grappolo sono sbocciati tutti insieme come se si fossero messi d'accordo. Ma quelli del ciliegio non erano bianchi? Forse è un pesco?

"Allora che si fa?" chiede Vladimir.

"Non facciamo niente. È più prudente," risponde Estragon.

Niente. Ma se il tempo in *Godot* si è fermato, nel mio mondo è già lunedì notte. E io sono qui. Ancora a Parigi.

"Andiamo giù alla Senna?" chiede Victor.

Annuisco, non ho nessuna voglia di dormire.

"Ma non continuare a fissare la gamba di John come l'altra volta, okay?" si raccomanda, mentre scendiamo le scale del condominio, "è un incidente di cui non vuole parlare."

Troviamo John al solito posto, con una bottiglia in una mano e un libro nell'altra, legge alla luce del lampione.

"È una vita che non ti fai vedere, Victor!" esclama allungandoci una bottiglia di vino.

"Siamo andati a vedere *Aspettando Godot.*"

"Odio gli esistenzialisti. Se chiami Dio, lui risponde. Al limite potremmo mettere in scena *Aspettando Mélanie*. Lei sì, che non arriva mai." Si gira verso di me. "Tua zia?"

Sto per aprire bocca, quando Victor mi interrompe e chiede a John se ha voglia di venire a cercarla a Château Rouge con noi, domattina.

"A cercarla?" ripeto. Non ci siamo mai messi d'accordo su questo.

"Non muori dalla voglia di vedere Rue Poulet?"

"Si è trasferita in una via che si chiama Pollo, la vecchia?" sogghigna John. "Be', comunque domani ho da fare, non posso venire."

"John, tu non hai mai *niente* da fare."

"Ora stai diventando offensivo. Sai una cosa? Ti proibisco di tornare a trovarmi."

"È suolo pubblico," gli fa notare Victor.

"Allora cambierò posto." John si alza barcollando, fa qualche passo intorno alle sue cose. Cerco di non fissargli la gamba offesa.

"Non so chi altro ti possa proporre una simile avventura," insiste Victor, "andare a scovare una vecchia desaparecida in via Pollo. E stai tranquillo, prima metteremo al sicuro la tua valigia. Ci troviamo domattina alle dieci davanti alla libreria."

"Non ho neanche l'orologio." John si gira verso il muro, stringendo a sé la bottiglia. "Il tempo non esiste."

"Deve smetterla di stare lì inchiodato ad aspettare Mélanie, non tornerà," sospira Victor quando ci allontaniamo. "Non lo perdonerà mai."

Il materasso è così duro che mi sembra di essere sdraiata direttamente per terra. Farà bene alla schiena, ma non al mio umore, che peggiora di minuto in minuto.

A che gioco sta giocando zia Vivienne? Perché questi biglietti, questi falsi appuntamenti? Cosa dovrebbe perdonare Mélanie a John? E perché più parlo sinceramente a Bernardo, più ho l'impressione che non mi capisca?

Seduta accanto alla finestra, fisso i volumi polverosi. Nella libreria si sente solo il respiro regolare di Victor che dorme. Veronica mi ha chiesto un'idea di pricing per la strategia che ho proposto. Non ha specificato se è piaciuta al Grande Capo.

Scrivo:

Si potrebbe pensare di investire una parte del budget, invece che sulla comunicazione (della quale a parer mio non c'è bisogno, visto che il nostro target è già fidelizzato), nel margine dell'azienda. Mi spiego meglio: nonostante le spese di laboratorio, alzerei il nostro margine solo di qualche punto percentuale, di modo che il prezzo di posizionamento al consumatore salga di poco. Due euro e trenta a barretta invece di due?

Cercherei di fare margine, piuttosto, sulle promozioni 2x3 o 3x6, perché sappiamo che funzionano bene, e le programmerei per il momento del lancio, poi le ritirerei. È una politica di prezzo che darebbe i suoi frutti a lungo termine. Non dimentichiamo che incrementare le vendite non significa per forza fare più profitto!

Mando la mail, perché la trovi di prima mattina e veda che mi sono applicata. Il golden retriever ha corso a perdifiato per recuperare il bastone ed è tornato dal padrone come un lampo.

Apro il libro di poesie:

Mille vite mille
la ragazza che studiava medicina
una costumista a Hollywood
sposata libera
la santa pazza
non sceglievo.
È uccidere.
Rinascere.

Ripenso al palco spoglio del Théâtre du Soleil, con l'albero al centro. Vladimir ed Estragon. Il loro ultimo dialogo.

"Allora andiamo?"

"Andiamo."

Ma non si sono mosse.

Mardi

19.

"È ora di aprire!" Victor mi ruba il lenzuolo.

Ho l'impressione di essermi addormentata dieci minuti fa. Tento di afferrarlo, ma lui scappa nella saletta del pianoforte, costringendomi ad alzarmi per rincorrerlo. Anche stanotte ha dormito vestito. Senza volerlo, svegliamo Ocean.

"Che ore sono?" brontola, stropicciandosi gli occhi. Tasta per terra in cerca degli occhiali.

"Pare sia l'ora di aprire," dico.

La luce del mattino filtra dalla finestra del cavedio. Ocean si alza a sedere sul divanetto, trova gli occhiali appoggiati su una torre di volumi lì accanto.

I libri sono ovunque: sugli scaffali che ricoprono le pareti, nelle nicchie del muro, impilati per terra, sul pianoforte al posto degli spartiti, sotto il pianoforte, sul davanzale della finestra.

È confortante l'idea di poterne prendere uno qualsiasi nel cuore della notte, divorarlo nella semioscurità, scoprire i pensieri di Shakespeare, Virginia Woolf, Yeats, Jane Austen... È un luogo sicuro, penso, e sorrido senza un motivo preciso, solo perché ho davanti un altro giorno a Parigi.

"A proposito di aprire..." Victor mi fa cadere il lenzuolo sulla testa, "fammi andare a vedere se è arrivato quel codardo."

Scende di corsa le scale che portano all'entrata.

Infilo il materasso di gommapiuma nella nicchia della stanza dei bambini, tiro la tenda per coprirla. Ripiego le lenzuola, prendo i tappi e la mascherina e apro il ripostiglio sulle scale del condominio. Ormai conosco il codice del lucchetto, non faccio più troppo caso alla polvere. Nel bagno dello studio mi infilo il solito vestito. È macchiato, ma non penso che qui qualcuno si scandalizzerà. Continua a farmi sentire magra e desiderabile e libera, voglio metterlo ancora.

Brava, grazie, ha risposto Veronica, *riferisco tutto a Ruggero, oggi abbiamo una riunione. Ho già provveduto a informare della tua assenza. Nel frattempo, ho chiesto a Mara di preparare la presentazione al posto tuo, spero non ti dispiaccia, così non facciamo brutte figure.*

Mara è la ragazza che hanno assunto in stage dopo di me. Se io sono un golden retriever, lei è un levriero campione dei cinodromi. Arriva in ufficio alle prime luci dell'alba ed è sempre l'ultima ad andarsene, le hanno dato perfino la tessera per innescare e disinnescare l'allarme; in pausa pranzo mangia un panino con gli occhi incollati allo schermo; si porta il lavoro a casa nel weekend. Quando Veronica le chiede di fare qualcosa, l'ha già fatta. Una volta che ci siamo trovate sole davanti alla macchina del caffè le ho chiesto come fa a leggere nel pensiero di Veronica. Mi ha risposto che basta prevederle, certe cose, usare il cervello.

"Niente da fare, ovviamente!" dice Victor, venendomi incontro all'ingresso.

"John non si è presentato?"

"Ha paura di abbandonare il posto," dice mentre portiamo fuori gli espositori. "Ed è ossessionato da quella valigia! Ma cosa ci sarà dentro di così speciale?" Si rabbuia, come al cimitero. "Andremo lo stesso a cercare tua zia."

Mi trascina via per mano.

Mentre camminiamo verso il métro Cité, frugo nella borsa in cerca di qualcosa per la colazione. "Vuoi un biscotto della fortuna?" chiedo a Victor.

"Direi che è troppo presto per le cattive notizie. Grazie."

Forse è come la storia dell'albero che cade nella foresta:

se mangio il biscotto ma non leggo il biglietto non mi riguarda, giusto?

"John!"

L'urlo di Victor mi distoglie dai miei pensieri. Vedo John che se ne sta dritto in piedi, di là dal ponte, con la valigia in mano. "John, sei venuto!" Lo raggiungiamo di corsa.

"Io sono l'opposto degli esistenzialisti. Io agisco." Fa uno dei suoi sorrisi enigmatici. "D'altra parte, come avreste fatto senza di me?"

Victor si offre di portare la sua valigia al sicuro in libreria, noi due rimaniamo sul ponte ad aspettarlo.

"Posso fidarmi di quel nordico, vero?" mi chiede.

"Tanto quanto io posso fidarmi di mia zia."

"Di là!" Victor indica a sinistra.

"Secondo me invece è di qua," gracchia John, indicando nella direzione opposta.

Tiro fuori la cartina che mi ha regalato Vivienne, per cercare di orientarmi. Siamo al centro di Place du Château Rouge, anche se tra bancarelle di frutta esotica, negozianti di spezie, parrucchieri afro e macellerie halal non sembra nemmeno di essere a Parigi.

Ci siamo arrivati a piedi. È stata un'idea di John. Abbiamo camminato per circa due ore, l'ultimo tratto in salita. Mi sono sentita meglio con me stessa, con tutti i croissant che ho mangiato e le volte che ho saltato la palestra.

John ha camminato davanti a noi per l'intero tragitto. Ogni strada, palazzo, insegna gli ricordava qualcos'altro, una storia persa nella sua memoria che doveva assolutamente raccontarci.

Ho scoperto che è nato e cresciuto in una famiglia di mormoni (diciotto fratelli, uno più sciocco dell'altro, a sentir lui), che ha abbandonato insieme alla fede appena ha potuto; la fede l'ha ritrovata solo recentemente e in un'altra forma ("Le minacce e i divieti li lascio a loro!"). I primi tempi a Parigi non aveva un franco in tasca. Ha lavorato su un battello e in seguito ha fondato la sua compagnia di navigazione, con la quale ha fatto fare una crociera sulla Senna perfino a Lady Diana, prima di finire in bancarotta per cattiva amministrazione.

Distinguere cosa è vero e cosa no nei suoi racconti sarebbe come fare la cernita delle nocciole, ma non importa. Perché smascherare le sue fantasticherie? Dicono comunque qualcosa di lui.

Tutto quello che aveva l'ha sempre dato via in fretta, se n'è voluto liberare come fosse una vergogna. Sapeva che sarebbe finito così, senza fissa dimora sulle rive della Senna: era il suo destino. La libertà è sempre stata l'unica lente attraverso cui sia mai riuscito a vedere il mondo. Solo per Mélanie ci avrebbe rinunciato, per lei avrebbe costruito un nido, fatto la spesa il sabato pomeriggio, preso un cane, concepito un figlio. Ma con lei tutto è andato storto. Quando il racconto vira alla tristezza, ci propone di entrare in un caffè. Siamo sempre nei pressi di un posto che conosce.

Le Mauri 7 è a Strasbourg-Saint-Denis. Arredamento anni ottanta, eclettico. C'è anche un flipper. L'omone dietro al banco lo riconosce subito. Prendono a parlare in inglese, dandosi del vecchio, del campione, del fratello. Si versano un bicchiere di whisky di prima qualità, a sentire il barista, e lo offrono anche a noi, che però rifiutiamo. Victor ordina una birra, me la allunga prima di assaggiarla.

"E va bene, ma solo un po'. Per non farti bere da solo."

Ho voglia di andare in giro con la testa leggera, nel corpo di un'altra, una ragazza più interessante, con una vita appassionante. Una che sappia surfare sulle onde e non abbia bisogno della Manubrio.

"Ma guarda chi si incontra!" Odette indossa un vestito da ballerina di flamenco sopra una tuta che le sbuca da sotto la gonna. "C'è la Lecoq, qui dirimpetto. Lo sapevate? Questo è il nostro caffè." Indica un gruppo di ragazzi seduti in fondo. "Venite, vi nomino i miei compagni," dice nel suo solito buffo inglese.

Portano felpe sopra vestiti da sera, cappelli di paglia, coppole, fuseaux, pantofole ed emanano un'allegria giocosa, mi ricordano i ragazzi che ho visto all'Accademia prima del provino.

"Venite a una festicciola da me, stasera?" domanda Odette. "Ci sarà qualche amico, portate un pochettino di vino."

Victor sembra dell'idea e io non confesso che parto. Me l'ha insegnato John: vivere l'attimo. Fino a prova contraria, sono ancora con loro.

Alla fine scopriamo che hanno ragione entrambi: Rue Poulet si trova sia a destra sia a sinistra di Place du Château Rouge.

"Secondo me, abita di qua," ribadisce John.

"Secondo me di là," si impunta Victor.

Domando in base a cosa.

"Intuito," rispondono all'unisono.

"Separiamoci," propone Victor.

"Separarsi non è mai una buona idea," replica l'altro. "Non lo conosci il paradosso di Monty Hall?"

"Certo che conosco il paradosso di Monty Hall, ma cosa c'entra?"

Scopro che Monty Hall è un conduttore americano, nel suo show ci sono tre porte, dietro due di queste c'è una capra e dietro la terza un'automobile. Il paradosso dice che se dopo aver scelto una porta...

"Un furetto!" urla Victor.

In lontananza, dall'altra parte della piazza, una donna si sta affrettando verso la fine di Rue Poulet. Ha al guinzaglio quello che sembra un incrocio tra una lontra e un bassotto.

La zia?

Victor attraversa con slancio Boulevard Barbès, rischiando di venire investito da un autobus. Cerco di andargli dietro, ma l'autobus si è fermato proprio davanti a me, ostruendomi il passaggio. Vorrei aggirarlo, ma intanto è scattato il verde e le macchine si sono lanciate per la discesa. John mi raggiunge ansimando. Poi l'autobus riparte e vedo Victor al centro di Rue Poulet, piegato in avanti per riprendere fiato.

"È entrata in un portone, ma non saprei dire quale," spiega quando riusciamo a raggiungerlo.

Osservo la strada in salita. Gli edifici sono dimessi. Negozi di parrucche africane e minimarket etnici si alternano ai portoni d'ingresso dei palazzi. Un quartiere diversissimo da quello della libreria, eppure anche qui è Parigi. *Malik, Afro Cosmétique*, leggo su un'insegna. Ripenso al biglietto che mi è arrivato a Milano: Vivienne abita qui! Controlliamo i campanelli uno a uno, mentre cerco di mantenere la calma. È solo un'onda più alta delle altre, posso cavarmela. Il surf della vita, tra poco sarò con mia zia!

Con mia grande delusione però, non troviamo scritto *Villa* da nessuna parte.

"Zia?" sospiro guardando in alto.

"Siamo sicuri che quella signora fosse lei?" chiede Victor. "Io non so che aspetto abbia. E non sono riuscito a vederla in volto, quindi non ve la potrei descrivere."

"Insomma, quanti furetti ci saranno in Rue Poulet?" protesto stremata.

"Per quanto possa sembrare assurdo, è possibile che due furetti domestici abitino nella stessa via," mi contraddice John.

"Non possono chiamarsi tutti e due Massimo, però," scherza Victor.

"Vivienne?" urlo alle finestre della via.

"Massimo?" mi fa eco Victor.

Non si affaccia nessuno. Né la zia, né, inutile dirlo, il suo animale domestico.

Non mi immaginavo certo una scena simile quando, a tavola con i miei e Bernardo, ho deciso di partire. Ingenua, mi figuravo insieme alla zia all'Opéra, a braccetto per le strade, sull'erba a fare un picnic... Pensavo che la parte difficile del viaggio fosse il treno notturno! E ora eccomi qui, sopravvissuta a quello, ma del tutto perduta sul resto.

John propone di sederci in un caffè sull'angolo, in fondo alla strada, per tener d'occhio i passanti.

Con ogni probabilità, mia zia si sta sfilando il cappotto nell'appartamento di uno di questi edifici, magari sta dando da mangiare al furetto, per poi passare in salotto a leggere. Tutto questo proprio sopra di me, nel raggio di pochi metri. Forse è vicina, così vicina che se avesse le finestre aperte mi sentirebbe.

Noto un negozio con una strana vetrina: corone di spine, acquasantiere, cilici, medaglie, icone, acqua miracolosa in spray e un manuale per esorcisti a metà prezzo. La Boutique des Saints.

Qualcuno mi appoggia una mano sulla spalla, mi giro di scatto. Victor mi passa il suo telefono: è Julia, vuole parlare con me.

Ben ha deciso di partire. Gli hanno offerto un ruolo in uno spettacolo su una nave da crociera per sei mesi, lo pagano bene. Sarebbe anche stata una buona occasione se si fosse presentata in un altro momento. Ma non ora!

"Legge troppo Kerouac," si lamenta. "Parte solo per partire. Ma ora è il momento di stare, di rimanere con me."

Vuole che convinca Victor a parlargli. Sono onorata che si rivolga a me, ma che peso posso avere? Cerco Victor con lo sguardo, lui e John sono già entrati nel bar in fondo alla strada.

"Gliene parlerò," le assicuro. "Anche io vorrei rimanere, so cosa si prova."

"Te ne vai anche tu? Oh, non puoi. Non puoi!" si dispera Julia. "Finalmente ci sei tu, qui, non puoi andartene. Siamo amiche."

Sorrido. Vorrei rimandare la partenza, convincere Ben a rinunciare alla crociera. Anche a me piacerebbe che rimanesse tutto così, almeno per un po'.

"Tra poco sarò alla libreria," rispondo, "così mi fai vedere il monologo. Sarei contenta di darti una mano."

Sembra che voglia aggiungere qualcosa, invece riattacca, lasciandomi con il telefono in mano, senza sapere cosa farmene. Trovo un modo per distrarmi: entro nel negozio di articoli religiosi. Un uomo dall'incarnato pallido mi fa un mezzo sorriso da dietro la cassa. *Siamo amiche.* Voglio che Julia passi quel provino. Farò tutto quello che posso per aiutarla.

In che negozio sono capitata? Mi cade l'occhio su una boccetta di profumo con dentro un liquido blu. *Parfum des Saints.*

Porta fortuna in amore, leggo sull'etichetta, per dominare tutte le situazioni difficili e assicurarsi la protezione dei santi.

"Prendo questo," dico appoggiando la boccetta sulla cassa.

L'uomo la infila in un sacchetto di carta marrone annuendo compiaciuto e mi comunica il costo. È carissimo, ma è pur sempre un profumo benedetto. In teoria, non ha prezzo.

John e Victor sono seduti nel caffè, accanto alla vetrata che dà sulla strada. Stanno parlando di Julia.

"Niente genitori, origini, radici. Balle," dice John, che ha appena saputo della gravidanza. "Esistiamo solo in funzione di queste cose, senza siamo niente. Guardate che io reggo per miracolo. Ci nasci, con un destino come il mio, ed è pericoloso andarselo a cercare. Avete troppe teorie in testa."

La sua idea è questa: Julia deve trovarsi un appartamento e trasferirsi lì con Ben. Smetterla con questa recita della vita bohémienne. Se non per loro stessi, almeno per Noa.

Metto il sacchetto di carta al centro del tavolo.

"Per te," gli dico sorridendo.

"Per me?" John tira fuori la boccetta con aria perplessa. "Che roba è? Non ci leggo."

"Il profumo dei santi, porta fortuna in amore."

"Toh, stavo per offendermi, invece mi piace." Se lo rigira tra le mani. Prende una gollata di birra. "Grazie."

Sarebbe bello se se lo spruzzasse, penso. Come fa Mélanie a tornare se non se lo spruzza? Ma l'ha infilato in tasca e io non ho il coraggio di proporglielo.

"Ho fame," ho però il coraggio di dire.

Qui non ci sono orari, ci si riempie lo stomaco con una banana, un panino, una mela, quel che capita, quando capita.

"C'è un eritreo, dietro l'angolo," dice Victor.

Ci vado da sola. Svolto nella parallela a Rue Poulet e lo individuo subito. La birra del Mauri 7 e l'adrenalina mi hanno dato leggermente alla testa e mi sembra di essermi già riconciliata con Parigi. Vivienne non si è ancora fatta viva, ma ci incontreremo. Anche se è ritardataria, sbadata, imprevedibile, non mi ha mai delusa. E poi, forse, avevo bisogno di una vacanza. Mi sembra tutto facile, d'un tratto! Io qui, *à Paris*, sotto un tiepido sole primaverile, con questi nuovi amici strambi e una libreria in cui dormire.

Sto per provare del cibo eritreo per la prima volta, m'ispira.

Le opzioni sul menu sono tre: zighinì vegetariano, di carne o di pesce; scopro che lo zighinì è una sorta di crêpe con sopra delle pietanze morbide e sugose. Scelgo quella vegetariana.

Osservando chi mi sta intorno scopro che per mangiare lo zighinì ci si aiuta proprio con i pezzi della crêpe, come fossero un cucchiaio.

È buonissimo. Lo mangio in piedi guardando la strada, imbambolata. Mi sembra che ci sia una luce particolare in questa città. Sarà per quello che la chiamano Ville Lumière? Sono queste le strade che percorre ogni giorno mia zia insieme al suo furetto? Compra le verdure alla bancarella in Place du Château Rouge? Come sarà rivederla?

"Sono passate le due e mezzo," fa notare Victor quando rientro nel caffè, soddisfatta, "tua zia ha detto che sarebbe stata alla libreria nel pomeriggio, direi che vale la pena muoversi."

"Ma se è lì!" esclama John, indicando la strada con il palmo della mano.

"Non sappiamo dire con certezza se era lei."

"Quante vecchie pensi che tengano un furetto in via Pollo?, spiegamelo," lo prende in giro John finendo la sua birra. "Quando mi ha ospitato, teneva in casa un porcospino. Si chiamava Gurdjieff. Dovevamo metterci i guanti di gomma per accarezzarlo."

Victor scoppia a ridere. "Mi sta già simpatica."

Statistiche, dovrei saperne. Ma il mio cervello non funziona più come in ufficio. Entrambe le alternative mi paiono rischiose, ma aspettarla in libreria è forse più ragionevole. Sono mille i motivi per cui potrei mancarla rimanendo qui, mentre lì abbiamo un vero e proprio appuntamento. Per quel che vale. Massì, ci sarà.

20.

Scendiamo in fila indiana le scale di pietra che portano alla Senna. Victor in testa, con la valigia che abbiamo recuperato in libreria, segue John e infine io. Al solito posto troviamo una donna dai lunghi capelli grigi, avvolta in uno scialle ricamato. Per un secondo penso che sia Mélanie, ma voltandomi vedo che John non pare affatto sorpreso.

"Sono tornato, grazie," le dice sbrigativo.

La donna sorride, ma non si muove. "Non fai le presentazioni?" chiede.

"Questa è Hillary," borbotta lui, "una mia amica."

La salutiamo con un cenno della mano.

"Adesso, vai," le ordina John.

Hillary raggruppa le sue cose e a fatica si sposta di qualche metro, lasciandosi ricadere sul pavimento acciottolato. Il gesto ha irritato John, che sospira, scrolla le spalle, tira fuori dalla tasca il profumo dei santi e lo spruzza abbondantemente sul suo posto. Sistema la valigia e ci si siede sopra. "Grazie ragazzi, ci vediamo in giro."

Li guardiamo per un po', uno di fianco all'altro, come se fossero lì da sempre.

"Ha parcheggiato lì una sua amica nel caso che tornasse Mélanie," commenta poi Victor con un sospiro, mentre ci avviamo verso la Shakespeare and Company.

"E Mélanie tornerà," rispondo. "Aspetta solo che il profumo faccia effetto."

Questa volta Maya mi assegna le biografie. La prego di avvertirmi se per caso arrivasse una signora anziana con al guinzaglio quella che sembra una lontra.

Oltre che dalle vite di vari capi di Stato e di qualche personalità dello spettacolo, la sezione è gremita di libri su persone che hanno avuto vite eccezionali, come la prima astronauta donna e il fondatore di una nuova religione.

Mi ritrovo tra le mani una biografia di Leonard Cohen. Cerco di non pensare al fatto che Sylvia Whitman abbia proposto anche a me di lavorare giovedì sera, mi sarebbe piaciuto tornare a casa con una storia, una storia così, poter depennare dalla lista una voce con la stellina. Per una volta, almeno, so cosa mettere in evidenza: cerco di appoggiare il libro in piedi sullo scaffale, con la copertina rivolta verso l'esterno.

"Ha chiamato tua zia, stamattina." Sylvia mi ha sorpresa alle spalle.

Indossa due grandi orecchini a forma di margherita e tiene tra le braccia una pila di libri.

La biografia di Cohen mi sfugge di mano e atterra sul pavimento con un tonfo. La raccolgo.

"Ha detto qualcosa riguardo al fatto che non può venire nel pomeriggio," continua Sylvia, "sinceramente ero indaffarata e non ricordo i dettagli. Però ci sarà per Leonard Cohen, dice che è sicura che non le farai fare brutta figura, visti tutti i dischi che ti ha spedito negli anni."

Ma alla cena con Cohen mancano due giorni! Ripongo il libro sullo scaffale, mi scuso con Sylvia, la sorpasso e corro fuori dalla libreria, attraverso la strada senza fermarmi fino al ponte. Vorrei librarmi in volo come un palloncino e ridurmi a un puntino prima di sparire nel cielo, abbandonare gli ormeggi, surfare senza paura, invece sono costretta a misurarmi col muretto di pietra che mi separa dal vuoto, dal quai e dall'acqua sotto. Trovo perfino il coraggio di guardare giù, perché più niente importa. Neanche cadere. Nulla ha senso, mi sembra di essermi svegliata da un sogno in cui ho parlato una lingua sconosciuta pensando di saperla, ora è un enigma.

Qualcosa di morbido mi sfiora il polpaccio e mi accorgo

solo adesso che Colette mi ha seguita. Si struscia contro di me e mi lancia uno sguardo preoccupato.

"Devo riportarti indietro," le dico, accarezzandole la testa. Improvvisamente, oltre alla disperazione, provo una profonda tenerezza. "Devi tornare a casa. Dai tuoi padroni. A casa," continuo, senza sapere più a chi sto parlando. "A casa tua."

Sfilo il telefono dalla tasca e, senza neanche pensarci, chiamo Bernardo. *Zia Vivienne non si è ancora fatta viva!*, esclamerei se rispondesse. Ma non lo fa.

Chiamo mia madre. *Cosa devo fare?*, le chiederei, *sono qui per la zia*. Neanche lei prende la telefonata.

I miei genitori pensano che io sia a Parigi con Linda, che torneremo domattina in aereo. Se prendo il treno stasera, non verrò mai scoperta. Forse hanno dei sospetti, ma senza prove la cosa si acquieterà col tempo. Fingerò per tutta la vita. Dalla mia memoria questi giorni sfumeranno lasciandosi dietro una scia di stranezza, come se li avessi solo immaginati. Forse zia Vivienne non merita più di questo. E nemmeno io.

"Che succede?" chiede una voce alle mie spalle. È Julia, che mi ha visto correre via e mi ha raggiunta.

Mi accorgo solo ora che sto piangendo. Cerco di trovare le parole per spiegare. Cos'è successo di grave? Niente. Mia zia non si è presentata e adesso devo davvero tornare a casa. Solo questo.

"L'ho preso per te," mi dice, allungandomi un libro. Passo una mano sopra la copertina, non riesco a non sorridere, è il *Diario* di Anaïs Nin.

Non può farmi vedere il monologo, aggiunge, perché l'appartamento di George è occupato fino a sera. Ma potremmo lavorarci domani, se non parto.

"Partirai?"

"La vita è fatta anche di responsabilità," dico. "Sono la chiave della felicità."

Julia non pare convinta, ma deve rientrare in libreria. Io e Colette la guardiamo attraversare la strada.

Colette scodinzola e decide di seguirla. Le corro dietro e la afferro al volo per il collare. Per fortuna la macchina che ci stava venendo incontro riesce a frenare in tempo. Se mi avessero visto i miei genitori, rischiare la vita così! La donna al volante mi urla qualcosa. Non è da me buttarmi in mezzo al traffico, ma quante cose non sono da me, eppure le sto facendo? Alzo una mano in segno di scusa, indico il cane. Lei riparte sgommando, inviperita. E ha ragione.

Arriviamo dall'altra parte della strada sane e salve. Per un attimo, mi sembra di non sapere più dove sono. Mi torna alla mente la piazzetta di Cornaredo durante la settimana, deserta salvo qualche anziano sulla panchina e i piccioni flemmatici sul sagrato della chiesa. Ripenso alle passeggiate domenicali con la mamma, in un paese senza pericoli e senza sorprese, sapendo già in anticipo come sarebbe stato, chi avremmo incontrato e cosa ci saremmo detti. Uscire di casa senza aspettarsi niente era la mia normalità e ora mi sembra strano.

Victor ci viene incontro, si china su Colette. Alzando lo sguardo, vedo l'insegna gialla della libreria davanti alla quale soltanto qualche giorno fa sono arrivata piena di speranze. A ottocentocinquanta chilometri da casa.

"Rientro," dico, cercando di evitare lo sguardo di Victor, "devo finire il mio turno."

Non voglio che veda che ho pianto, non voglio che sappia che nemmeno oggi incontrerò mia zia.

Sto sistemando i libri alla meno peggio, quando mi richiama Bernardo. Penso al golf carta da zucchero e all'ora proiettata sul muro in camera sua.

"Allora, si è fatta vedere?" chiede, allegramente. Troppo allegramente per me in questo momento.

Dico che siamo state insieme tutto il pomeriggio.

"E come sta?"

"Ha adottato un furetto."

"Parti stasera, quindi?"

Giocherello con l'anello di fidanzamento. "Dovrei. Anche se mi ha chiesto di rimanere un po'..."

"Chiamami quando sei sul treno. Domattina ti vengo a prendere e ti accompagno al lavoro."

Ogni amico rappresenta un mondo in noi, un mondo che non è ancora apparso finché egli non arriva, ed è solo da questo incontro che nasce un nuovo mondo. Anaïs Nin.

Julia ha riportato questa citazione sulla prima pagina. È più giovane e ne sa molto più di me sulla vita. Io la ammiro, ma lei cosa mai avrà trovato, in me? Non sono capace di grandi teorie, non mi sembra di avere niente di interessante da dire, non mi sento né divertente, né saggia.

"Ti lascio le lenzuola che mi ha regalato mia zia, potrebbero tornarti utili."

Annuisce, prendendole con gratitudine.

Infilo in valigia il vestito a fiori e mi rimetto il tailleur e i tacchi, per riuscire a chiuderla ed essere pronta per l'ufficio. Ho ricevuto una mail da Veronica.

Riunione bene. L'idea è piaciuta. Mara bravissima. Hanno chiesto di te, ho detto che sei rimasta bloccata in vacanza.

In vacanza? Sono qui per motivi familiari! Gliel'ho detto più di una volta.

In bagno mi guardo allo specchio: ho passato gli ultimi giorni struccata senza neanche accorgermene. Nemmeno un po' di blush o di mascara. Julia non si trucca, Sylvia Whitman non si trucca, Maya non si trucca.

Ho un aspetto diverso dal solito. Il trucco mi dava un'aria più riposata, ma gli occhi ora sembrano più luminosi. Riscontro una continuità con quello che sono stata da bambina, trovo che questo volto sia la giusta conseguenza della crescita. In questo senso, mi riconosco di più. Ecco cosa sarei se non esistessero i tutorial, se il trucco non fosse indispensabile. Ho un'aria più giovane e allo stesso tempo più matura. Mi accarezzo una guancia. Ciao Oliva.

21.

Victor mi accompagna alla stazione anche questa volta. Ci arriviamo a piedi. Raggiungiamo il binario in anticipo, il treno è pronto, individuiamo la mia carrozza. La porta è aperta, devo solo salire.

"Ci rivedremo, magari," dice.

"Certo."

Guardiamo avanti, forse per non doverci guardare.

"Puoi sempre invitarmi al tuo matrimonio," ride.

Do un'occhiata all'anello con il brillante grande come l'occhio di uno squalo martello. "Meno male che mi ero portata anche il kit di pronto soccorso." Cerco la cartina di Parigi nella borsa, gliela consegno. "Potrebbe esserti utile."

"Mi piace perdermi, grazie."

L'altoparlante annuncia l'imminente partenza.

"Sali, che ti passo la valigia," dice Victor.

Chiudo gli occhi e faccio i soliti tre respiri. Penso a quando zia Vivienne veniva a trovarci, al suo colbacco e alle canzoni di Leonard Cohen che cantavamo saltando sul divano, all'ultima telefonata con Bernardo, allo sguardo di Colette, a John che aspetta Mélanie, alla dedica di Victor sul libro di Henry Miller e a quella di Julia sul *Diario* di Anaïs Nin, alle lenzuola che sanno di fragola, al materasso per terra come ai raduni dei boy-scout. Alla *Vie en rose*.

Le porte si stanno chiudendo, ma posso ancora premere il pulsante.

"Non salite?" chiede il controllore, pronto a fischiare.

Guardo Victor. Faccio un passo in avanti, uno indietro.

"Grazie," risponde lui. "Prendiamo il prossimo."

L'uomo scuote la testa irritato, prima di soffiare nel fischietto e salire. Le porte si bloccano con uno scatto e il treno si mette in moto sotto i nostri occhi, verso sud. Verso Milano.

Non ci diciamo niente. Rimaniamo in silenzio a fissare il treno correre via e poi il vuoto. Ho i brividi e in faccia un sorriso che è un po' una smorfia.

Prendiamo il métro al volo, con i visi arrossati dalla corsa.

"Cosa farai?" mi domanda.

Ma sono preda di un'energia furibonda e magnifica, non ci voglio pensare.

La musica si sente già in strada, il portone è aperto. Saliamo le scale fino al secondo piano. Nel piccolo salotto, strapieno, riusciamo a malapena a ritagliarci lo spazio per richiudere la porta dietro di noi. Sono tutti in maschera, due ragazzi indossano una tuta d'argento, una donna è vestita da due di cuori, ci sono un Cappellaio matto, un serpente, una casalinga col grembiule sporco di sangue, una vamp, una drag queen, uno spazzacamino, una Cenerentola afro, un cervo con le corna fiorite.

"Abbiamo deciso di metterci in costume e mi sono dimenticata di avvertirvi," grida Odette venendoci incontro vestita da odalisca. Si batte una mano sulla fronte. "Che smemoranda!" Indica un angolo dall'altra parte della stanza. "Lì c'è della pittura per il viso, se volete improvvisare qualcosa... E sentitevi liberi di acchiappare in giro quello che vi pare."

"Abbiamo portato delle bottiglie," urla Victor, per sovrastare la musica.

"Bravo, trasportatele là, alla cucina." Intende un'isola dall'altra parte della stanza, davanti a un piano di cottura.

Sto per ringraziarla dell'ospitalità, ma si è già distratta. "Ciaooo," dice a un nuovo arrivato.

La ragazza vestita da casalinga con il grembiule sporco di

sangue saluta Victor. Sembra che si conoscano già, ma non ce la presenta.

"Noi andiamo a bere qualcosa," ci urla, prima di venire risucchiato dalla folla insieme a lei.

Guardo Julia, sembra intimorita. Ben aveva il turno al ristorante e Ocean doveva studiare. "Be', e noi che facciamo?" le chiedo.

"Andiamo a dipingerci la faccia? Io non posso bere."

Prima ancora di muovere un passo, però, qualcuno mi urta per sbaglio, rovesciandomi addosso il contenuto del suo bicchiere. È la Afro Cenerentola. Per fortuna è vino bianco. Cerco di asciugarmi i pantaloni con la mano. Vorrei dirle che sono cose che succedono, ma non mi ricordo come si dice, in francese. *Rien? De rien?*

"Sono M.O.R.T.I.F.I.C.A.T.A," esclama lei in inglese, sembra parecchio alticcia. "Come faccio a farmi perdonare? Come faccio?"

Julia le chiede se è brava col *face paint*. Se la cava, risponde, e ci dà una mano volentieri, ma dopo aver ripreso da bere. La seguiamo fino al bancone invaso dalle bottiglie. Riempie due bicchieri con vodka e limonata per me e per lei. Julia non prende niente. Cerco Victor con lo sguardo, ma è sparito.

Nell'angolo che ha indicato Odette ci sono dei colori in tubetto, dei glitter e una scatola di acquerelli per la pelle.

"Mi chiamo Stella, comunque," fa Cenerentola, prendendo in mano un tubetto di glitter.

"Sei sicura, Stella, di quello che stai facendo?" domanda Julia.

"No," risponde lei. Prende un lungo sorso dal suo bicchiere, poi scoppia in una risata.

"Andiamo bene," dico a Julia, con una strizzata d'occhio.

Cenerentola traffica per una buona mezz'ora sui nostri volti, bevendo e rovesciando un po' del cocktail di tanto in tanto. Siamo sedute sulle scale che portano a un soppalco dove intravedo un materasso e una scrivania. Forse Victor è lì sopra? No, non c'è.

L'alcol ha fatto effetto anche su di me: la folla ha perso

nitidezza, sta diventando tutto un magma colorato. Sono a stomaco vuoto, per cena abbiamo mangiato solo qualche fetta di prosciutto offerta da Sylvia. Tra un po' potrei alzarmi e sostenere di essere Michelle Obama, magari in francese.

Non parto, ho scritto a Bernardo. *Devo stare con mia zia. Torno presto.* Ho aggiunto: *Ti amo.*

È vero? Me lo chiedo, mentre il pennello mi accarezza le guance. Certo che è vero. E non posso sapere cos'ha risposto lui perché ho spento il telefono e l'ho lasciato in libreria per paura di scoprirlo.

Cenerentola ha finito, ci porge uno specchietto per guardarci. Sembriamo le sorelle Kessler in un film dell'orrore.

"Siete le gemelle di *Shining*," annuncia soddisfatta.

Sul film dell'orrore ci avevo azzeccato.

Julia attacca a parlare con un ragazzo vestito da pirata che abbiamo visto al Théâtre du Soleil.

Continuo a cercare Victor con lo sguardo, ma non lo vedo.

Mi servo ancora dal bancone della cucina, solo vodka questa volta, la limonata è finita.

Alla fine lo trovo. È mezzo disteso su un divanetto di velluto, che parla in tono concitato con la casalinga assassina. Ormai mi ha vista, quindi mi avvicino.

"Stavo raccontando della cavalletta *Oedipoda Germanica*," spiega, urlando per farsi sentire. "Per evitare di venire predata ha sviluppato una doppia strategia: quando sta ferma, le ali si mimetizzano con il substrato, permettendole di confondersi. Quando vola, apre delle ali sotto, nere e rosse. Lo fa per difendersi: i due colori sono tipici degli insetti velenosi, anche se in realtà lei non lo è!"

"Wow," faccio, senza troppo entusiasmo.

"Alla Lecoq hanno un intero modulo sugli animali."

La casalinga mi guarda con un sorriso di circostanza, Victor non si alza e io non ho proprio niente da aggiungere. Ha tutto il diritto di passare l'intera festa con chi preferisce, d'altra parte, chi sono io per obiettare? Li lascio con la scusa del bagno, invece mi avvicino a una delle due grandi finestre che danno sulla strada. Mi affaccio per prendere aria. Senza accorgermene, ho finito anche il secondo bicchiere. Non sono nella cuccetta del treno per Milano, domattina non mi presenterò in ufficio. Anche stasera non torno a casa.

Qualcuno ha messo Michael Jackson. Si lanciano tutti in una specie di ballo di gruppo. Lancio un'occhiata in direzione di Victor, è al solito posto, la casalinga gli accarezza una gamba. Julia è intenta a parlare con il pirata. Gioco con il mio anello, mentre parlo con il primo sconosciuto che capita a tiro. È travestito da orango.

Lasciamo la festa alle tre del mattino, mi ricordo a malapena il mio indirizzo e non so nemmeno perché me lo sto chiedendo.

Julia cammina guardandosi i piedi, si lamenta che non passerà mai il provino e che sta sbagliando tutto con Noa, non sarebbe dovuta rimanere a una festa fino a quest'ora e Ben la sta lasciando sola. Victor tiene per mano la casalinga con il grembiule sporco di sangue.

Con passo stanco e afflitto, attraversiamo la città in senso contrario rispetto al tragitto di questa mattina, quando eravamo andati in Rue Poulet in cerca della zia.

Un battaglione sconfitto.

[illegible] chiede Nicole [illegible]
nella cucina [illegible]
[illegible] casa.
[illegible] Michael Jackson [illegible]
[illegible]

[illegible]

[illegible]

[illegible]

[illegible]

Mercredi

22.

“*Gridate pure, se vi va! Lanciate magari il vostro ultimo grido, signora! Finalmente! La signora è morta! Stesa sul linoleum... strangolata dai guanti per lavare i piatti.*”

“Quindi lo fai in inglese?”

“Certo.”

“E i guanti?”

“In che senso?” Julia si dondola sulla sedia su cui è salita, al centro del salotto dell’appartamento di George.

“Dico, potresti metterti un paio di guanti per lavare i piatti. Funzionerebbe bene, visivamente. In fondo l’hai appena uccisa, è verosimile che tu li abbia ancora addosso.”

“Vestita con gli abiti eleganti della signora e i guanti di gomma ancora addosso!” Scende dalla sedia con un balzo. “Geniale.”

Faccio fatica a concentrarmi, stamattina. Appena tornata alla Shakespeare and Company, dopo la festa, sono corsa a prendere un materasso di gommapiuma e l’ho sistemato nella saletta del pianoforte, dove dorme Ocean, per evitare di trovarmi nella stessa stanza di Victor e la casalinga. Non mi sembrava proprio il caso di rimanere sdraiata accanto a loro. Ancora non avevo avuto il coraggio di accendere il telefono. Sarei stata più felice se fossi stata tra le braccia di Bernardo? Non lo sapevo, e non saperlo mi gettava nel panico. Se, a sei mesi dalle nozze, preferivo starmene da sola sdraiata sul pavimento di una libreria, allora forse avevamo un problema.

Ho rifatto il letto con un paio di lenzuola trovate nel ripostiglio, visto che ho regalato le mie a Julia, e stringendo i denti mi ci sono infilata, vestita. Mi sono messa i tappi, per non sentire niente. Nel buio, con il telefono connesso al wi-fi della libreria, ho provato a comprare un biglietto per Milano, ma ho scoperto che lo sciopero continua, gli aeroporti sono ingolfati e la maggior parte delle compagnie aeree hanno chiuso le prenotazioni.

Il sollievo che ho provato mi ha confusa, la mia mente continuava a girare in tondo. Ero lì, sola, ma non volevo essere in nessun altro posto. Ocean russava. Mi sembrava che la polvere mi si infilasse dappertutto...

Avrei voluto vagare per la libreria come le notti precedenti, ma non ho osato muovermi. Ho letto le poesie della raccolta che ho scoperto qualche giorno fa, alla luce del telefono. Una ragazza che viveva tutto, viveva troppo, e a volte le sembrava di non vivere affatto. Ho deciso che terrò il libro finché non partirò.

Chi mi può aggiustare?
Essere di conforto
A chi ha bisogno di conforto.
Estranei.
Nata rotta, morta felice.

"Fai finta che i guanti li abbia già addosso, per ora," dice Julia, mostrandomi le mani.

Lascio che vada avanti col monologo, prima di interromperla di nuovo. Parla di gioielli, ma non ne porta.

"Aspetta," le dico e corro al piano di sotto, dove faccio scattare il lucchetto del ripostiglio e apro la valigia. "Potresti usare questi," propongo, tornando con i miei orecchini da flamenco.

Noto che nell'attesa ha preso qualche cucchiaiata del riso che le ho preparato. Fosse stato per lei avrebbe saltato il pranzo, ma nelle sue condizioni non può permetterselo, sono stata irremovibile.

"Ti faccio una dimostrazione," dico, salendo sulla sedia

al posto suo con addosso gli orecchini a clip. Ripeto le ultime frasi del suo monologo sfilandomi prima uno e poi l'altro e facendoli cadere a terra in modo drammatico mentre parlo.

"Bello!" Sembra colpita. "Sei brava!"

Risale sulla sedia. A morte il cerchio di Itten!, penso osservando la gonna fucsia e la maglietta gialla che indossa. Le regole bisogna trasgredirle, se si vuole sviluppare uno stile personale.

Incrocia le braccia sul petto. "Seriamente, sei *brava*."

"Dai, ricominciamo, ci è rimasto pochissimo tempo."

"Dovresti fare il provino anche tu."

Se avesse assistito alle prove del monologo di Rossella O'Hara una domenica che non c'era nessuno in casa, quando mi sono avvolta in una tenda del salotto per riprodurre il vestito che lei si cuce per incontrare Rhett e l'ho strappata per tutta la lunghezza!

Sylvia Whitman ci interrompe.

"Come vanno le prove?" chiede prendendo dei fogli dalla scrivania. Posa un libro, poi si ricorda improvvisamente di qualcosa. "Ti è arrivata questa," dice porgendomi una cartolina che ha estratto dalla tasca del suo vestito turchese. "Continuate pure, io vado," dice uscendo di fretta dall'appartamento e chiudendo con delicatezza la porta dietro di sé.

Guardo la cartolina: è l'acquerello di una cattedrale sui toni del blu, con qualche riflesso di luce rosa. La struttura architettonica è appena visibile attraverso una nebbiolina.

"Monet," dice Julia da sopra la mia spalla.

Giro la cartolina per leggere la didascalia. Possibile che sappiano sempre tutto, qua dentro? *La Cattedrale di Rouen*.

È stata spedita per posta all'indirizzo della libreria. Il destinatario sono io.

Oliva cara,

sono dovuta partire per un'emergenza. Ti spiegherò tutto.

Devi portare pazienza un paio di giorni al massimo. Ti devo dire delle cose importanti. Delle cose su di me e sulla nostra famiglia.

Aspettami. Mi aspetterai?
Tua,
Viv

Leggo e rileggo la cartolina fino a quando smette di avere un significato, ammesso che l'abbia mai avuto. Delle cose sulla nostra famiglia? Il cuore mi martella le tempie.

"Nina del *Gabbiano*!" esclama Julia.

"Come dici?" chiedo.

Ha finito il riso. "Dico che potresti portare Nina, al provino. Alla fine della pièce ha un monologo bellissimo."

Il monologo di Nina. È quello che ha commosso la zia la prima volta che siamo andate a teatro. Nina, io?

"Figurati!" dico a Julia. "E poi il provino sarebbe in inglese?"

"In inglese o in francese. Tu l'inglese lo sai bene."

"Smetti di pensare a me, è il momento di concentrarsi."

Lei borbotta qualcosa che finisce con "secondo me dovresti almeno leggerlo".

Cara Oliva,
adesso anche lo sciopero?! Per tre giorni! Domando a Mara di scrivere il report e girarlo a Ruggero, allora. Ruggero ci ha chiesto di fare un pensiero sulla distribuzione. Oltre alle palestre, ti viene in mente qualcos'altro? Anche in termini di partnership, in caso. Mi chiamano.
A dopo,
Veronica

In strada il sole è quasi accecante. Mi viene in mente quando, solo qualche sera fa, ho guardato fuori dalla stessa finestra per controllare se arrivava zia Vivienne.

Sono tre giorni che manco dall'ufficio, ma sembrano settimane. Il destino dell'azienda potrebbe cambiare da un giorno all'altro. E io sono qui. La mia partenza doveva capitare proprio quando va a fuoco tutto? Mi chiedo perché non sono tornata, e nel momento in cui me lo domando mi chiama mio padre.

"Spero che non ti dispiaccia, sto continuando con il sudoku," esordisce. "Livello: *impegno.*"

"Bravo, papà."

"Mi metto in giardino la sera, sotto il gazebo. Uno penserebbe di no, ma la soluzione c'è sempre."

"La soluzione c'è sempre, è vero."

"Anche quando sembra impossibile."

La soluzione c'è sempre, anche quando sembra impossibile. Mio padre mi chiama per la seconda volta in pochi giorni. E le sue perle di saggezza sono di sicuro meglio dei biscotti della fortuna.

"Sono contenta, papà, che tu ti stia appassionando al sudoku."

Spero che la conversazione continui così, sull'onda degli oracoli e dei buoni propositi, invece prende la piega abituale: non capisco, responsabilità, casa, sono sicuro, tua madre, torna. Riesco a dire soltanto: scusa. Torno presto. Promesso.

Mi dirigo verso il bagno con il cuore pesante, la testa in fiamme, sentendomi inutile. Mi fermo nell'anticamera, la porta della stanza è chiusa, non provengono rumori. Immagino di abbassare la maniglia, buttare un occhio per vedere se George Whitman è sveglio.

Sto facendo bene?, gli chiederei. *Ho lasciato tutto in sospeso e sono qui. Aspetto. Aspetto la zia. Non so più cosa aspetto...*

Lo immagino sorridere mentre rimango sulla soglia, passarsi una mano ossuta tra i capelli cotonosi, tirarsi su appoggiandosi ai cuscini e farmi cenno di sedermi sul suo letto. Risponderebbe: *Da quando tua zia è scomparsa, tuo padre si è allontanato da tutto e da tutti. Per anni ha continuato a vivere una vita normale, ma è come se la sua anima fosse volata via, come se fosse stato congelato, senza emozioni. Adesso, però, hai sentito che cos'ha detto al telefono? È preoccupato. Essere preoccupati è un'emozione... Ha aiutato tua madre in casa, ha cominciato con il sudoku. Ora tutte le sere fa qualcosa che gli piace. Si può forse fare tutto questo, senz'anima?*

Ho la mano sulla maniglia, ma mi fermo appena in tempo.

Forse non c'è bisogno di disturbare George.

L'unica cosa che vorrei in questo momento è cospargere di zucchero la superficie di una crème brûlée per poi farla diventare croccante con la fiamma del caramellizzatore.

Narrativa. Devo inserire negli scaffali i libri appena arrivati che prendo dalla stanzetta sul retro, adibita a magazzino. Cerco di non pensare a quando sono scesa e non ho trovato Victor.

"È andato via con una ragazza," ha detto Charlie. Senza dubbio la casalinga assassina, anche se non ho chiesto.

"Scusa, posso domandare a te?" Un ragazzo con una giacca di velluto blu sta aspettando che gli rivolga la mia attenzione. "Devo fare un regalo a mia sorella."

Le sette trombe dell'Apocalisse! Un cliente mi ha chiesto un consiglio! Lo temevo da giorni. Vorrei indirizzarlo a Charlie, ma è al telefono e alla cassa si è formata la coda. Chiedo che genere preferisce sua sorella, tanto per prendere tempo. Non lo sa. Passo velocemente in rassegna i libri che conosco. *Tropico del Cancro*. Il *Diario* di Anaïs Nin e *Sulla strada* per sentito dire... *I promessi sposi*, ma chi se lo ricorda. *L'isola di Arturo* e *Anna Karenina*, che piacevano tanto a mia zia.

"Serve qualcosa che la tiri su di morale," spiega lui, venendomi in soccorso.

Non lo lascio finire, corro all'angolo poesie, sfilo dallo scaffale una copia della raccolta che sto leggendo, gliel'allungo. Di più non so fare.

Se lo rigira tra le mani, perplesso. Prego perché non chieda altro.

"Ottimo," sorride, "grazie."

Lo guardo avvicinarsi alla cassa, parlarne con Charlie. Forse sta domandando il suo parere? Lo compra.

23.

"La mia opera di teatro preferita," commenta Ocean.

Sobbalzo, non l'avevo sentita entrare.

Ho trovato *Il gabbiano* quassù in biblioteca.

"Insegna una cosa importante," dice sedendosi sulla panca accanto a me, "non conta riuscire, ma fare quello che siamo chiamati a fare. Non tutti sono chiamati. Ma se sei chiamato..." Alita sulle lenti degli occhiali, le strofina con un lembo della maglietta. "Non devi avere paura."

Il suo accento texano mi suona meno incomprensibile del solito.

"Ho passato notti in bianco, lasciato casa mia, vagato per Parigi in cerca di un alloggio, senza un dollaro. E non mi piace neanche, questa città."

"Davvero?" È la prima persona a cui lo sento dire.

"Ma faccio quello che per me è importante."

"Intendi la filologia romanza?"

"Spiegare alla mia famiglia il motivo per cui mi sarei trasferita in Francia per qualche anno, forse per sempre, è stato atroce."

Suo padre ha un'impresa edile, sua madre gestisce una lavanderia, sono persone col senso degli affari. Non concepivano che Ocean andasse a chiudersi in una stanza dall'altra parte del mondo per studiare qualcosa d'incomprensibile in vista di una carriera senza certezze. Non l'avevano chiamata Ocean perché traversasse il mare, ma perché restasse con loro a evocarne il rumore, lì dove non le mancava niente.

Ha dovuto scegliere. La sua famiglia o la filologia, lavorare in lavanderia o dimenticarsi di loro, di qua o di là dall'oceano.

Lancia un'occhiata alla pièce che sto leggendo, recita: "*Non mi lasciano venire qui. Dicono che vivete da bohémiens... Ma io sono attirata dal lago, come un gabbiano...* Ho scritto queste parole sul biglietto che ho lasciato sul tavolo della cucina prima di partire".

Appoggio una mano sulla sua, provo un senso di malinconia e non so perché. Anzi, ora lo so: io avrei scelto la lavanderia.

"E allora?" chiede. "John ti ha aiutato a trovare tua zia?"

"Per il momento, no."

Scrolla le spalle. "John è così. Anche per questo è stato allontanato dalla libreria."

"Allontanato?"

Mi racconta che è inaffidabile. E poi c'è quella voce sul suo conto.

"Quale voce?"

Lo dice in un sussurro: "Pare abbia ucciso un uomo".

Mi manca il respiro. Non può essere. John? È burbero, maleducato, ma non farebbe mai del male a qualcuno.

"Dicono sia per questo che Mélanie l'ha lasciato. E ora lui vive per strada, senza documenti."

"Se volete provare le migliori uova al bacon di Parigi sono qui dietro." Victor è entrato in biblioteca trafelato, appena in tempo per il suo turno. "Ci sono stato adesso con Marie."

Deduco che Marie sia la casalinga assassina.

"Cos'hai?" mi chiede.

"Non ho niente."

"Cosa fai nel pomeriggio? Io ho un appuntamento alle quattro con la signora che aiuto per l'archivio. Dopo se vuoi possiamo andare in una pasticceria storica, si chiama Stohrer."

Voglio.

Esco per una passeggiata portandomi dietro *Il gabbiano*.

Se un tempo avrei senza dubbio visitato il Musée d'Orsay

o il Louvre, adesso preferisco camminare. La luce si riflette sulle facciate dei palazzi rimbalzando sull'acqua della Senna.

Mi colpisce un libro sul ripiano di una bancarella lungo il fiume. Ha la copertina azzurra, sopra c'è disegnata una scimmia. *Il comportamento degli animali*, Robert A. Hinde.

"Quanto costa?"

La bouquiniste lo prende in mano per controllare, porta un paio di mezzi guanti. "Dieci euro."

Apro il portafogli: mi è rimasto solo un pezzo da venti.

"Le do il resto," fa lei, armeggiando con delle banconote in un sacchetto di plastica. "È un regalo?"

Dico di sì. Lo incarta in un foglio di giornale e me lo tende.

In quel momento, mi squilla il cellulare. "Ciao, mamma."

"Ho incontrato Linda al supermercato."

Sento una fitta al cuore. Avrei dovuto aspettarmelo.

"Avevo bisogno di una vacanza," mi ritrovo a balbettare, "te l'avevo detto."

Rimane zitta. Il silenzio di mia madre pesa, mi toglie il respiro.

"Da sola?" chiede tagliente. "Perché non ci hai detto la verità?"

Perché? Perché non me l'avrebbero permesso. Perché pensavo che avrei risolto tutto, che le cose sarebbero tornate a posto anche per loro. Avrei riunito la famiglia, cancellato anni di dolore, fatto riconciliare mia zia e mio padre.

"Mamma, è tutto sotto controllo."

"Non ti sento dire che è tutto sotto controllo dall'ultima volta in cui niente era sotto controllo."

"Quando non mi hanno presa al provino?"

"E ti sei iscritta a legge."

"E poi ho cambiato facoltà."

"Esatto."

"Quand'è stata l'ultima volta che ti sei sentita così leggera da spiccare il volo?" le chiedo. "È una domanda vera."

Non penso di avergliene mai fatte, di domande così.

"Be'... quando sei nata," risponde, quasi a colpo sicuro.

"Quando hai aperto gli occhi per la prima volta e mi hai guardata."

L'ho resa felice, anche solo per un secondo? Io? Non me l'aveva mai detto.

"E poi?" domando.

"...il giorno del mio matrimonio, quando tuo padre ha detto: 'Lo voglio'."

Sento una fitta di tenerezza, mi accorgo all'improvviso che non mi ha mai raccontato del loro matrimonio.

"E poi?"

Ci pensa un attimo. "Quando, da ragazzina, sono scesa con lo slittino giù per la vallata, senza frenare."

La vedo con i capelli al vento e il naso rosso, ignara di quello che la vita le avrebbe riservato. Non avrei mai immaginato di avere questa conversazione con mia madre.

"E poi?"

"La prossima volta sarà quando tornerai. Manchi anche a tuo padre."

Per un momento mi sento minuscola, cullata tra le sue braccia.

"So che sei lì per tua zia," aggiunge. Lo sa perché gliel'ha detto Bernardo. "Tua zia ha già combinato abbastanza danni nella nostra famiglia. Stai attenta, Oliva."

"Mamma," mi si è formato un groppo alla gola. "Prometto che torno entro venerdì." Perché ho detto venerdì?

"Ci teniamo che tu vada avanti per la tua strada."

"Ma qual è la mia strada?" Non posso credere di averlo detto. "Ti voglio bene," aggiungo in fretta, e riattacco prima di sentire la sua risposta. Non potrei sopportarla.

Mi incammino verso nord, senza averlo deciso. Torno nella zona dell'altro giorno pensando intensamente a mia madre che ci tiene che io vada avanti per la mia strada. La immagino guardare mio padre in apprensione accanto alla finestra, come se potessi comparire sul vialetto da un momento all'altro. So che è stato lui a chiederle di chiamarmi e che è delusa perché non ha ottenuto quello che lui desiderava.

Arrivo in Rue Poulet dopo più di due ore. Ho camminato senza mai guardare la cartina. Mi piaceva l'idea di orientarmi da sola, di sentire Parigi un po' mia. Mi sono persa un paio di volte, ma ho finito sempre per ritrovare la strada per Château Rouge.

Entro nel caffè all'angolo e prendo posto al solito tavolino, ordino un café au lait, apro *Il gabbiano*. Mi immergo nella lettura dimenticando di tenere sotto controllo la strada. Pessima detective.

...E quando penso alla mia vocazione, non ho paura della vita, conclude Nina nel suo monologo. Cosa ha capito, di me, Julia?, mi chiedo. Come ha fatto a capire così tanto?

"Mai visto un furetto in vita mia," ringhia il barista.

Ho cercato sul dizionario tascabile: si dice *furet*. Nonostante non sembri affatto ben disposto, decido d'insistere. Faccio un largo sorriso prima di tentare di formulare una nuova frase.

"Una signora che scrive...?" ripete lui. "Veniva, sì, mi pare. Non si vede da un po'."

"Vivienne? Villa? Le dice qualcosa?"

"Non conosco il nome dei miei clienti."

Mi faccio coraggio e apro di nuovo il dizionario. "Questa signora ha un caschetto di capelli bianchi?" domando titubante.

"Era mora."

Appoggio sul bancone i soldi che gli devo, cercando di nascondere la delusione.

"*Merci*," dico, arrotando la erre meglio che posso.

Lui prende i soldi e non risponde.

Sono le quattro e mezzo quando passo da Les Halles in direzione di Stohrer, la pasticceria dove ho appuntamento con Victor, ed è per pura coincidenza che lo vedo dietro il vetro del dehors di un caffè in compagnia di uno sconosciuto. Appoggiato allo schienale, si passa le mani tra i capelli biondi. Ha abbandonato il basco sul tavolino, accanto alla sua tazzina di caffè. L'uomo, ben vestito, dai lineamenti regolari, mette una mano su quella di Victor. Apre il portafogli e tira fuori un bel po' di banconote, gliele allunga. Victor scrolla le spalle, senza prenderle. L'uomo insiste, gliele lascia sotto il basco. Si aggiusta la sciarpa di seta blu che porta al collo. Victor controlla l'ora, dice qualcosa, si alza.

Mi allontano a passo svelto, prima che mi veda.

24.

Victor mi sorprende alle spalle mentre fingo di guardare le vetrine davanti alla pasticceria.

"Allora, entriamo?" dice.

Éclair, Paris-Brest, tarte Tatin, religieuse... Stohrer è una piccola miniera di prelibatezze. "Cosa prendi?" mi domanda, infilandosi una mano in tasca. "Faccio io."

Il profumo mi dà alla testa, i dolci costano moltissimo e io vorrei tutto. Glielo dico.

"Allora prendiamo tutto! Tanto sono ricco."

"Ricco?" Cerco di sembrare sorpresa.

"E voglio spenderli il prima possibile." Richiama l'attenzione della commessa. "Per non affezionarmici troppo."

Il suo abbigliamento da Oliver Twist ha cominciato a sembrarmi normale, ma mi chiedo cosa nasconda quell'aria un po' infantile. Perché mi ha detto che avrebbe visto una signora e invece ha visto quell'uomo?

Proviamo la religieuse al caffè, quella alla vaniglia, un éclair al cioccolato, uno alla fragola e uno alla cannella, e un Paris-Brest diviso in due. È come essere con mia zia.

Non contenti, usciamo dal negozio con una scatola sotto braccio.

Scoppia una guerra? Datemi una pasticceria.

Nello scendere al quai, troviamo John con Hillary.

"È la festa di qualcuno?" domanda quando vede la scatola.

Sollevo il coperchio e gliela porgo. Hillary ride, sembra voler prendere un pasticcino, ma non osa.

"Be', serviti," la rimbrotta lui. E poi: "Io non amo i dolci".

La donna allunga una mano tremante verso il millefoglie e la ritira velocemente con il bottino. Nell'addentarlo, libera una nuvola di zucchero a velo.

"È buono," esclama, come se lo assaggiasse per la prima volta.

John ci porge un cartone di vino, ma rifiutiamo. "Avete presente quando dicevo della magia, che non si può segnare in agenda?" Scuce un sorriso. "Ebbene, eccovi qui."

Aspetto di trovarmi per strada, prima di chiedere a Victor se è vero quello che si dice sul suo conto.

"La stronzata che ha ucciso un uomo?" scatta su lui. "Non sono cose che ci riguardano."

"Ma se fosse vero...?"

"Se fosse vero non ci riguarderebbe lo stesso." E tira un calcio a una cartaccia appallottolata che gl'intralcia il cammino.

"Ho una cosa per te," mi dice Julia, ed estrae da una busta rigonfia un abito di velluto giallo a coste sottili.

Era con Ben quando hanno trovato la busta davanti alla libreria, dentro c'erano dei vestiti puliti di seconda mano. "Qualcuno deve averli lasciati per noi."

L'abito che mi ha consegnato è splendido, stretto in vita, senza maniche, con la gonna ampia e sembrerebbe anche della mia misura.

Anche se è di velluto ed è primavera, e il giallo non penso che mi doni, è il vestito più bello che abbia mai avuto.

L'avevo sempre desiderato, senza neanche saperlo.

Cara Veronica,

ho visto la pubblicità, qui a Parigi, di un'agenzia di viaggi specializzata in vacanze per persone sportive o che, semplicemente, amano condurre una vita sana e all'aria aperta. Bicicletta, trekking, vela. Il concetto è quello di visitare posti nuovi – i viaggi sono organizzati pressoché in tutto il mondo – facendo attività fisica più o meno intensa. (Chi diavolo potrebbe essere così masochista da voler fare sport pure in vacanza non riesco proprio a capirlo, ma tant'è.) *Ho fatto un po' di ricerca e visto che di agenzie così ne esistono più di una – è un trend in crescita. Questo mi ha fatto venire un'idea. Se ci mettessimo in partnership con loro? Non solo ne gioveremmo a lungo termine, considerando che il target potrebbe fidelizzarsi e comprarci poi anche una volta a casa, ma ne guadagneremmo nell'immediato – sono viaggi di gruppo e immagino facciano numeri piuttosto alti... Il nostro indice di fidelizzazione, come sappiamo, è elevato, quindi lascia ben sperare.*

Fammi sapere cosa ne pensi. Purtroppo sono costretta a prendermi due giorni di "ferie".

Comunque, virtualmente sono lì.

Oliva

Il marketing è come il sudoku, una questione di calcolo. Ma, come per il sudoku, la razionalità non basta. Nonostante le ricerche di mercato, rimane sempre un elemento impossibile da prevedere, perfino per i consumatori stessi. È l'inconscio a originarlo? È un modo per ribellarsi alla dittatura della razionalità? Una spinta spirituale? Il bisogno di lasciare spazio alla creatività?

È grazie a questo elemento misterioso che i più grandi successi di marketing rimangono sempre, in fondo, inspiegabili e che alcuni lanci promettenti si risolvono invece in un flop. Tutti sappiamo cos'è il Crodino, ma non abbiamo mai sentito parlare della Fanta alla fragola.

Azzeccare un lancio significa assicurarsi una promozione. E io mi accontento di poco, mi basterebbe un contratto vero. Poter guardare le mie coetanee senza sentirmi da meno.

Aalok Kumar Villa c'è scritto sulla vetrina della galleria strapiena di gente elegante con il bicchiere in mano e l'aria consapevole. Le pareti sono ricoperte da martin pescatori, aironi, pappagalli, aquile reali, barbagianni, pellicani e altri volatili.

Siamo venuti nella speranza di incontrare mia zia, o magari, abbiamo pensato, al pittore sarebbe potuto venire in mente qualcos'altro su di lei. È il giorno dell'inaugurazione e la galleria dista poco dalla Shakespeare and Company. Abbiamo trovato facilmente Rue Dauphine.

Individuiamo subito Aalok, è in fondo alla sala e sta parlando con una coppia di anziani che devono avere un debole per la chirurgia plastica. Mi guardo intorno in cerca di mia zia, ma, neanche a dirlo, non c'è.

Victor si è messo dei pantaloni rosso Natale e una camicia a quadri sotto un gilet verde. Ovviamente indossa il basco, sembra un pittore molto più di chiunque altro, qui dentro. Io sfarfallo con il vestito di velluto giallo e le scarpe da ginnastica.

Mentre butto giù il bicchiere di champagne che mi ha offerto il cameriere, immagino mia zia aggirarsi per la galleria. Poso la flûte vuota sul vassoio e ne prendo un'altra.

"Siete venuti!" Finalmente Aalok ci ha raggiunto.

"I suoi quadri sono molto belli."

Victor mi dà ragione, anche se sostiene che stavano meglio nel suo appartamento, che le mostre dovrebbero farle nelle case degli artisti.

"Pagare per vedere opere d'arte nell'ambiente asettico di un museo, completamente estrapolate dal contesto in cui sono nate, è come visitare gli animali allo zoo."

Aalok ride e si caccia in bocca un'oliva. Sputa il nocciolo nella mano chiusa e lo avvolge in un tovagliolo di carta.

"Fenicotteri?" chiedo. "Neanche uno scarabocchio su un tovagliolo?"

"Dovete andare in Camargue, insisto."

Una signora ingioiellata si allontana dal capannello di persone con cui stava parlando per fare cenno ad Aalok.

"Scusatemi," dice lui allontanandosi.

Vado in cerca del cameriere. Quando lo trovo e mi avvicina il vassoio, prendo un'altra flûte piena.

"Oliva?" Aalok mi fa segno di andare da lui. È con un uomo in carne, che indossa una giacca di velluto nero e un paio di occhialetti tondi di metallo.

"Gérard è un noto gallerista," spiega. "Tua zia ha acquistato più di una volta da lui."

"È una delle mie collezioniste preferite," esclama Gérard, strizzando gli occhi. Sembrerebbe un tic.

"Oh, be'," balbetto, senza sapere bene come continuare. "E perché?"

"Non chiede mai il prezzo. Sceglie d'istinto." Gérard strizza di nuovo gli occhi. "Il suo è un investimento emotivo."

Investimento emotivo? Non chiede mai il prezzo? Sto per domandargli cosa intenda di preciso, quando Gérard viene richiamato all'ordine da una donna dai lunghissimi capelli castani che lo sta aspettando per andarsene.

"Scusami, ne parleremo la prossima volta. Vieni a trovarmi." Si fruga nelle tasche della giacca e mi porge un biglietto da visita, con un'ennesima strizzata d'occhio. "Così mi racconti come sta, è un po' che non la vedo."

Come può, Vivienne, permettersi di non chiedere il prezzo delle opere d'arte che vuole acquistare?, mi chiedo. E perché Gérard non la vede da un po'?

Lascio la galleria con la testa piena di risposte per le quali non conosco le domande e di domande senza risposta.

"Io e Oliva andiamo a fare un giro," dice la zia prendendomi per mano.

I miei e la nonna Renata la guardano come se cercassero di individuare un moscerino che le ronza intorno senza riuscire a trovarlo, poi annuiscono tetri. È sempre così quando andiamo al cimitero per l'anniversario della morte di mio fratello.

La zia è nella fase induista. Dopo la meditazione trascendentale, stamattina, si è presentata a colazione con quello che sembrava un caftano (in realtà è un *panjabi*) ricoperto di perline, con i pantaloni coordinati. Sulla fronte le brillava un tondino color zafferano. Sembrava una principessa indiana. I miei genitori hanno alzato un sopracciglio, nel vederla, con malcelata irritazione. Già ieri sera, a tavola, si sono dovuti sorbire la tiritera sul risveglio della *kundalini*, le nostre energie inconsce, oscure, velenose, che a quanto pare devono diventare una forza luminosa ("Non si sa come," li ho sentiti dire poi, "forse con l'hata yoga e quella ridicola medicina ayurvedica?") perché tutti abbandonino l'ego individuale in favore di quello universale, come insegna un certo Krishnamurti.

"Pensi di poter venire al cimitero conciata in quel modo?" le ha chiesto la nonna Renata che era appena arrivata a casa nostra. "Non mi risulta che sia carnevale."

Vivienne ha cinquantanove anni, può passar sopra la disapprovazione dei miei genitori, ma è ancora sensibile alle critiche di sua madre. L'ho seguita con gli occhi mentre risaliva le scale ed entrava in camera mia. Sapevo che non aveva niente di molto diverso da mettersi, la sua valigia era piena soltanto di abiti indiani, scialli ricamati, rosari di pietra lavica (si chiamano *male*, mi ha spiegato), cristalli, semi di rudra e incensi al sandalo. A me ha regalato la stoffa di un sari e dei piccoli gioielli sticker da applicare al centro della fronte, dove si è disegnata il tondino giallo zafferano, che si chiamano *bindi*. Ci tengo così tanto che non so se avrò il coraggio di usarli. Sapevo che quel *panjabi* era il pezzo forte del suo guardaroba, l'ha portato apposta per l'occasione. Cos'altro si sarebbe potuta mettere? Ho atteso con il fiato sospeso, terrorizzata si inventasse qualcosa di peggio, invece è scesa poco dopo senza essersi cambiata, avvolta in uno scialle blu scuro. In mancanza di meglio, è stato approvato.

Al cimitero, in ogni caso, nessuno ti sta a guardare, ho pensato io, e infatti così è stato.

Una volta lontane dai miei e da mia nonna e dal cimitero, Vivienne mi lascia la mano e tira fuori dalla tasca due *bindi* adesivi, a forma di goccia rossa. Ce li applichiamo sulla fronte, poi lei si toglie lo scialle e le torna il sorriso. È tornato anche a me. Il tragitto è lungo, ma io me ne sto andando in giro per Milano con una principessa indiana che cammina fluttuando e questa principessa è mia zia. Tutti capiranno che siamo parenti, grazie al *bindi*, grazie al fatto che abbiamo ripreso a tenerci per mano e forse anche perché un po' le somiglio. Abbiamo lo stesso taglio di occhi, ci dicono tutti, anche se lei è più bella. Questo non lo dicono, ma lo so io.

Camminiamo tanto che cominciano a dolermi le gambe e ci perdiamo più volte, come spesso accade con la zia. Odia chiedere indicazioni ai passanti e odia portarsi dietro le cartine, pur non avendo il minimo senso dell'orientamento. Ci è cresciuta a Milano, ripete quando mi porta con sé, si ricorda ogni strada, dice, anche se non è vero. Chi può biasimarla? Milano per me è avvolta da un'aura quasi mitologica, è il posto dove la gente diventa famosa: com'è possibile non perdersi nei suoi meandri grigi e trafficati? Perdersi fa bene, secondo la zia, aiuta a guardare le cose con occhi nuovi.

E poi arriviamo. Alla fine arriviamo sempre. Vivienne si ferma davanti al cancello di una villa privata immersa in un parco. Mi volto verso di lei.

"Infilati tra le sbarre," mi ordina.

"Tra le sbarre?" ripeto. "E poi?"

"Poi premi il bottone per aprire il cancello, laggiù." Indica un pilastro di metallo alto meno di un metro.

"Perché, zia?" Tremo come una foglia.

Ma lei si limita a portarsi l'indice alle labbra, per chiedermi il silenzio. Non mi sono mai tirata indietro davanti alle sue proposte, ma se ci scoprono? Sarebbe come alla televisione, ci ammanetterebbero e spingerebbero dentro una volante? Non rivedrei più i miei genitori se non da dietro un vetro, parlando con l'ausilio di un interfono?

Vedendo che rimango impalata, Vivienne sale sul muretto, stringe le inferriate e si solleva quel tanto che basta per scavalcare.

"Zia!" Cerco di acchiapparla per un lembo del *panjabi*, "scendi, zia, ti prego."

È scesa, ma dall'altra parte. È così facile entrare nel giardino degli altri?

Preme il pulsante e il cancello si apre. Faccio qualche passo avanti per portarla via, invece mi trascina dentro lei.

"Fidati di me, Oliva," bisbiglia. "Fai silenzio o rovinerai la sorpresa."

Il vialetto termina davanti a una villa elegante, con i vetri lucidi. Mi ricorda una casa francese, di quelle che si vedono nei film che guarda lei. La zia mi guida attraverso il parco finché, d'improvviso, mi trovo davanti una visione stupefacente. C'è una vasca di pietra, in lontananza, una semplice vasca quadrata con dentro dell'acqua cristallina, e dentro l'acqua, sì, non è l'emozione, non lo sto immaginando, sì, lì dentro, proprio lì, davanti ai miei occhi, stanno facendo il bagno decine di fenicotteri rosa. E ce ne sono anche altri che, sul prato, si grattano tra le piume con il becco e cercano il sole. Fenicotteri!

Vivienne fa un lungo sospiro e si lascia cadere sull'erba. Mi invita a fare lo stesso.

Mi siedo senza riuscire a staccare gli occhi dai fenicotteri che si muovono pigri. Hanno le zampe a stecco di un rosa intenso, il becco rosa e nero, le piume rosate. Schiamazzano incuranti della nostra presenza.

Vivienne non dice niente per molto tempo. Di tanto in tanto mi guardo intorno per timore che ci trovino, abbiamo violato una proprietà privata, non abbiamo diritto a questo paradiso. Comincio a piangere in silenzio, non so nemmeno io perché. È per paura che ci scoprano? Per mio fratello? Perché mia zia rimane zitta? O per quegli uccelli, quei grandi uccelli dalle piume rosa?

"Piangi pure," mormora Vivienne, stringendomi la mano. "Non ti preoccupare, piangi pure."

Anche lei sembra triste. Parlerà di mio fratello? Mi racconterà storie diverse da quelle che conosco già? La sua prima parola è stata "Mississippi", distribuiva larghi sorrisi, apprezzava i doni, alle cene non lo sentivi. Non ha avuto il tempo di avere dei difetti.

"Il primo principio della termodinamica," esordisce all'improvviso la zia, "stabilisce che nulla si crea e nulla si distrugge, ma tutto si trasforma."

Spero che le mie lacrime non la interrompano.

"Dal punto di vista scientifico, quando una persona muore il suo corpo nutre altri esseri viventi, concima la terra: non smette di esistere. Per lo stesso principio, neanche l'anima può distruggersi. Assume altre forme, quello sì, e quali siano rimarrà per sempre un mistero, *il* grande mistero della vita."

Mi fissa. Cerca le parole adatte? Si aspetta una reazione particolare? Annuisco. So che al momento della morte l'anima si distacca dal corpo, che va all'Inferno o in Paradiso e lì continua a vivere.

"Oliva, hai mai sentito parlare di Siva?"

Me ne ha parlato lei stessa. "È quella statuetta indiana che tieni sul comodino, zia. Quella che danza in un cerchio di fuoco, con la gamba alzata."

"Brava! Avrai notato che la sua mano destra superiore regge un piccolo tamburo, il suono della creazione. La mano sinistra superiore, invece, tiene una fiamma, simbolo della distruzione. Siva è una divinità che con la sua danza rappresenta l'equilibrio dinamico tra creazione e distruzione del mondo. E le altre due mani sono impegnate a comunicarci di non aver paura. Non bisogna temere i cicli cosmici, né il ritmo quotidiano di nascita e di morte che sta alla base della nostra esistenza."

Mi sono un po' persa, ma cerco di non darlo a vedere.

"Quello che voglio dirti," continua Vivienne, "è che abbiamo la possibilità di morire e rinascere in vita, tante volte quante vogliamo. Spesso ci capita di farlo senza neanche accorgercene: un grande dolore ci uccide e quando torniamo a vivere siamo persone diverse. Siamo persone *altre*, ma se nessuno intorno è disposto ad accettarlo, se nemmeno noi vogliamo questo cambiamento, ecco che lo soffochiamo e teniamo in vita una forma morta di noi. Ognuno di questi passaggi, invece, ognuna di queste rinascite, ci renderebbe più saggi, più umani."

La guardo come si guarda un oracolo, di piangere non ho più voglia.

"Il fenicottero è associato all'araba fenice," prosegue, "l'uccello che rinasce dalle proprie ceneri. È impossibile osservare i suoi nidi, e quando spicca il volo attraverso i vapori delle saline l'impressione è che emerga dalle acque già formato, come la fenice che risorge dalle fiamme."

Fa una breve pausa, forse per lasciare che io immagini la scena.

"Ci sono piccole libertà che ci cambiano per sempre, Oliva," mi dice poi, guardandomi con dolcezza. "Perché tante piccole libertà ne fanno una grande."

Sapevo che non l'avrei più dimenticato. Ero certa che avrei avuto il coraggio di essere come lei.

Il Caveau des Oubliettes è un locale molto piccolo dove si fa jazz, con i soffitti ad arco scavati nella pietra e un seminterrato. Non contenta dei quattro bicchieri di vino a stomaco vuoto bevuti al vernissage, ordino una birra come Victor. Sono a Parigi, tra qualche giorno riparto, mia zia non si è vista: mi pare di avere abbastanza buoni motivi per bere.

Scendo le scale di pietra con in mano il boccale traboccante di schiuma, rischiando di inciampare più di una volta. La seconda mi aggrappo al gilet di Victor, che per fortuna ha la prontezza di afferrare il corrimano.

Il sotterraneo ha i soffitti bassi, è umido e pieno di gente. Un trio sta facendo una jam session: un biondo alto e dinoccolato al violoncello, un nero basso alla tromba e un capellone alla batteria.

"Si difendono," commenta Victor, che pare se ne intenda.

Le persone nelle prime file agitano le teste a ritmo. Scegliamo un tavolino in fondo.

"Allora, com'è andato il tuo appuntamento di lavoro?" chiedo.

Lui allontana la mia birra. "Sei ubriaca."

Mi allungo sul tavolino per riprenderla, non ci arrivo. "E quindi hai visto questa signora anziana e... ed era un uomo."

"Scusa?"

"Dico, questa signora anziana era un uomo." Riesco a riprendere il bicchiere. "Perché l'ho visto."

Victor si gratta la testa, lancia un'occhiata verso il palco. "E allora?"

"Niente," farfuglio. Prendo un sorso di birra, m'imbroglia la lingua. "Solo che non mi pareva una vecchietta che aveva bisogno di una mano col suo archivio."

Ma perché insisto?

"Io ti faccio tutte queste domande sulla tua vita?"

La jam è in crescendo, riusciamo a sentirci a malapena. Bevo ancora.

"Cosa vuoi sapere? Chi era quell'uomo?"

"Non voglio saperlo."

"Era mio padre."

Il boccale mi scivola dalle mani e atterra sul tavolo, è pieno solo per metà ma per il colpo fuoriesce qualche schizzo. Suo padre? Il cuore prende a battermi fortissimo. Mi vergogno di quello che avevo immaginato.

"Gustaf Spole, attore danese sulla cresta dell'onda da circa vent'anni, una collezione di ruoli da protagonista in film romantici, cosa che in patria gli ha procurato un successo non indifferente, insieme a uno stuolo di giovani fan adoranti."

Un padre famoso? Aveva detto che la sua famiglia "non c'era".

"Immagina un uomo che non riesce a fare un passo per strada senza che lo fermino, è sempre sui giornali, è invitato ovunque, non può pagare niente. Un uomo che le donne ringraziano per il solo fatto di esistere."

Dico una cosa stupida, solo perché non so cosa dire: dico che dev'essere un uomo soddisfatto di sé.

"Invece soffre. Ha sempre avuto l'ambizione di lavorare con grandi registi, ma loro non l'hanno mai chiamato. Voleva sfondare all'estero, ma nessuna chiamata neanche da lì. È rimasto confinato in un perimetro che gli sta stretto. Ha sempre paura di perdere tutto, come se il mondo potesse svegliarsi una mattina e capire che la sua è solo una truffa. Che in realtà non vale niente."

"Perché non mi avevi mai parlato di tuo padre?"

"Non ho fatto l'università, non ho combinato niente di grande. Sul passaporto sono solo un borghese di Copenaghen con padre illustre. Quando la gente in Danimarca mi parla, sembra che misurino in ogni momento la mia inadeguatezza... non volevo che lo facessi anche tu. A Parigi posso essere chi voglio, volevo essere qualcosa di meglio."

Allungo una mano verso di lui, gli sfioro un braccio.

"È venuto a Parigi per convincermi a tornare a casa. Mia madre ha buttato giù venti pillole di sonnifero perché lui le ha reso la vita impossibile e ora pensa di poter dire *a me* cosa devo fare."

Sua madre... I contorni delle cose hanno perso nitidezza, la musica è assordante, cosa devo dire? Quali parole sono adeguate? Mi torna in mente quando zia Vivienne si confidava con me e i suoi dolori, così potenti, mi lasciavano inerme.

"Avrei preferito..." ma ci ripensa, "è una cosa terribile da dire."

"Cosa? Dilla."

"Avrei preferito che morisse lui. Riesci a immaginare l'angoscia di odiare così il proprio padre?"

Scuoto la testa, non ci riesco. Anche mia zia odiava sua madre. E io non l'ho mai capita.

"Sono cresciuto circondato da gente famosa, la sera erano a cena in casa nostra e il giorno dopo li vedevo alla televisione o sulle riviste. Tra loro, non sono mai stato null'altro che il figlio di Gustaf. Per tutta la vita sono stato il figlio di Gustaf Spole. Se fosse stato un uomo normale, magari sarei riuscito a essere felice. E mia madre forse si sarebbe salvata."

Il batterista è impegnato in un assolo travolgente e quasi tutti si sono alzati, tagliandoci fuori dalla jam.

"È convinto che io mi perda dietro a cose da niente." Prende a fissarsi i piedi. "Che cosa triste. Non so neanche perché te l'ho raccontata."

"Sono felice che tu l'abbia fatto," gli stringo il braccio, "davvero."

Vorrei fare meglio, ma la mia mente vaga senza che io riesca a imbrigliarla.

"Preferisco finire come John," sussurra, "avere come tetto il cielo di Parigi, piuttosto che trovare lavoro grazie all'influenza di mio padre. Ancora non so cosa voglio essere, ma so che devo perdere tutto per scoprirlo."

Ripenso ai fenicotteri e alla danza di Siva. Appoggio la testa sulla sua spalla. Un padre difficile, la madre morta. Quanto dolore, quanta solitudine, mi dico, abbracciandolo.

Jeudi

25.

Mi sveglia la vibrazione del cellulare. Mi sono addormentata vestita, senza tappi né mascherina, sul materasso di gommapiuma nella biblioteca. Tasto il pavimento in cerca del telefono, che afferro prima di riuscire ad aprire gli occhi.

Sei tu quella che è sparita, Oliva. E questi messaggi nel cuore della notte non migliorano le cose.

Appena sopra, leggo quello che ho scritto a Bernardo alle 4.39: *È un giorno che non ci sentiamo e neanche te ne accorgi.*

Se scrive *non migliorano* intende dire che le cose stavano già andando male? Non possono bastare tre o quattro giorni per mandare all'aria tutto.

Noto che Victor sta leggendo un libro con la copertina azzurra e una scimmia disegnata sopra, seduto accanto alla finestra. Nell'alzarmi, mi pulsano le tempie.

"Dove l'hai trovato?" Socchiudo gli occhi, la luce è troppo forte.

"Me l'hai dato tu." Sorride.

"Io?"

Brandelli della sera precedente cominciano a riaffiorarmi alla mente. La jam al Caveau des Oubliettes, troppa birra, sua madre. Non ricordavo di avergli dato il libro.

"Me l'hai consegnato quando siamo tornati qui ieri sera. Mi piace. Hai detto che l'hai preso da una bouquiniste."

"Ho fatto altre cose strane ieri sera?"

"Regalare un libro non è una cosa strana."

È successo qualcosa tra noi? Mi sono lasciata andare? Colgo il mio riflesso nel vetro della finestra. "Ho pianto?"

"Forse un po'. Hai bevuto troppo, tutto qui."

Mi siedo accanto a lui.

"Victor." Parlare mi costa una grande fatica. "Voglio sapere cosa ho fatto e detto per tutta la parte della serata che non ricordo."

"Come faccio a sapere cosa non ricordi?"

"Victor."

"Abbiamo parlato di mio padre."

"Questo lo so."

"Poi sei scoppiata a piangere."

Mi ha commosso, ora ricordo! Lo tenevo tra le braccia.

"Le responsabilità sono la base della felicità, hai detto," continua lui. "Non te ne frega delle barrette energetiche, perché mica stai salvando il mondo, ma non vuoi perdere tutto quello che hai per finire come me, perché nemmeno io lo sto salvando."

"Mi dispiace," sussurro.

Lui scrolla le spalle. "Sai quante cose si dicono."

Non avrei dovuto offenderlo. Non sarei dovuta rimanere qui. Quante cose non avrei dovuto fare!

Mi cade dalla tasca del vestito il biglietto da visita del gallerista: *9, Rue Saint-Augustin*. Victor ha il suo turno, ma io sono libera. Almeno una cosa giusta posso farla.

Devo trovare mia zia.

Scelgo un caffè qualunque, il meno affollato, e mi siedo a un tavolino in un angolo. Ordino un café au lait e un croissant. Per strada mi è sembrato di tornare a uno stato embrionale: il vento mi soffiava in faccia troppo forte, la luce mi accecava, i clacson mi assordavano.

Trovo una mail di Veronica, è delle 2.04. La mia idea è piaciuta, lei e Mara proveranno a implementarla. Sorvolando sui rimproveri tra le righe, riconosco solo una cosa: per il momento ho un problema in meno. Butto giù un antidolorifico insieme a un sorso d'acqua. Sto riuscendo in un'impresa notevole, scontentare tutti proprio quando non vorrei scontentare nessuno. Cosa si vince? Per ora, solo guai.

Ma guai ben peggiori stanno capitando alla protagonista della mia raccolta di poesie, l'iris si sta seccando e lei ha avuto un figlio senza averlo mai voluto.

È nato con una testa di capelli neri,
occhi neri inquisitori.
"Vieni qua", mia madre, "dallo a me."
Io non volevo
e Peter non ha mai saputo.

Ti devo spiegare tutto, ma a voce, scrivo a Bernardo, *aspetta che torni, ti prego.*

Mi rendo conto solo adesso di aver cominciato a comportarmi come mia zia.

La galleria è una stanzona quadrata, illuminata con quel genere di neon che ti viviseziona senza risparmiarti un punto nero. Oggi potrebbe darmi il colpo di grazia. Le pareti sono coperte di filamenti di cotone colorato che pendono dal soffitto sfiorando il pavimento. Mi faccio forza ed entro.

Una ragazza bionda, seduta dietro a una scrivania in fondo alla stanza, alza lo sguardo regalandomi un sorriso di circostanza. Faccio finta di osservare le opere mentre tiro fuori dalla tasca il biglietto da visita in cerca del nome del gallerista, poi mi avvicino.

"Conosce Emma Honney?" chiede la ragazza, porgendomi l'opuscolo della mostra. "Classe '74, la sua sartoria serviva un ospedale psichiatrico."

"Oh." Fingo di dare un'occhiata.

Mi guarda indecisa se tornare al suo computer.

"Gérard Pivet è qui?" domando, tentando un tono disinvolto.

"È partito stamani per Tokyo," risponde con lo stesso sorriso di prima. "Vuole lasciar detto qualcosa?"

A Tokyo? Ieri non aveva detto niente al riguardo. Potrò chiedere a lei?

"Per caso sa dirmi qualcosa sulla signora Villa?" azzardo. "Vivienne Villa."

La ragazza mi fissa perplessa.

"Dovrebbe essere una vostra cliente," specifico. "Così ha detto Gérard."

Spero che chiamare il gallerista per nome la spinga a fare uno sforzo. In effetti, funziona. Anche se controvoglia, la ragazza controlla sul database. "Non potrei dare informazioni riservate..." borbotta, "però, se gliel'ha detto Gérard..." Scuote la testa. "Non compare niente. I clienti sono tutti registrati, ma non c'è nessuno sotto quel nome."

Mi guarda con irritazione sperando che io me ne vada.

Le chiedo se può ricontrollare. Lo fa, ma l'esito è lo stesso. Sarà vero? Se non temessi di apparire ridicola, insisterei. Ma a malincuore abbandono anche questa pista. Torno sui miei passi prima di chiudere la porta dietro di me e ritrovarmi in strada.

Ho notato Odette con la coda dell'occhio, attraverso la vetrina. È stato un caso che la riconoscessi, con il grembiule rosa e la coda alta, un vassoio in mano. Nel vedermi fa una smorfia sorpresa, mi fa segno di entrare. Alzo lo sguardo per leggere l'insegna: *C'est mal?*

"Accomodati, ti offro qualcosettina," dice, con il solito tono allegro. "Qui è tutto sbagliato, lo si intravede già dal nome, no?"

Gli elementi d'arredo sono di recupero, volutamente sproporzionati. Dietro al bancone c'è un laboratorio, dove si affaccendano due ragazze identiche.

"Ella e Jolanda," dice Odette quando si accorge che le sto osservando. "Hanno aperto loro questo posto. Di solito lavoro qui solo i fine della settimana, ma in questi giorni c'è carestia di personale. Il ragazzo che normalmente fa il turno si è preso le ferie."

Un tavolino vicino all'entrata si è appena liberato, me lo

indica. Mi lascio cadere su una delle due poltrone rattoppate senza farmi troppo pregare.

"L'idea è quella di preparare dolcetti che nascono da ricette non riuscite, piccoli e grossi errori, anche di chef famosi, che poi invece sono clamorosamente buoni," spiega Odette tirando fuori il blocchetto delle ordinazioni. "Ti consiglio la carrot cake, se vuoi provarne una un tantino differente. Carote viola."

"Viola? E sia. Sono un'appassionata."

"Di carote?"

"Di torte. Potrei definirmi una pasticciera amatoriale."

"Perdincibacco!" sembra entusiasta. "Vorresti anche un caffè?"

Acconsento.

Cerco di pensare in modo razionale: se credo fermamente che l'unica cosa che ci rende felici è fare il proprio dovere, perché sono ancora qui? Magari credo che il mio *vero* dovere sia incontrare zia Vivienne? O avevo bisogno di un'avventura, come piaceva a lei? Sto per caso scappando da qualcosa?

Magari non riuscirò mai a trovare mia zia, e neanche a smettere di cercarla. Forse mi sento sperduta e fallita come si sentiva lei. Forse è vero quello che diceva: avere una passione ti fa sentire vivo, ti dà una ragione per stare al mondo, e la mia è essere qui a cercarla. È meglio avere una passione e non sentirsi all'altezza, piuttosto che non averne affatto e vivere una vita piatta.

Senza pensarci faccio partire la chiamata per mio padre. Risponde al terzo squillo.

"Avevo voglia di sentirti," dico d'un fiato. "Come stai, papà?"

"Sono passato al livello *sfida*, ma ho comprato un nuovo giornalino, così non finisco il tuo."

"Potevi finirlo."

"È stato piacevole passeggiare fino a piazza della Libertà, erano secoli che non ci andavo in un giorno feriale. Abbiamo avuto modo di parlare, col giornalaio, c'ero solo io. L'edicola non va un granché bene. È diventato nonno, lo sapevi? Ho preso il sudoku appena uscito."

"Allora sei aggiornato."

Lo sento sorridere, ma poi la sua voce diventa tesa quando dice: "Siamo preoccupati, Oliva. Ieri ho incontrato Bernardo e...".

Cerco di non badare al fatto che si sono visti senza di me. Essere maturi vuol dire anche lasciare che le cose facciano il loro corso, non impedire agli altri di essere quello che sono. Me l'ha detto Victor l'altro giorno, e ha ragione.

"Papà, non ho ucciso, non..."

"Che c'entrano questi discorsi."

Il suo silenzio è pieno di apprensione. Sa che sono qui per sua sorella, la zia da cui mi ha allontanato. Sa anche che non l'ho trovata, e che non sto tornando. Non riesco a farmi venire in mente buone argomentazioni con cui continuare la telefonata, ma non voglio che mi senta lontana, perché io lo sento vicino, più vicino di quando stavamo sotto lo stesso tetto.

"Papà, come stai? A prescindere da me e dal sudoku?"

"Porto tua madre a cena fuori, stasera. Ci distraiamo un po'."

"È una bellissima idea! Non lo fate mai." Poi raccolgo il coraggio. "Ti voglio bene," sussurro. Saranno almeno dieci anni che non glielo dico.

Lui reagisce esattamente come dieci anni fa: "Anch'io". Poi aggiunge: "È per questo che sono preoccupato".

Ci salutiamo quasi subito, troppo impacciati per aggiungere altro.

Odette mi ha appena messo davanti la carrot cake di carote viola monoporzione ricoperta di glassa con sopra le scorze di limone.

Prendo un boccone cercando di convincermi che si sistemerà tutto. Osservo la gente che passeggia per strada. Il diamante che ho al dito cattura la luce del sole attraverso la vetrina.

Torna, mi ha risposto Bernardo. *Torna al più presto, Oliva.*

Per il mio primo appuntamento con Bernardo, svuoto l'armadio e provo tutto. Andremo in un posto raffinato, mi ha detto, ma non ha specificato la tipologia. Un bar affollato? Un ristorantino intimo? Quando ho fatto vedere la foto di Bernardo a mia madre, lei ha detto che è un bel ragazzo e che si veste con garbo, in più fa l'avvocato, non devo lasciarmelo scappare per nessun motivo: uno così probabilmente non lo troverò più. I miei fidanzati non le sono mai andati a genio, né Mauro, al liceo, che chiamava "il Punkabbestia" solo perché usciva sempre col suo cane, né Gerolamo, all'università, che aveva soprannominato "Due Cuori e Una Capanna" perché voleva fare il pittore.

Manca solo mezz'ora all'appuntamento, quando mia madre si affaccia in camera mia e, vedendomi con l'abito di raso blu ereditato dalla nonna Renata e le ballerine ai piedi, esclama: "Amore, sembri una matrona con quella palandrana".

Poi le cade l'occhio sul cumulo di indumenti che giace sul letto.

"Ti aiuto io a trovare qualcosa? Vedrai che ci divertiamo."

Accetto per sconforto, ma temo che si divertirà solo lei.

Innanzitutto, il tacco è *fondamentale*, dice, mi slancia e ne ho un gran bisogno, e il tacco non va con tutto. Potrei optare per il vestito a trapezio che mi ha regalato lei, magari? Sinceramente mi dà l'impressione di essere infilata in un sacchetto della spazzatura verde acqua. Una gonna a matita e una camicetta? Casual ed elegante. Ma la camicetta mi abbonda sotto le ascelle e poi sembro la protagonista di *Secretary*. A meno che non voglia ritrovarmi in ginocchio su un tavolo con una carota in bocca, non è proprio il caso.

"Proviamo con i pantaloni!" Esclama mia madre senza lasciare spazio a repliche.

Tento con un paio di jeans, ma sono così aderenti che faccio fatica a infilarli (e a chiuderli).

Mia madre aspetta che io sia a un passo dalla disperazione prima di esibire un sorrisetto e cinguettare: "Vediamo se questi possono andare...".

Aveva lasciato in corridoio una busta della sua boutique,

dalla quale estrae trionfante un paio di pantaloni neri, un'ampia blusa di seta verde e un paio di décolleté dello stesso colore. Solo due ore fa avevo escluso a priori i tacchi e i pantaloni e ora eccomi qui, che mi sottopongo docilmente alla prova.

"Perfetta!" Esclama lei nel vedere il risultato.

In verità mi sento la commessa âgée di un negozio di lusso, ma poi penso: sempre meglio di una matrona.

Bernardo mi aspetta con le braccia incrociate davanti alla spider (in affitto per l'occasione, scoprirò in seguito) e un sorriso stampato in faccia.

"Stai benissimo," mi dice venendomi incontro per darmi due baci sulle guance.

Mi apre la portiera e la richiude dopo che mi sono seduta. Parte con una sgommata.

Il locale in cui mi porta è un bar di grido all'ultimo piano di un grattacielo, dalla vetrata si vede tutta Milano. Non sapevo neanche che esistessero posti di questo genere, in città. Un cameriere ci consegna un menu stampato su carta patinata, che annovera cocktail con nomi strani tipo Nove Settimane e Mezzo, Sesso alla Seconda, Very Old Bear, La Ninfomane o Circolo Polare. Purtroppo o per fortuna, non devo pronunciarne nessuno: Bernardo ordina anche per me.

"Due Love Is in The Air con poco ghiaccio," dice con fare deciso al cameriere.

Mi assicura che il Love Is In The Air è ottimo e non l'ha scelto per il nome. Non capendo se è una battuta rido, per poi capire che non è una battuta. A me preoccupa il "poco ghiaccio".

La conversazione è un po' stentata. Bernardo mi parla delle ultime cause condominiali di cui si è occupato, io gli riassumo il più brevemente possibile il mio percorso di laurea.

È premuroso per tutta la sera. Si fa riempire di nuovo la ciotola con le arachidi al wasabi visto che "sembrano piacermi molto" (un attimo di distrazione e le ho finite, senza lasciargli nemmeno la possibilità di assaggiarle), mi chiede se gradisco un bicchier d'acqua quando rischio di strozzarmi con le suddette, sorvola sul fatto che non ho ancora un lavoro stabile, non fa domande troppo personali, tipo su mio fratello.

Quasi da sposare, mi dico a un certo punto, fantasticando chissà perché su una grande casa al mare e quattro o cinque figli con gli occhi verdi come lui, partoriti senza dolore, giudiziosi e silenziosissimi, praticamente muti, che leggono nella loro stanza con il nostro labrador dal pelo morbido e profumato, che non abbaia mai, mentre io e Bernardo ce ne stiamo sulle sdraio della terrazza panoramica a sorseggiare succo d'ananas per festeggiare il successo della sua ultima causa. Da chi ho preso in prestito questo sogno? Io, che all'idea di avere anche un solo figlio tremo dall'angoscia?

Lo avverto che devo andare in bagno, alzandomi con garbo, e barcollando un po' per via dei tacchi mi dirigo verso il fondo del locale.

Il bagno è a vetri e profuma di vaniglia, osservo la città a perdita d'occhio mentre mi lavo le mani. Per asciugarsi c'è un piccolo asciugamano che poi si getta in un buco, direttamente nel cesto della lavanderia.

Bernardo ha la testa sulle spalle, fa il volontario alla Caritas e dona il cinque per mille a un'associazione per la ricerca sull'Alzheimer (per via di sua nonna), è intelligente e riguardoso e piacerebbe ai miei. Sì, non capisce le mie battute, digrigna i denti quando ride, probabilmente entro qualche anno gli verrà la pancia ed è un po' noioso, ma la perfezione non è di questo mondo. Io sono piena di difetti, per esempio, ma lui mi ha chiesto ugualmente di uscire e mi ha portato in un posto come questo.

Se tutto è magnifico, perché sento una strana sensazione di disagio? Percepisco, dentro di me, che zia Vivienne non lo approverebbe. Ecco perché. Non sarebbe un amore travolgente, *impossibile*, ma un rapporto tranquillo.

Mentre Bernardo paga il conto io, seduta al tavolo, guardo di nuovo la città illuminata. Ogni punto di luce è una finestra su un mondo che potrebbe essere il mio. Come sarebbe? Si è insinuata dentro di me una sensazione familiare: sono qui e non sono qui, sono felice e non sono felice. Sto scegliendo, e nell'atto di scegliere rinuncio a tutto il resto.

Quando torna Bernardo, riesco a mantenere lo spirito di prima. Quello di chi prende la vita con leggerezza. Lo spirito per il quale lui mi ha scelta e che ho appena imparato a imitare. Imito me stessa.

Con la forchetta raggruppo le briciole della carrot cake rimaste sul piatto. Come avranno fatto a ottenere una glassa così leggera? Hanno evitato il burro? Solo albumi e zucchero a velo?

Odette non può rivelarmi la ricetta, ma mi vuole presentare Ella e Jolanda. Prima che io possa rifiutare, mi trascina al bancone. Le due gemelle raccontano che si sono trasferite a Parigi dalla Norvegia. Dopo aver lavorato per anni nelle pasticcerie d'altri hanno deciso di aprirne una loro.

"Un posto di stampo internazionale dove celebrare l'errore," dice una delle due.

"Celebrare l'errore, mi piace."

"È stato un bel rischio, ma sta funzionando."

Sarà colpa del picco glicemico, ma d'un tratto mi pare che tutto stia andando come deve andare. Anche se non l'ho scelto.

Tra qualche ora sarò con Leonard Cohen. Leonard Cohen! E con mia zia.

26.

Ben sta per partire. Ha uno zaino voluminoso sulle spalle. Raggiungerà Marsiglia in autostop, da lì si imbarcherà sulla nave da crociera. Tornerà presto, promette.

Mi vengono in mente quei film in cui il figlio maggiore parte per la guerra. Forse perché Ben non sembra poi così felice di mettersi in viaggio? Pare che, come gli arruolati, stia rispondendo a un ordine: nel suo caso non la cartolina, ma la necessità di andarsene.

Julia lo guarda intristita e io le do ragione. Ben dovrebbe proprio rimanere.

Victor stappa una bottiglia di rosé davanti all'ingresso della libreria e riempie dei bicchieri di plastica. Dobbiamo festeggiare, sostiene, se si festeggia andrà tutto bene. È solo un viaggio. Julia non brinda, ma quando Ben intona Édith Piaf si unisce sommessamente. E ci troviamo tutti in uno strano abbraccio, come fossimo già ubriachi, stupidi e saggi allo stesso tempo, cantando che vediamo la vita in rosa.

Ho accantonato tutto: la casa, i genitori, l'ufficio, Bernardo, il futuro, e non ho dimenticato la paura, il senso di smarrimento e la tristezza. Mi si è creato dentro un vuoto: oltre che incompleta, forse mi fa sentire anche leggera. Capisco che la felicità non ha a che fare con l'ottenere, ma col perdere.

E rimaniamo così, a cantare a squarciagola, bevendo vino tiepido che non è ancora sera, con una sorta di euforia ingiustificata.

Mi sembra di capire solo adesso cos'è la vita.

"I soldi hanno il brutto vizio di sparire se non gli si fa la guardia..."

Stavo raccontando a Victor che mi sono rimasti solo cento euro sulla carta di credito, quando ci ha interrotti Leonard Cohen. È davanti a me, con un cappello scuro in testa e gli occhi mobili ma profondi. Leonard Cohen! Qui, sulla soglia della biblioteca, dove io e Victor abbiamo appena finito di allestire la cena. Mi ha parlato.

"È capitato anche a me," continua con voce roca. "Ero partito per un viaggio e quando sono tornato non avevo più nulla."

"Ti avevano derubato?" chiede Victor.

"Il mio manager. Ma sapete una cosa? Questo ha portato un sacco di belle cose nella mia vita. Non dico che lo consiglio come esercizio spirituale, eh." Ride.

Si volta verso una donna, dietro di lui. È alta e attraente, non l'avevo notata.

"Anjani," dice per presentarla. Lei sorride.

Victor li invita a entrare nella biblioteca, gli versa del vino. "Posso farti una domanda?" osa.

"Sono qui per questo," risponde lui, e non è una battuta.

"So che ti piaceva anche scrivere romanzi e poesie. Come hai fatto alla fine a scegliere quale strada prendere?"

Ci siamo seduti tutti e quattro intorno a un tavolino tondo al centro della stanza.

Suo padre è morto quando lui era ancora giovane, ci racconta, e questo l'ha alleggerito: non sentiva più l'obbligo di essere "qualcosa". Lui e le persone che frequentava vivevano downtown a Montréal, suonavano la chitarra, scrivevano poesie, cercavano di sedurre le ragazze, bevevano. Agli occhi della gente valevano ben poco e alcuni non erano riusciti a sopportarlo. Droghe, suicidi... erano spezzati. Ma per lui era stato indispensabile: era libero di sbocciare come voleva.

Prende un lungo sorso dal suo bicchiere. Guarda Anjani.

"Vedete," riprende, "io non credo nel talento. In Giappone, per esempio, nessuno crede che si debba avere talento. Chiunque abbia qualcosa da dire deve farlo, punto."

Sì, ma non siamo tutti come te, vorrei dirgli.

"Il talento è la cospirazione dei morti per uccidere. Per escludere i vivi dalle possibilità. Crediamo di non poter fare certe cose. Ma è come Bannister che ha corso il miglio in meno di quattro minuti. Finché non l'ha fatto lui, nessuno credeva di poterlo fare. Una volta superato il tabù, ce l'hanno fatta in molti. Non era un problema fisico, era un problema mentale." Si picchia la fronte con l'indice. "Pensiamo di non riuscire a fare qualcosa solo perché ci sono persone che vogliono farcelo credere."

Gli verso un altro po' di vino, lui mi ferma quasi subito. "Sono vecchio, versane ancora un po' ad Anjani." Ma anche lei rifiuta gentilmente.

Ha scelto la musica, spiega, perché ha il potere di cambiarlo nel modo più veloce, distogliendolo dal dolore o dalla rabbia.

"Quando stai bene non lo puoi ignorare, la felicità emerge come un tappo di sughero nell'acqua. Trapela dagli occhi, dai pori della pelle. Se sai come essere felice, come fai a rinunciarci? Niente è così importante da costringerti a farlo. Ed è giusto essere felici, perché solo così si può essere utili al mondo."

Vorrei che continuasse a parlare per sempre. Anche lo sguardo di Victor si è ammorbidito, sta per fargli un'altra domanda, ma Sylvia fa irruzione nella stanza insieme a un gruppetto di ospiti. Io e Victor ci affrettiamo a procurare un bicchiere a ognuno.

"Come l'avete fatto carino, qui," commenta Sylvia con riconoscenza, poi mi sussurra di scendere a ricevere il takeaway indiano che ha ordinato, metterlo nei piatti da portata che trovo nell'appartamento di suo padre e portarli a tavola.

Filo di corsa giù per le scale. Un uomo con due grandi baffi neri, vestito con un *panjabi* simile a quelli della zia, mi consegna due enormi buste bianche, rimonta in sella alla sua motoretta e scompare nella notte. Zia Vivienne, penso, potrebbe arrivare da un momento all'altro. Controllo in strada, a destra e a sinistra, ma non la vedo.

Corro di sopra a preparare il cibo. Il mio ottimismo si gela non appena metto piede nell'appartamento di George e trovo Julia in lacrime, seduta sul pavimento.

"Che succede?" le chiedo. "Hai mangiato?"

Dice di sì, ha mangiato. Ma non si alza da terra e non mi guarda negli occhi. È una bugia.

"Vuoi ancora qualcosa?" domando, sollevando in aria i due sacchetti pieni di cibo. "Devo sistemare tutto sui piatti da portata."

Julia si asciuga gli occhi con la manica del vestito color melanzana, si alza e mi prende qualche busta dalle mani.

"Ti aiuto," dice.

È così magra che il vestito sembra stare in piedi da solo. Apre le ante degli armadietti sopra i fornelli, trova cinque ciotole e dei piatti spaiati. Ci versiamo dentro le pietanze indiane. La vedo osservare il curry senza toccarlo, non so come faccia a trattenersi, io mangerei tutto ingozzandomi direttamente dalle vaschette di alluminio.

"Scendi con noi?" chiedo, cercando di non pensare alla fame.

"Voglio stare sola con Noa," risponde Julia. "Grazie lo stesso."

Chi può capirla meglio di me? Qui dentro risulta quasi impossibile passare del tempo per conto proprio. Questa è una buona occasione. Le lascio del riso biryani su un piatto e mi assicuro che venga giù a chiamarmi se ha bisogno di qualsiasi cosa, poi scendo.

La biblioteca si è riempita di una ventina di persone, Vivienne non è tra loro. Appoggio i piatti da portata sul tavolo che abbiamo coperto con una tovaglia a strisce verdi e blu.

Ogni tanto lancio un'occhiata dalla finestra, verso l'ingresso della libreria. Se fosse successo qualcosa di grave, mi dico, la zia avrebbe chiamato. O forse no? Scatto in piedi ogni volta che un ospite entra nella stanza o un'ombra appare per strada. Non arriva, non arriva mai.

La rabbia mi monta dentro come la panna. Per sfogarmi, afferro un coltello usa e getta e lo affondo nella carne compatta e speziata del pollo tandoori trafiggendolo da parte a parte. Le melanzane del baingan bharta schizzano sulla tovaglia. Infierisco fino a che non mi sembra di essere più calma. Mi guardo intorno. Per fortuna, nessuno mi ha visto. Ripulisco prima che sia troppo tardi. È un miracolo, sono riuscita ad arrivare alla fine della cena senza dare spettacolo. Poi mi accorgo che Cohen sta per andarsene, e allora trovo il coraggio di fermarlo.

"Potrei chiederle un favore?" azzardo, mostrandogli un tovagliolo di carta che ho preso dal buffet, uno dei pochi scampati all'accoltellamento del tandoori.

Cohen mi rivolge quel suo sorriso.

"Potrebbe firmarlo per mia zia? Ha avuto un contrattempo, non è potuta venire."

Accetta divertito, guardandomi in attesa di informazioni.

"Si chiama Vivienne," spiego, "la ama da sempre. Io non la vedo da anni, sono qui per lei."

Gli porgo la penna, lui guarda il tovagliolo. *Per Vivienne*, scrive, *che da quanto ho capito meriterebbe una canzone*.

Si sistema il cappello sulla testa e scompare oltre la soglia per mano con Anjani. Corro alla finestra per vederli allontanarsi nella notte parigina.

Avrei voluto chiedergli ancora così tante cose. Se solo potesse farsi minuscolo e stare sempre con me, come una specie di grillo parlante zen. Ho incontrato Leonard Cohen. Ho una frase scritta di suo pugno per mia zia.

"Prendiamo un po' d'aria," dice Victor trascinandomi giù in strada. So che sta cercando di risollevarmi il morale.

Scendiamo alla Senna con Colette, ma John non è al solito posto, e neanche Hillary.

Ecco che cosa rende Parigi romantica di notte, penso mentre proseguiamo lungo il quai, la luce dei lampioni che si riflette sull'acqua, sui ponti, sui ciottoli che stiamo calpestando; la musica dell'accordéon, che suoni davvero, in lontananza, o tu te lo stia solo immaginando; la guglia di Notre-Dame che punta al cielo; quest'odore e il ricordo della Rivoluzione.

Victor mi racconta delle estati della sua infanzia quando andavano al Nord, in Norvegia. Avevano una casetta rossa di legno, nel cuore della foresta, vicino a un lago dove pescavano. A quella casa, sempre piena di ospiti, erano legati i suoi ricordi più belli. Lì perfino suo padre tornava a essere solo suo padre.

Ma qualche anno fa ha venduto la casa senza avvertirlo, usando la scusa che non ci andavano mai. È stata la vendita di quella casa a segnare l'inizio dei suoi vagabondaggi. Aveva perso il luogo a cui tornare. Sentiva di non appartenere più a niente e di voler diventare qualcosa. Ha lavorato in una fabbrica di gelati in Svezia, come essiccatore di stoccafisso in Norvegia, come addetto alle pulizie in un parco avventure. È come se gli piacesse tutto, ma niente abbastanza.

"O forse ho solo paura di non trovare più nulla, per questo non torno a Copenaghen."

Siamo seduti su una delle panchine di pietra, Colette scodinzola annusando lungo il muro. Mi torna in mente quel gennaio in cui mia zia aveva deciso che saremmo andate al mare. Il mare è più bello d'inverno, sosteneva. Era il 1995, nonna Renata stava sempre peggio, eppure all'alba eravamo salite sul treno per Genova. Saremmo tornate quella sera stessa, non sarebbe stato troppo grave. Di sua madre Vivienne aveva sempre parlato poco, da quando stava male non ne parlava più. Neanch'io avevo mai avuto un buon rapporto con mia nonna: esisteva solo per mio padre. "Marcello, Marcello," lo ripeteva mille volte al giorno, come una preghiera. Di sua figlia Vivienne o di me, che pure ero la sua unica nipote, non si preoccupava.

"Di tanto in tanto è buona abitudine lasciarsi indietro tutto, per vedere il mondo con occhi nuovi, tornare a casa migliori," aveva detto la zia mentre, sedute una di fronte all'altra sul treno, costeggiavamo il mare.

L'acqua turchese era appena increspata, il sole inondava le case colorate abbarbicate sulla costa scoscesa. Sembrava estate. Non riuscivo a capire il vero significato di quella sua affermazione, avevo quattordici anni, niente da lasciarmi indietro, e come avrei fatto a sapere se sarei stata migliore una volta tornata? Mi sembrava che stessimo semplicemente facendo una gita.

La zia era nella fase romantica: leggeva Byron, Keats e Shelley, ascoltava Schubert, rimirava i quadri di Friedrich, inneggiava alla natura spontanea e selvaggia. Ecco perché avevamo proseguito fino a San Terenzo: per vedere il mare d'inverno e Villa Magni, che era stata residenza degli Shelley.

Ci sediamo su un muretto con un pezzo di focaccia a guardare la villa bianca che un tempo dava sulla spiaggia, adesso sul lungomare. Libera sui quattro lati, con due piani e una grande terrazza, mi fa pensare a un castello di sabbia.

"*I miei sogni furono solo miei*," recita Vivienne, "*non ho mai dato colpa a nessuno per essi; sono stati il mio rifugio quando ero irritata – il mio piacere più grande quando ero libera.*"

Il sole scalda al punto che ci siamo levate la giacca.

"Mi sono innamorata," ammette la zia di punto in bianco, "ma lui ama un'altra."

È la storia della sua vita. Altalena tra uomini che la vogliono ma che lei non riesce a ricambiare e uomini che ama ma che non la ricambiano.

"Forse non essere corrisposti è il vero senso dell'amore," affermo. Mi sembra una frase che potrebbe piacerle.

Infatti si illumina. "Dici davvero, Oliva?"

Sì, davvero. Mi sono da poco fidanzata con quello che mia madre chiama "il Punkabbestia", ma non posso dire di provare quello che prova lei. So che il suo sentimento è più intenso del mio e mi chiedo se avrò mai la forza di provarne uno simile. Le stringo la mano tra le mie. Non mi capacito di come si possa non amarla.

"Ma ci sono tante cose che mi consolano," esclama, ravvivandosi. "La letteratura, i fenicotteri, i dolci, il mare... la natura cura tutto."

Si alza di scatto notando due uomini che stanno attraccando al molo con una barchetta. Corre loro incontro, discutono di qualcosa che non riesco a sentire. Quando la raggiungo, annuncia esultante: "Ci portano".

Non faccio in tempo a chiedere dove, uno dei due uomini mi allunga una cerata incrostata di sale, l'altro ne passa una simile a lei e salpiamo.

Ville colorate incastonate dentro parchi verdi ci guardano dalle scogliere a strapiombo sul mare. Mi soffia addosso un'aria appiccicosa di salsedine; il sole mi s'infila negli occhi rimbalzando sulle onde.

La barca si ferma in una piccola baia. Sulla spiaggia svetta l'antica abbazia di San Fruttuoso. Dopo aver buttato l'ancora, i due marinai tirano fuori una specie di grande cono con una lente su ciascuna estremità e una maniglia e lo passano alla zia, che immerge la lente più grande in acqua. È un batiscopio, mi spiegano. La zia rimane così a lungo, la schiena curva nella cerata, aggiustando la posizione ogni tanto, senza dire una parola.

"Guarda dentro!" esclama d'un tratto, tirandosi su allegramente e porgendomi quello strano oggetto. "Non ti dico niente, guarda e basta!"

Immergo in mare il batiscopio come ha fatto lei, avvicinando l'occhio alla lente più piccola. Tra i riflessi di luce e i banchi di pesci, due enormi mani di pietra si allungano verso di me. Sobbalzo. Una statua immensa, coperta di muschio, è ancorata sul fondo e alza le braccia al cielo.

"Il Cristo degli Abissi," dice la zia quando torno a sedere, mezza accecata dagli schizzi d'acqua salata.

"Possiamo andare a riva, per favore?" chiede poi ai marinai.

Il Cristo degli Abissi. Immenso. Spaventoso eppure eternamente accogliente. Una visione che non dimenticherò mai e che mi apparirà più volte in sogno.

Sedute sulla spiaggia, davanti all'abbazia, guardiamo il mare.

"Quando ci si sente persi," dice la zia di punto in bianco, "basta cercare il sublime nella natura per ritrovare un centramento, una ragione per stare al mondo. La natura dentro di sé ha già tutto. Noi siamo natura. Noi siamo completi senza saperlo."

Le chiedo perché mi ha portata a vedere il Cristo. Ci era stata con Peter, a diciassette anni, e non avendo un batiscopio non era riuscita a vederlo. Peter era tedesco, il primo che abbia mai amato, ma poi lei era partita per Parigi e si erano persi. Il secondo motivo è semplice: qualunque sia la religione, il principio cardine rimane l'amore incondizionato, l'amore che non nutre aspettative, non costringe o tiene vicino qualcuno a ogni costo. Il Cristo è un simbolo di questo amore, vederlo ci aiuta a generarlo in noi e a comprenderlo. Dobbiamo essere liberi di essere chi vogliamo e lasciare gli altri liberi di essere chi vogliono.

Penso ai miei genitori, al destino che immaginano per la loro unica figlia; penso a mio fratello. Se ci fosse ancora, non lascerebbe soli i miei genitori quando io sono via con la zia e avrei la possibilità di diventare un'attrice, potrei sbagliare se lo desidero e cucinare e mangiare tanti dolci quanti voglio, ingrassare e non sposarmi e finire la mia vita in una casa piena di gatti. Lo odio perché sono qui, nella baia di San Fruttuoso, ma dovrei essere a casa. Perché per colpa sua i miei soffrono e sembra che mi vogliano un po' meno bene. Odio anche mia zia. Mi ha portata al mare turbando un equilibrio che ho raggiunto a fatica, scompagina la mia vita e poi se ne va. Come sempre.

Tornate a San Terenzo, scopriamo di aver perso l'ultimo treno per Milano. Dormiamo in una piccola pensione. Non possiamo sapere che la nonna Renata si è spenta da poco. Che mio padre ha scoperto qualcosa di terribile sulla zia. Che questa sarà la nostra ultima gita.

"È normale odiare," mi dice Victor.

Mi guarda con trasporto. Mi rendo conto di avergli raccontato tutto.

"Niente affatto," rispondo.

Non è normale, lo so. Non si dovrebbe. E io non ne ho

motivo. Se solo potessi accontentarmi della mia vita e smettere di rimuginare su quello che avrebbe potuto essere.

"Se tu hai paura di tornare," rispondo, "io da allora ho sempre avuto paura di partire. Che a casa succeda qualcosa di terribile mentre sono via e che io non possa più recuperare."

Victor mi viene più vicino. "Ho avuto da subito l'impressione che avessimo molto in comune."

Lancio un'occhiata al mio anello. "E avevi ragione?"

L'acqua della Senna si increspa al vento notturno. Sul quai ci siamo solo noi.

"Direi di sì, anche se sembravi una hostess."

Gli do un colpetto sulla spalla, lui si alza per sfuggirmi, lo rincorro. D'improvviso si gira, siamo così vicini che i nostri visi stanno per sfiorarsi. Ha cominciato a cadere una pioggia leggera, che bagna appena. A tradimento gli abbasso il basco sulla faccia e scappo via.

Va', mi ha detto mia mamma.
Vattene via.
Ero tutta vergogna
Ed ero libera.

Vendredi

27.

“Sai cosa ho pensato?” butta là Victor. Stiamo bevendo il caffè nell’appartamento di George. “Dovremmo andare in Camargue a vedere i fenicotteri.”

L’ho vista una volta in un documentario, la Camargue: era bellissima, sembrava il Sudamerica. C’erano cavalli bianchi e tori, fenicotteri, aironi, uccelli di tutti i tipi che volavano sui campi e le saline.

Sulla lista dei miei desideri c’è anche partire per un viaggio all’avventura.

“Sei matto?” gli dico però. “Devo tornare a casa.”

Potremmo fare l’autostop dall’Arco di Trionfo, insiste, per uscire a sud della città. Dovremmo trovare qualcuno che scenda verso Lione o dintorni, e poi farci dare un passaggio per la Camargue. Non è la prima volta che Victor fa un viaggio in autostop. Secondo lui potremmo fermarci al Mas de Maria, l’albergo di Saintes-Maries-de-la-Mer dove lavora un ragazzo che ha conosciuto qui in libreria. Ci ospiterebbe di sicuro.

“Oliva?” Sylvia Whitman è appena entrata nell’appartamento insieme a Colette, che mi sta facendo le feste.

Mi sfugge un sorriso, mi fa sentire parte della famiglia.

“Ha chiamato tua zia, poco fa,” annuncia Sylvia, passandosi una mano tra i ricci biondi. “Era dispiaciuta di non essere riuscita a venire ieri sera, ma ti ha lasciato un messaggio.”

Sylvia estrae un pezzo di carta dalla tasca del vestito a quadri e legge: “*Pare che Johnny Doyle abbia scommesso su se stesso tramite un prestanome. Vincerà Vanilla Dream, nonostante Crazy Foolish Love sia favorita*". Mi consegna il foglietto. "Parla di Longchamp. In biglietteria ci sono degli ingressi a tuo nome."

"Per me?" chiedo flebilmente.

"Stai bene con i capelli sciolti," commenta Sylvia per tutta risposta.

Mi tasto la nuca, ho dimenticato il fermaglio.

"Sembri un'altra," aggiunge Sylvia, prima di prendere un libro dalla scrivania e scomparire di sotto.

Ma perché Vivienne non ha chiesto di parlare con me? Perché continua a lasciarmi strane indicazioni e non si fa vedere?

Mi rigiro il messaggio tra le mani.

"È John l'esperto di corse di cavalli," dice Victor. "Dobbiamo chiedere a lui di decifrarlo. Tra l'altro, gli ho promesso un nuovo libro."

Porto Colette di sotto, mentre aspetto che lui scenda insieme a Julia. Sono appena uscita dal portone, quando ricevo una telefonata. È il numero dell'ufficio, con l'estensione della mia scrivania.

"Oliva?" domanda una voce femminile, che scopro essere Mara.

Che cosa ci fa seduta alla mia postazione? Avrà aperto i cassetti, trovato i miei manuali ancora sigillati? Le briciole delle "arachidi ricoperte gusto cocco" che non ho fatto in tempo a pulire?

Colette sta tirando verso la fontana, la assecondo, mentre Mara mi spiega che le serve la password del mio account per accedere alle mail. Alle mie mail? Scoprirà che mi sono iscritta alla newsletter del sito *Preti belli, il fascino della tonaca*?

"Sì, le mail, per essere sicura di avere tutto sotto controllo, ora che ti ho sostituita."

"Sostituita?"

"Intendo... finché non torni."

Strattono il guinzaglio. Colette guaisce, la accarezzo per farmi perdonare.

Rispondo a Mara che posso lavorare benissimo da qui, cercando di mantenere un tono accomodante. Lei dice di non preoccuparmi, di godermi la vacanza. Puntualizzo che non sono in vacanza.

"Avevo capito che eri a Parigi."

Qualcuno le prende di mano la cornetta. È Veronica. Mara deve poter accedere a tutto, mi spiega, sta lavorando al posto mio, nell'interesse dell'azienda. Le cose si muovono veloci, non posso pensare che loro mi scrivano una mail dopo l'altra, le dispiace, ma... Il mio telefono emette un bip, è la batteria, ho dimenticato di ricaricarlo.

Mi vedo costretta a darle la mia password. La saluto evitando di far trasparire che mi sento rapinata. Rapinata sì, mancava solo la pistola. Derubata del mio lavoro, del mio tempo e della mia passione per i preti belli.

Ma Victor e Julia mi vengono incontro, Colette scodinzola. Un altro giorno con loro.

"Se Vanilla Cream e Crazy Foolish Love sono della stessa scuderia," afferma John, "il magheggio potrebbe anche avere senso. Tua zia scommetteva niente male quando andavamo insieme. Una volta ci ha tirato fuori un affitto."

"Vieni con noi?" gli domando.

"Sai cosa diceva Mélanie? Se per provare gusto in qualcosa bisogna scommetterci sopra, non ne vale la pena."

"Ha una sua logica," osserva Julia.

"Macché logica. Non voleva che perdessi, tutto qui. Certo che voi dovete sempre fare tutto come Hemingway."

"È colpa di Vivienne."

John ci lancia una delle sue occhiate allusive.

"Quasi dimenticavo." Victor gli consegna *Gilead*, un romanzo di Marilynne Robinson.

"Oh, grazie Victor." Se lo infila nella tasca della giacca. "Perbacco! Sembrate tre pesci in un acquario, guardatevi. Non ve la caverete mai da soli."

"Lo prendiamo come un sì?" domando.

"Ma mica penserete di andarci conciati così?" Guarda i

jeans e la camicetta che ho dovuto mettermi oggi, in mancanza di meglio. "Ci si va vestiti in un certo modo, a Longchamp," continua lui. "Bisognerà fare un pit stop dove dico io." Si gira verso Hillary: "Fai tu la guardia alle nostre cose, cara? Tieni gli occhi aperti".

Hillary annuisce, salutandoci con la mano.

Ci sono i turisti, ci sono i parigini e poi ci siamo noi.

Siamo a Parigi, ma non siamo di qui. Non cerchiamo la Tour Eiffel con lo sguardo, non visitiamo il Centre Pompidou, non facciamo shopping sugli Champs-Élysées. La nostra è la Parigi dei caffè, del quai a notte fonda, delle bancarelle e del vino a un euro e trenta. È un'altra città quella in cui ci muoviamo, sono altre le domande che ci si agitano dentro. Il nostro tempo si inserisce negli interstizi del tempo degli altri. Siamo clandestini, eppure sentiamo che la città ci appartiene.

Passiamo dietro Notre-Dame per evitare la folla che già a quest'ora inonda le stradine acciottolate. Io e Victor abbiamo lasciato la bici proprio lì dietro, quando siamo tornati dal Père-Lachaise. Sono a Parigi da quasi una settimana e ho già cominciato ad associarle dei ricordi.

Per arrivare sulla Rive Droite dobbiamo attraversare l'Île Saint-Louis, due ponti invece di uno. Non posso crederci finché non lo provo: non mi fanno paura.

Passiamo dietro alla chiesa di Saint-Gervais, per poi prendere Rue Vieille du Temple, svoltiamo in Rue des Rosiers e ci fermiamo davanti a un piccolo negozio vintage.

John si gira verso di noi soddisfatto. "Adesso ci sbizzarriamo!"

28.

Chiunque sia il proprietario di questo negozio, la sua idea di moda è agli antipodi rispetto a quella di mia madre. Vestiti, cappotti, gilet, scarpe, stivali, borse, cappelli di seconda mano non sono certo raggruppati per colore, né sono in ordine sugli scaffali (anche perché di scaffali non ce ne sono) o appesi in modo da creare abbinamenti invitanti. La merce è ammucchiata un po' ovunque, come in un bazar, e gli stand sono così pieni che nello sfilare un abito ne vengono fuori dieci. Non c'è nessun diffusore per ambienti al profumo di fiore di cotone, solo odore di stantio.

In bella vista si trovano una quantità enorme di vecchissimi montoni, innumerevoli paia di Levi's 501 e file di stivaletti da Mary Poppins, proprio quelli che vorrei io!, ogni paio tenuto insieme da un elastico.

Non è shopping, è una caccia al tesoro.

Provo un abito a quadretti sopra i pantaloni e la camicetta (non c'è il camerino), costa solo cinque euro, è stretto in vita e arriva a metà polpaccio, come quelli di Sylvia. Mi sta giusto, anche se non è della mia taglia. Sono dimagrita? Ne trovo un altro a fiori, con i bottoncini sul davanti. È perfetto.

"Finalmente un po' di fascino, cara," approva John.

È arrivato da me con un cappello da cowboy, un gilet anni settanta a piccoli pois giallo senape su fondo viola e un paio di stivali consumati.

"Stai bene," gli dico.

"John Wayne mi fa un baffo."

Tengo i due vestiti sospesi davanti a me. "Allora, quale?"

"Tutti e due, direi."

Tutti e due? Bene. Li regalerò a Julia prima di partire.

Victor ha individuato una camicia azzurra con delle stelline e un cappello alla Humphrey Bogart.

Julia non vuole niente per sé, d'altra parte indossa già un vestito lungo plissettato che le ha regalato Sylvia e sta benissimo. Mi aiuta a trovare degli stivaletti da Mary Poppins del mio numero. Sono malridotti e maleodoranti, li voglio.

Lo specchio a parete cattura il nostro riflesso. Sembriamo una banda di criminali destinati a essere scoperti.

"Perfetti," è il commento di John.

Il conto ammonta a sessantasei euro. Pur di liberarsi di noi, la proprietaria si mostra disponibile a scendere a sessanta. Pago io. È la metà dei miei averi.

Esco dal negozio con addosso il vestito a quadretti e gli stivaletti, il resto in una busta. Mi sento come quando passeggiavo per le strade di Milano con mia zia.

"Facciamo la spesa per il picnic," dice John, dopo aver preso un sorso dalla fiaschetta che tiene nel taschino della camicia. "Seguite me."

Ci affrettiamo fino in fondo alla strada, consulta una cartina pubblica davanti alla stazione del métro Richard Lenoir, si infila in una via e infine in una traversa.

Ci fermiamo davanti a un supermercato che cade a pezzi.

Acquistiamo tre bottiglie di vino rosso da un euro e trenta, due baguette sotto costo, un formaggio molle in scadenza, del prosciutto cotto in offerta e una vaschetta di fragole a ribasso.

All'ingresso del métro, saltiamo il tornello. Anche John, con la sua gamba offesa, e io distolgo lo sguardo.

L'ippodromo è un palazzetto di cemento immerso nel verde brillante, popolato da vestiti eleganti e cappelli di paglia.

"Guardate là." John indica un'area recintata. "È il tondino, dove i cavalli sfilano prima della corsa. Tra un po' entreranno i fantini. Eccoli! Vedete? Quelli con le casacche colorate. Discutono la strategia con l'allenatore del cavallo. Poi montano in sella così che il pubblico possa valutare il passo degli animali."

Ci avviciniamo per vedere meglio.

"Aspettatemi qui, vado a vedere che aria tira," conclude John.

Mi guardo intorno nella speranza di scorgere mia zia, anche se so già che non verrà. I cavalli procedono in cerchio con il fantino in groppa, alcuni sembrano agitati.

"La nostra corsa è il Prix du Destin," ci riferisce John. "È la sesta, si correrà tra un'ora buona. Tre anni, femmine, un miglio. Vanilla Dream ha tre corse in carriera, nessuna vittoria, nessun piazzamento e non ha mai corso a Longchamp. È data a venti."

"Cioè?" chiedo.

"Punti uno, vinci venti."

In gara con lei ci sono anche Crazy Foolish Love, la favorita, stessa scuderia, quota 1,74; The World is a Stage, quota 2,30; Office, quota 3,50, e un altro paio di puledre con quote basse. Vanilla Dream è svantaggiata, su questo non c'è dubbio. Ma pare che abbia carattere e un galoppo leggero, secondo le voci raccolte da John.

"D'altronde, gli ultimi saranno i primi," conclude lui. "E indovinate come mai? Perché prendono più rincorsa." Ridacchia, sistemandosi il cappello da cowboy. "Vivienne ha i suoi informatori, e quello che dice ha una logica: succede che il fantino punti su se stesso per interposta persona."

"E quindi?" domanda Julia.

John fa una pausa a effetto. "Quindi, contro ogni ragionevolezza, puntiamo tutto su Vanilla."

Victor emette un gridolino eccitato.

"Sei sicuro che vincerà?" domando, cominciando a sentire l'adrenalina.

"Stiamo scommettendo contro la razionalità, capisci?" si esalta John. "Non si può essere sicuri di niente. È questo il bello!" E prende un sorso dalla fiaschetta. "Ti fidi di tua zia?"

"Certo che no."

Ma si è già avvicinato alla cassa. Uomini e donne se ne stanno in piedi con gli occhi incollati agli schermi o sulle schedine. Ci sono padri con bambini piccoli seduti in tribuna e intere famiglie vestite eleganti con grandi cappelli.

"Cinquanta euro su Vanilla Dream," urla John al cassiere, per sovrastare il rumore.

"Cosa? Cinquanta!" mi ribello. "Non li ho nemmeno."

"È così che si gioca! Si punta tutto."

Contratto: dieci. Mi insulta. Venti. Alza gli occhi al cielo. Victor e Julia decidono di puntare dieci a testa. Quaranta. È definitivo. Il cassiere ci consegna il biglietto con la scommessa.

Seduti sull'erba facciamo fuori mezza baguette a testa con prosciutto e formaggio e due bottiglie di vino. Julia ci racconta che al provino citerà Kerouac se le dovessero chiedere un pezzo di poesia: "*Per me l'unica gente possibile sono i pazzi, quelli che sono pazzi di vita, pazzi per parlare, pazzi per essere salvati, vogliosi di ogni cosa allo stesso tempo, quelli che mai sbadigliano o dicono un luogo comune, ma bruciano, bruciano, bruciano, come favolosi fuochi artificiali...*".

Conosco questo passaggio. L'ho già sentito da qualche parte. Mi aveva colpito perché avrei voluto conoscerne di pazzi del genere, di gente che non si esprimesse per luoghi comuni, ma a parte zia Vivienne, che non frequentavo più, non mi sembrava di conoscerne nessuno. E adesso?

Trovo curioso che Julia abbia scelto Kerouac, lo scrittore che a parer suo le ha strappato Ben, ma non lo dico. Tento una lieve carezza alla sua pancia. Anche se è ancora piatta, noi sappiamo che dentro c'è un'anima già intenta a tessere la sua esistenza. Julia ripete sempre che saremo tutti la famiglia di Noa.

Il sole si è spostato, abbiamo perso l'ombra.

"Qualcuno gradisce un biscotto della fortuna?" chiedo frugando nella borsa.

Julia ne vuole uno, e anche Victor.

"Non tradurci i messaggi, se sono come l'altra volta," si raccomanda lui.

Spero che oggi vada meglio. Li scartiamo, li rompiamo. *La fortuna che cerchi è in un altro biscotto*: Julia ride, ma dice che un altro non lo mangia neanche per sogno. *Una grande illuminazione nasce da un grande dubbio*: Victor apprezza il concetto, vuole tenere il biglietto. Apro il mio: *Tutto ciò che cerchi è dentro di te. Il resto è nel frigo*. Sempre azzeccato.

John alza una mano per zittirci. Il Prix du Destin sta per cominciare.

Ci affrettiamo al tondino. Finalmente, annunciano l'arrivo di Vanilla Dream, una cavalla saura con una stella bianca sulla fronte. È elegante, ha un bel portamento.

"Guardate," sussurra John, senza quasi muovere le labbra, "Crazy Foolish Love è incerta su una zampa. Vecchia baldracca di una Vivienne! Ci ha sentito giusto."

Nel vedere entrare le altre concorrenti, però, si rabbuia. "Office è in forma," dice. "Ed ecco Doyle," indica un fantino con una casacca gialla. "Il nostro."

È piccolo ma slanciato, corporatura muscolosa e compatta. Si avvicina a Vanilla Dream e le accarezza il muso mentre parla con l'allenatore. Annuisce ripetutamente, fa qualche domanda, ascolta la risposta guardando a terra, con un balzo monta in sella. La cavalla si lascia guidare per qualche giro, poi si impunta. Non promette bene... Ma è il momento di andare a prendere posto.

Le tribune dove ci sediamo sono dalla parte opposta rispetto alla gabbia di partenza, vicine al traguardo. Non appena saranno entrate tutte le cavalle, le gabbie si apriranno, spiega John. Alcuni fantini fanno i furbi, cercano di inserirsi per ultimi perché i cavalli si innervosiscono in gabbia. Due o tre puledre sono già dentro, mentre Vanilla Dream e Crazy Foolish Love scalpitano, non vogliono mettersi in posizione.

"State pronti," annuncia John, "si parte tra un attimo." Prende un sorso dalla fiaschetta. Le cavalle adesso sono tutte dentro, si aprono le gabbie. Incredibilmente, Vanilla Dream scatta subito in testa.

"Vai, vai, vai!" urla John.

Lo imitiamo.

"Su Vanilla, su! ...Ma diavolo!" grida, perché Crazy Foolish Love sta recuperando terreno. Lei e Vanilla adesso sono in testa insieme a Office, e un'altra si sta avvicinando.

"The World is a Stage," sbraita John, scuotendo la testa, "da dove è uscita?!"

Tengo gli occhi puntati su Vanilla Dream con il cuore a mille. Le puledre galoppano a tutta velocità. Imbocca la curva che porta al traguardo.

"È avanti di un muso, dai!" sbotta John. "Dai, che diamine! Corri!"

La voce all'altoparlante si fa sempre più concitata, diventando del tutto incomprensibile. Crazy Foolish Love comincia a rallentare, ma Office ha recuperato e The World is a Stage è alle calcagna di Vanilla Dream.

"Un ultimo sforzo! Dai!" urla John. "Forza, forza!"

"Dai, Vanilla" grido anch'io.

Siamo tutti e quattro in piedi, protesi in avanti, con i pugni in alto, in un unico respiro.

A un attimo dal traguardo Vanilla si stacca dalle altre di qualche centimetro, poi di una testa. Ha vinto!

Nessuna vittoria prima d'ora, nessun piazzamento, nessuna speranza. John lancia in aria il cappello da John Wayne e Victor fa altrettanto con il suo. Io e Julia ci abbracciamo saltellando, urliamo "Urrà, urrà!". Il sole batte sulle nostre teste, l'entusiasmo a mille. Siamo una banda. Brindiamo con dello champagne comprato all'ippodromo grazie ai soldi della vincita, che ci siamo divisi in parti uguali: sa di vittoria.

Cara Olivia

(scrive il Grande Capo, storpiando il mio nome come al solito),

ho provato a chiamarti, ma ho trovato la segreteria. Non so se sei al corrente dell'idea di Veronica di lavorare in partnership con agenzie di viaggi per sportivi e amanti della natura. Davvero fortissima. (Idea di Veronica? È un'idea mia!)

Lunedì ne incontriamo due e spero di chiudere a giorni la

trattativa, per partire subito. Non solo saremo i primi sul mercato, ma ci faremo notare anche all'estero.

Ti aggiorno perché Veronica mi ha detto che sei un po' sparita dai radar.

Credimi, non voglio infierire. Vorrei solo capire come stanno le cose. Come sai, a breve scade il tuo contratto e vorrei parlarne con te, dobbiamo decidere come procedere – il budget, ahimè, è sempre molto limitato, su certe cose abbiamo le mani legate.

Richiamami, così ne parliamo.

Ruggero Scalpo

Seduta sulla panchina fuori dalla libreria, fisso la fontana. *Le mani legate?*, *Non voglio infierire?* Sarà per via dello champagne o dell'adrenalina, ma trovo la forza di chiamarlo subito.

Risponde dopo due squilli. Ci tiene a spiegarmi che sono valutazioni interne, non hanno niente a che fare con i miei meriti. È davvero soltanto un problema di budget. "Non sono nella posizione di poter assumere una persona a tempo indeterminato, attualmente."

"Come?" domando con un filo di voce. Veronica me l'aveva assicurato.

Potranno trasformare lo stage curricolare di Mara in un contratto di apprendistato, mi spiega, ma non possono assumere me. È colpa dei *preti belli* o delle briciole delle arachidi? È perché sono un semplice golden retriever, mentre lei è un greyhound, una stella dei cinodromi?

No. No, per un attimo sono lucida, ecco come stanno le cose: fanno fuori me, che costerei troppo, mi sostituiscono con Mara e prendono una stagista curricolare al posto suo. Due persone al prezzo di una.

Stanno facendo con Mara quello che hanno fatto con me: invece di assumere il ragazzo di prima, mi hanno offerto un contratto di apprendistato e hanno preso Mara in stage curricolare. Mi avevano fatto credere che lui non fosse all'altezza. Non era vero.

Ora lo vedo con chiarezza: non hanno mai pensato di assumermi. E non assumeranno mai neanche Mara, a prescindere da quanto veloce correrà.

Questa è l'azienda per cui lavoravo. Sì, posso usare l'imperfetto ormai. L'azienda per cui lavoravo.

La vita mi sta scivolando dalle mani come acqua. La guardo scorrere, cambiare forma, senza riuscire a trattenerla.

Sono giorni che non parlo con Bernardo. Non lo chiamo, direbbe che me la sono cercata.

Samedi

29.

"Sai cosa?" fa Victor, chiudendo di scatto il manuale che gli ho regalato. "Voglio fare lo zoologo."

"Bella idea." Mi tiro su a sedere, ho dormito profondamente, mi sento come ovattata. "Ti ci vedo, ad aggirarti tra i cespugli della savana con il cappello da esploratore e il binocolo."

"I famosi cespugli della savana."

"Era per dire."

"Sono state fatte delle scoperte rivoluzionarie da tipi come quelli."

"Apriamo?" chiede Julia, entrando assonnata in biblioteca. "Vi aspetto giù, muovetevi."

Victor scatta in piedi.

Come andrebbe se lo presentassi ai miei genitori? Verrebbe a casa con il basco e uno scarponcino slacciato? Porterebbe un regalo o si presenterebbe con una bottiglia di rosé da un euro e trenta? E loro, lo capirebbero?, mi chiedo mentre impacchetto il mio giaciglio e lo infilo nella nicchia nel muro. Se anche solo un mese fa qualcuno mi avesse detto che l'avrei trovato normale, non ci avrei creduto.

Di sotto, Julia mi viene incontro con un ritaglio di giornale. "Per te!"

Lo leggo alla luce che entra dalla vetrina, mentre Ocean e Victor spingono fuori gli espositori e Julia ci sistema sopra i libri. L'articolo parla di un certo Alejandro Jodorowsky, regista cinematografico, autore teatrale, scrittore, inventore della psicomagia. C'era scritto proprio così, *psicomagia*. Questo sabato Jodorowsky sarà al caffè Le Téméraire, dove di solito si fa trovare il mercoledì pomeriggio per leggere i tarocchi a ventidue fortunati. Ventidue è il numero degli Arcani Maggiori, specifica l'articolo, e Jodorowsky non riceverà una persona di più. Di solito il mercoledì il caffè è preso d'assalto, centinaia di persone da tutto il mondo si accalcano intorno al maestro. *Ci sarà da sgomitare*, si conclude, *considerando che cade nel weekend*. Nello spazio che separa l'articolo dal bordo della pagina, zia Vivienne ha scritto: *Ci vediamo lì un po' prima*.

"Fantastico!" esclama Victor, da sopra la mia spalla.

È esattamente una settimana che sono qui, in attesa che mia zia si faccia viva, ora mi invita da un chiromante dal quale lei non verrà e lui lo trova fantastico?

"Jodorowsky non è un chiromante," precisa Victor.

In passato i simboli erano parte del linguaggio comune, interviene Ocean, era normale che una cosa rimandasse a un'altra con un significato più profondo, la realtà aveva diversi livelli di lettura. Oggi abbiamo espulso i simboli dalla nostra vita. È stato Jung a riscoprirli, e li ha introdotti nella sua psicanalisi. Jodorowsky viene da quella scuola. È convinto che reintrodurre i simboli nella nostra esistenza crei magia.

Sembrano conoscerlo tutti tranne me, questo signore dal nome strano.

"Pensa ai fenicotteri," mi esorta Victor. "Cosa rappresentano? Non in generale, intendo per te. Se riesci a capirlo possono diventare una guida per il tuo inconscio, cambiare il tuo destino."

"E che cosa c'entrano i tarocchi?"

"I tarocchi di Marsiglia sono ricettacoli di simboli. Rispecchiano la nostra coscienza. Jodorowsky li usa per prescrivere gli atti psicomagici. Per esempio: ti senti bloccato, sei al verde, non sai che strada prendere e ti esce l'Imperatore? Jodorowsky ne potrebbe dedurre che il problema viene da tuo padre, che devi imparare a disubbidire e a essere più concreto, ancorato al terreno. Ti fa prendere due banconote da cinquanta euro e te le fa incollare alla suola delle scarpe, dovrai camminare così ogni mattina, per tutta la città. Cose così."

Passeggiare calpestando cento euro? Mai sentita una cosa tanto assurda.

"Quindi tu, da questo Jodorowsky, ci sei già stato?"

"Una volta, ma non mi ha letto i tarocchi: riceve solo i primi ventidue che si presentano. C'erano già più di cinquanta persone, quando sono arrivato."

"Secondo te ci sarà?"

"Intendi tua zia? Io dico di sì."

Il caffè Le Téméraire è dietro la Gare de Lyon. Non è ancora affollato, sarà che mancano tre ore all'arrivo del maestro. L'uomo dietro al bancone indossa un paio di occhiali con la montatura spessa e ha un dinosauro tatuato sull'avambraccio sinistro con un ciuffo di capelli alla Elvis, sotto c'è scritto, in inglese: *Visto che i capelli non si conservano nei fossili, non possiamo escludere che i dinosauri apparissero così.* Simpatico.

Gli faccio un sorriso. "Ehm... Jodorowsky?" chiedo.

Lui annuisce soffiandosi via i capelli dalla fronte. Ha un ciuffo identico a quello del dinosauro e questo lo rende ancora più simpatico.

Sono cambiate le regole, spiega. Molte persone che venivano a Parigi apposta e non riuscivano a raggiungere il caffè prima di una certa ora trovavano ingiusto che fosse avvantaggiato chi arrivava prima. Così, ora si deve lasciare il nome scritto su un biglietto e Jodorowsky procederà per estrazione.

Victor non se lo fa dire due volte. Piega il suo biglietto e lo bacia per augurarsi buona fortuna, poi lo lascia cadere nella ciotola trasparente.

"E tu?" mi chiede il barista.

Metto alla prova il mio francese con l'aiuto del piccolo dizionario: "Accompagno soltanto," dico indicando Victor.

Ordiniamo due café au lait e scegliamo un tavolino sul

lato del bar che dà su Avenue Daumesnil, dalla vetrata aperta entra la primavera.

Verrà mia zia? Sarà la volta buona? Andremo al bancone per stemperare la tensione e chiederemo un caffè all'uomo con il dinosauro tatuato? Quale sarà la prima cosa che mi dirà? Penso sempre a come può essere cambiata, ma chissà quanto lei troverà cambiata me. Mi racconterà cosa nascondeva nella valigia sedici anni fa? Perché non mi ha più cercata? Ecco la vera domanda, quella che non ho mai avuto il coraggio di farmi ad alta voce, eppure, mi rendo conto adesso, l'unica che conta davvero.

Victor apre *Il comportamento degli animali*, io il mio libro di poesie, ma non riesco a concentrarmi. Alzo di continuo la testa. Cosa intendeva con *Ci vediamo lì un po' prima*? Un'ora? Due?

"Pensa te, la natura!" esclama Victor, battendo una mano aperta sul tavolino. "Hai presente le cinciallegre? Senti qui. Come la maggior parte degli uccelli hanno tendenza gregaria, ovvero a rimanere unite in uno stormo. Quando mangiano però stanno distanziate sul terreno, e se un uccello si avvicina troppo all'altro, quest'ultimo si sente minacciato e mostra comportamenti aggressivi. Di tanto in tanto lo stormo si sposta verso un altro terreno in cerca di cibo. Gli ultimi uccelli a partire si affrettano a finire quello che stanno mangiando prima di raggiungere gli altri: in questo caso il comportamento personale dell'animale è in conflitto con la tendenza gregaria. Vogliono mangiare, ma anche restare uniti al gruppo. Hinde scrive: 'Per buona parte del tempo, la tendenza a rivelare un tipo di comportamento è in conflitto con la tendenza a rivelarne un altro'."

"E quindi?"

"Come 'e quindi'? Quindi non siamo gli unici a vivere il conflitto tra libertà individuale e senso di appartenenza a un gruppo di simili. È un istinto naturale. Sai, non si giustifica tutto con la razionalità, ci sono in gioco forze più grandi di noi. Facciamo parte di un sistema più ampio. E non tutto si può risolvere. Forse a volte va bene così, no? Va bene sentirsi in conflitto."

Amare mia zia e odiarla? Voler restare qui e tornare a casa? Desiderare di essere me stessa e non deludere chi mi vorrebbe diversa? Non so proprio come si faccia, ad accettare due forze contrastanti dentro di noi e vivere sereni.

Victor è tornato alla lettura, riapro il mio libro.

Abbandonato mio figlio, rinata.
Ho cercato di trovare luce nella vita: ecco la mia colpa.
Ho pensato solo a me.
Se non stiamo bene chi possiamo aiutare?

Qualcosa di scuro sguscia per terra al limite estremo del mio campo visivo. Un furetto! Vivienne è qui! Il cuore mi scoppia nel petto come un petardo. L'ho visto con la coda dell'occhio, ma sono sicura che era un furetto al guinzaglio. Abbasso la testa, nascondo le mani nel vestito a fiori pensando a cosa dirò a mia zia quando alzerò gli occhi e la vedrò. Forse sarà lei a parlare.

Faccio un respiro profondo, prendo coraggio e mi guardo intorno, ma in piedi davanti al nostro tavolo non c'è nessuno. Mia zia non è entrata nel caffè.

"Vic..." Lo scuoto per un braccio. "Ho visto un furetto."

Tira su la testa con lentezza, ancora assorto in quello che sta leggendo. "Come dici?"

"Aspettami qui," dico, già in piedi.

Mi affretto per Rue Legraverend verso sud, butto l'occhio in ogni negozio e portone aperto. Al nuovo incrocio guardo a destra e a sinistra, nessun furetto. Mi fermo un attimo per riprendere fiato, poi torno indietro camminando sul marciapiede opposto: nessuna donna anziana o animale che sembri una lontra.

Arrivata al nostro tavolo, noto che sono rimasti solo i nostri due libri, le tazze e la mia borsa che dondola appesa allo schienale della sedia. Mi affaccio su Avenue Daumesnil. Victor sta tornando verso di me, ansante.

"Mi sono sporto e li ho visti," indica la direzione dal quale è venuto. "Un ragazzo e un furetto al guinzaglio."

"Ne sei sicuro?"

È sicuro. Il guinzaglio era rosso fuoco, come quello che abbiamo visto a Château Rouge, e il ragazzo aveva i capelli neri, tagliati a spazzola. Un ragazzo? Non mia zia?

"Per fortuna non mi hanno rubato la borsa," dico quando ci sediamo di nuovo. "Avresti potuto portarla con te per sicurezza."

Rotea gli occhi nelle orbite con un sorrisetto. "Non volevi vivere più leggera?"

All'arrivo di Jodorowsky, il caffè è affollatissimo. Ancora nessuna traccia di mia zia, né del furetto. Il ragazzo e l'animale sono scomparsi nel nulla. Jodorowsky attraversa la sala senza che io riesca a vederlo, poi finalmente emerge da dietro al banco. Ha i capelli e la barba bianchi, uno sguardo ipnotico. Il barista solleva in alto la ciotola trasparente con dentro i nomi.

Cala il silenzio. Jodorowsky pesca senza preamboli ed estrae il primo nome, lo annuncia con voce catarrosa e un forte accento spagnolo. Il suo assistente lo trascrive su una lavagnetta, codificandolo con l'uno scritto in numeri romani. Nell'aria si è creata una specie di elettricità, ogni tanto mi guardo intorno alla ricerca di Vivienne, ma non la vedo.

I nomi si susseguono sulla lavagnetta, finché Jodorowsky annuncia: "Oliva Villa". Numero quattordici.

Victor si gira di scatto. Sento il sangue defluire alle estremità. Il cuore mi batte all'impazzata.

Sono costretta ad alzare la mano, cercando di non tremare. Jodorowsky posa gli occhi su di me, accenna un sorriso. Il mio nome viene segnato sulla lavagnetta.

"Perché hai scritto il mio nome sul bigliettino?" rimprovero Victor quando l'estrazione riprende.

"Non l'ho fatto, giuro," alza le mani lui per difendersi. Sembra sincero.

Cerco di avvicinarmi al bancone per parlare col barista, mentre tiro fuori il dizionario.

"Mi scusi, sa chi ha messo il mio nome?"

La sua espressione vira sull'interrogativo.

"Chi ha messo il mio nome?" riprovo. "Oliva Villa."

Miracolo, mi ha capita. Stende con le dita i biglietti aperti sul bancone per trovare il mio, me lo allunga. Noto subito che è scritto su una carta diversa. Il bigliettino è stato strappato senza troppa attenzione da un foglio a quadretti. Il mio nome è scritto in stampatello, con una grafia inclinata, inequivocabile. Mia zia è passata di qui? Come ha fatto a lasciare il biglietto senza che io la vedessi? E soprattutto, perché?

Jodorowsky si è sistemato in fondo alla sala con il suo assistente, davanti a un tavolino su cui è appoggiato il mazzo di tarocchi. L'assistente alza la lavagnetta, chiama un nome e, quando il fortunato si presenta, lo cancella.

Victor si è riseduto al suo posto, girando la sedia in modo da essere frontale rispetto alla scena.

"Scusi se insisto," dico al barista, che nel frattempo ha appoggiato i gomiti sul bancone ed è concentrato sul maestro. Consulto velocemente il dizionario. "Ricorda una signora... venuta a lasciare questo biglietto? Una signora anziana, con un furetto."

"È venuta una signora che mi ha raccontato di avere un furetto, ma non l'aveva con sé. Sarà stato... un mese fa?"

Un mese? "E ha lasciato un biglietto?"

"Non ha lasciato niente. Ha solo partecipato all'estrazione."

"Saprebbe descrivermela fisicamente?"

"Aveva lunghi capelli rossi," risponde l'uomo. "Ricordo solo questo."

Lo ringrazio e torno al mio tavolo per non disturbarlo oltre.

Rossa?

30.

Perché non me ne sono andata?

Cosa mi ha spinto ad avvicinarmi a quel tavolo? Non certo l'imbarazzo di rifiutare davanti a una folla di persone, perché avrei potuto evitarlo andandomene prima. Sono rimasta, invece, come rimangono Estragon e Vladimir. Sono rimasta e ho aspettato, forse, per sapere cosa si è crepato in me e se dalle crepe entrerà la luce.

Jodorowsky ha dialogato con i tarocchi come fossero persone. Parlava in spagnolo con chi si sedeva davanti, mentre l'assistente traduceva in italiano, francese o inglese all'occorrenza.

Ha prescritto a un uomo di correre intorno alla propria casa vestito da donna, a una ragazza di parlare con sua madre a testa in giù, a un anziano di recarsi in un centro dove gli avrebbero fatto rivivere l'uscita dal ventre materno, a un ragazzo di sciacquarsi la bocca sette volte prima di parlare, a una donna di andare al poligono a sparare.

Mi sono fatta forza dicendomi che, qualsiasi cosa mi avesse consigliato, non sarei stata di certo costretta a farla, e quando hanno chiamato il mio nome era tardi per tirarmi indietro. Mi sono diretta verso il fondo della stanza con Victor al seguito, c'era una sedia vuota in prima fila.

"Perché sei qui?" mi chiede Jodorowsky, con forza.

Mi sistemo il vestito per non doverlo guardare in faccia. "Per errore."

Il suo viso si distende in una sorta di ghigno benevolo. "Io non leggo il futuro, leggere il futuro è creare un futuro. È il presente che mi interessa."

Annuisco. Non riesco a credere di essere davanti a quest'uomo che molti considerano un guru, in attesa di una prescrizione *psicomagica*.

Jodorowsky ha disposto i tarocchi a ventaglio davanti a me, con il dorso rivolto verso l'alto.

"Scegline tre."

Li indico il più velocemente possibile, poi ripongo le mani in grembo. Alcune persone, intorno, prendono appunti. Tento di non farci caso.

Jodorowsky svela la prima carta, spostandola a sinistra, bene in vista. Raffigura un viandante con un berretto a sonagli, in mano ha un bastone e una bisaccia in spalla; un cane, o un lupo?, lo spinge da dietro.

"Il Matto," annuncia Jodorowsky, accarezzandolo. "Il Matto è l'energia originaria, senza limiti. Spesso indica un forte impulso al cambiamento. Significa libertà, spensieratezza, fortuna. Può significare un viaggio positivo, risolutore, che inizia un percorso interiore. Suggerisce di continuare per il nuovo cammino che si è intrapreso, senza scoraggiarsi: è il sentiero giusto."

Abbasso lo sguardo perché non noti la mia sorpresa. Un viaggio? Un percorso interiore?

"Se Il Matto si dirige verso un'altra carta," continua Jodorowsky, "come in questo caso – vedi che cammina verso la seconda carta? –, la carica con la sua energia. Questa seconda carta, quindi, è fondamentale." La volta senza preavviso: raffigura uno scheletro con una falce appoggiata su un campo nero pieno di mani, teste e piedi mozzati.

"La Morte," geme qualcuno. È Victor.

Jodorowsky lo corregge subito: "L'Arcano senza nome".

Prima la follia, ora la morte.

"Nonostante a prima vista possa apparire tale, non è una carta negativa," specifica però il maestro. "Indica solo una profonda trasformazione. Richiede che si lasci andare qualcosa a cui si teneva e che non è più utile per la nostra crescita personale. Spesso questo genere di azione può sembrare folle, visto con gli occhi della mente, ma con quelli della coscienza sappiamo che è necessario."

Mi osserva per sondare la risonanza delle sue parole. Nell'ultima settimana, "folle" è la parola che ho pensato di più.

"Quando esce questa carta, spesso la trasformazione interiore è già avvenuta," aggiunge poi, "bisogna solo prenderne consapevolezza."

Cerco di sostenere il suo sguardo.

"L'Arcano senza nome rappresenta nuovi progetti, nuove idee, un nuovo stile di vita per cui, ovviamente, bisogna pagare un dazio, come per ogni grande cambiamento della vita."

"Che tipo di... dazio?"

"Sul piano affettivo può indicare una rottura, un cambiamento drastico. Non bisogna avere paura. È un processo doloroso, ma benefico sul piano dell'evoluzione personale. In ambito lavorativo potrebbe significare anche un cambiamento d'impiego."

Un cambiamento d'impiego? Una rottura sul piano affettivo?

Jodorowsky appoggia la mano sull'ultima carta, ma non la gira. "Non possiamo sapere dove stiamo andando, fino a quando non guardiamo cosa c'è qua sotto. Questi due Arcani, infatti, sono rivolti entrambi verso destra: significa che danno energia e significato a quest'ultima carta. Nel caso in cui la carta che scopriremo guardasse nella stessa direzione, dovrai sceglierne una quarta e così via, finché non avremo chiuso la sequenza con un Arcano che guarda a sinistra."

Annuisco, è chiaro. È un mondo popolato da simboli vivi, è come il teatro, è come un gioco.

Jodorowsky gira lentamente la terza carta. Il suo sguardo si rischiara.

"La Stella," annuncia annuendo. "Trovare il proprio posto. Realizzazione della propria presenza nel mondo. La Stella è un'azione che rispecchia la tua natura più profonda."

Fa una pausa, osserva l'Arcano. Una donna nuda, sotto un

cielo stellato, rovescia dell'acqua in un fiume per mezzo di due urne.

"Prende l'acqua dal passato e la riversa nel presente. Suggerisce una riconciliazione con il proprio Io più autentico. È segno di una situazione molto favorevole. Spesso allude all'aiuto di forze nascoste o sovrannaturali."

Si riferisce a zia Vivienne?

Jodorowsky continua a parlare: "Indica ottime possibilità di successo. Grosse somme arrivano in modo inaspettato". Accarezza le tre carte scorrendo da sinistra verso destra, come se fossero un unico organismo. Sembra soddisfatto.

Un'azione che rispecchi la mia natura più profonda... Il mio Io più autentico... Sto cercando di organizzare tutte le informazioni, ma lui interrompe il flusso dei miei pensieri:

"Un'energia primordiale è scaturita da qualche parte nel tuo essere e lo pervade. Hai trovato o stai trovando il coraggio per fare delle rinunce, lasciar andare cose che ti sono state molto care, alle quali sei stata aggrappata a lungo. È in atto un cambiamento radicale, nato da un impulso e promosso dal tuo istinto. È un passo verso la tua realizzazione personale. Se troverai il coraggio di mollare la presa sarai libera, entrerai nella Stella, troverai il tuo posto nel mondo. Non avere paura del mistero. Non conosciamo le forze che ci muovono, e non ce n'è bisogno. Il tuo atto psicomagico sarà molto semplice: di' *sì* ogni volta che vuoi dire *no* e di' *no* ogni volta che vuoi dire *sì*. Non preoccuparti del resto, garantisco io".

"E... andrà tutto bene?"

Prende un lungo sorso d'acqua dalla bottiglietta che ha accanto. "Andrà tutto come deve andare."

Sono così frastornata che mi sento svenire. Quando apro bocca per ringraziarlo, si è già rivolto al suo assistente per chiedergli di chiamare il prossimo.

Torniamo in libreria a piedi attraversando tutti i ponti che possiamo. È stata una mia idea. Cerco di raccontare a Victor quello che ha detto Jodorowsky, non parlando né spagnolo, né italiano non ha capito quasi niente. Riformulare i concetti in inglese mi serve per chiarirmi le idee. Quando finisco, Victor mi guarda raggiante.

Osservo il fiume che scorre sotto di noi e mi sento leggera, più viva, anche sforzandomi non riesco a ricordare la paura. Che stia imparando a surfare?

Proprio in quel momento ci telefona Julia. Vuole parlare con me.

"Oliva," mi dice senza preamboli, "perché non fai il provino anche tu, lunedì?"

"Io?"

Si offre di aiutarmi nel weekend.

Potrei dire che ormai ho preso un'altra strada ed è tardi per cambiare rotta. Peccato che mi torni in mente l'ultima telefonata con Ruggero e il fatto che non ho più un lavoro. Una volta a Milano dovrò andare a ritirare le mie cose, senza dimenticare la piantina di aloe e i manuali sulle diete.

A Julia potrei dire la verità, ovvero che non me la sento di sostenere un provino, che non sarei in grado.

"Allora?" chiede. "Sì o no?"

No, vorrei dire. No. Ma mi fermo. Jodorowsky non mi ha prescritto di correre nuda per la città o di parlare ai miei genitori in aramaico. Mi ha domandato solo di invertire due monosillabi.

Faccio una mossa scorretta, passo il telefono a Victor.

"Parlale tu," mugolo, "le risponderò dopo."

Siamo ancora fermi sul ponte. La Senna sotto di noi è placida e io mi chiedo che tipo di persona sto diventando, che tipo di persona ero.

"Hai il diritto di tradire le aspettative," ha detto Jodorowsky a una donna prima di me. "Le aspettative appartengono agli altri, non a te. Sei libera di essere ciò che credi. Devi smettere di fare quello che gli altri credono giusto per te, o addirittura quello che tu credi che loro credano giusto per te, se ti fa stare male. Solo tu puoi sapere per cosa sei fatta, e una volta che l'hai scoperto dovrai insegnarglielo."

Victor ha attaccato con Julia, anche lui osserva il fiume. Si gira verso di me e nello scrutarmi sembra realizzare qualcosa all'improvviso. Mi prende per le spalle. "Tu non l'hai mai fatto, quel provino!"

Mi ha scoperta. È come se mi avesse schiaffeggiato.

"Il provino all'Accademia. Ti sei svegliata, ti sei preparata, sei uscita di casa, sei arrivata fino a lì. Hai visto capannelli di attori che già frequentavano la scuola, desideravi tanto essere come loro. Hai immaginato di essere ammessa, di frequentare le lezioni, con la prospettiva di essere scritturata per spettacoli importanti. Ma poi hai pensato ai tuoi genitori, a quanto avrebbero sofferto nel saperti lì. Alla loro preoccupazione nel vederti scegliere una strada così incerta. Eri la loro unica figlia e avevano delle aspettative. Gli avresti ricordato tua zia. Avresti messo un dito in quella ferita. Non avresti mai potuto convivere con quel dolore. E poi magari avevano ragione. Se anche ti avessero ammessa ma poi non avessi sfondato? Dopo aver fissato la porta d'ingresso per un bel po', hai fatto dietrofront. Non ti sei mai data quella possibilità."

Non me la sono data e nessuno l'ha mai saputo fino a ora. L'onda anomala dentro di me sta per travolgermi, altro che surf, annego, e Victor non si ferma. "Per proteggerli e per proteggerti, ti sei azzerata."

La sua presa si è addolcita. Si allenta anche qualcosa in me. Strizzo gli occhi, cerco di resistere.

"Negli anni, dopo, non hai fatto che affinare la tua abilità di mentire, prima di tutto a te stessa. Il lavoro, il fidanzato, la casa, il matrimonio... A trent'anni sei riuscita a ottenere una grande quantità di cose, ma a essere cosa?"

Sotto di noi passa un bateau-mouche, mi tornano in mente John e la sua società di navigazione, Lady Diana a bordo che rimira la città della luce, quei film francesi con Daniel Auteuil e Isabelle Huppert o Jeanne Moreau, che piacevano tanto alla zia.

"Se faccio il provino, tu ti iscriverai a zoologia?" Inghiotto le lacrime. "Lo farai?"

Da Shakespeare and Company trovo una carta dei tarocchi ad aspettarmi, La Stella, con appiccicato sopra un post-it a forma di cuore: *Il tuo posto nel mondo, Oliva. Dobbiamo parlare. Parlare, parlare. Ti racconterò tutto. Saprai tutto. Dammi qualche giorno, ci vediamo qui in libreria. Segui il tuo cuore. E fidati. Tua, Viv.*

Come fa, la zia, a sapere della Stella? Ha inviato qualcuno ad assistere all'incontro? Gliel'ha riferito il proprietario del caffè? Conosce Jodorowsky in persona?

Forse è tutto un gioco. Un gioco di cui non ho ancora capito le regole. Magari sono io, ora, a non dovermi far più trovare?

"Sì," dico a Julia, senza lasciarmi il tempo di riflettere. E cominciamo le prove.

Ricevo un messaggio di mio padre: *Facendo il sudoku in giardino ho notato che alcune piante sono un po' in sofferenza. Così mi sono attrezzato: guanti, cesoie, concime, paletta, fil di ferro e un manuale. Quando torni ti farò vedere. Tua madre ha ordinato il dessert, l'altra sera al ristorante.*

Julia mi fa sedere su una sedia nella sala del pianoforte e mi chiede di ripetere le parole del monologo di Nina fino a quando non lo so a memoria. Usiamo la versione inglese trovata qui in libreria. Reciterò seduta, muovendomi avanti e indietro come se fossi su un dondolo, con lo sguardo rivolto verso l'alto per dare l'impressione di parlare con Dio.

Dimanche

31.

Copro la teglia con la carta da forno, spremo il sac à poche con la bocchetta liscia per creare dei dischi da due centimetri ben distanziati tra loro.

Ventisei meringhe aromatizzate al lampone attendono il loro destino.

“Infornale pure, grazie,” dice Ella, nel suo inglese perfetto.

È la volta del ripieno, ganache al cioccolato bianco alla rosa canina.

Odette ha chiamato Julia, ieri sera, chiedendole di parlare con me. Jolanda, la gemella di Ella, non stava bene. L’altro dipendente non era ancora *venuto dalle ferie* e la domenica era la giornata più *indaffarata.* Ella non ce l’avrebbe fatta da sola. Così, le ero venuta in mente io. Voleva sapere se mi sarebbe andato di *fare pasticceria* con loro per un giorno. Pagata, ovviamente.

“Non sono una vera pasticciera,” ho balbettato. Ma Odette ha insistito. Non era un problema, mi ha assicurato. D’altronde, la pasticceria si chiama *C’est mal?*, niente lì dentro è perfetto. Magari, ho pensato, imparerò qualcosa di nuovo? E poi dovevo tener fede all’atto psicomagico.

Sono arrivata alle cinque del mattino imbacuccata in una giacca di Victor, intorno al collo una sciarpa di Julia. Mi avevano coperta come due genitori premurosi il primo giorno di scuola.

A quell’ora c’era solo Ella, che ha tradito il suo stato d’ansia parlando velocissimo, ma io ho prestato la massima attenzione e annotato tutto quello che diceva, riuscendo a rassicurarla. Non ero mai stata così diligente, neppure dalle suore.

Qualcuno bussa alla vetrina, alzo la testa: è Odette. Sono già le nove e mezzo. S'infila nello spogliatoio e riappare con addosso un grembiule e i capelli raccolti in una coda.

"*Bonjour*," e addenta una brioche al miele.

Facciamo colazione tutte e tre in piedi dietro al bancone, Odette si complimenta per i miei croissant. Miracolosamente, sono venuti. Mi sembra di essere entrata qui dentro giorni fa, in sole quattro ore ho prodotto due teglie di croissant, il pandolce con i frutti di bosco, decine di pain aux raisins e pain au chocolat, quindici cupcake. È stato come parlare una lingua che conoscevo da piccola e pensavo di aver dimenticato.

Odette ha sistemato i tavoli e aperto il locale, ora la gente comincerà a entrare. Si siederà, ordinerà qualcosa. Noterà una differenza rispetto al solito? Protesterà, chiederà un rimborso?

Ganache al cioccolato bianco alla rosa canina. Sbircio gli appunti. Trito il cioccolato e metto la panna sul fornello con le bacche di vaniglia. Mischio un terzo della panna calda al cioccolato e li emulsiono con il minipimer, man mano aggiungo anche la panna rimasta, poi il burro. Non appena ottengo una crema liscia, ci sbriciolo dentro l'ingrediente segreto. I petali mi lasciano le dita profumatissime. Trasferisco il composto in una pirofila bassa e lo metto in cella a cristallizzare.

Anche quando entrano i primi clienti, riesco a mantenere la concentrazione. Estraggo dal forno le meringhe al lampone e le metto da una parte. Preparo quelle al pistacchio e noce moscata, le inforno, mi occupo della crema chantilly e datteri per il ripieno. Ogni tanto sbircio la reazione delle persone sedute ai tavoli. Sembrano soddisfatte. Soddisfatte di qualcosa che ho fatto io. Farcisco dei croissant, li dispongo in fila sul banco.

Quando non serve ai tavoli Odette si ferma a chiacchierare, ma per la maggior parte della mattina il locale è strapieno.

Sto decorando un millefoglie con il sac à poche gonfio di cioccolato alla rosa, quando mi accorgo di lui. Se ne sta dritto dietro al banco, un'espressione sconcertata sul volto.

Mi asciugo le mani sul grembiule.

"È un po' che ti guardo dalla vetrina," dice Bernardo, "ma eri troppo concentrata per accorgertene."

Il sac à poche mi scivola di mano schiantandosi a terra. Troppo concentrata per accorgermene, sembra la metafora della mia vita.

"Scusa," rispondo, poi mi chiedo se sia una cosa di cui scusarsi.

Cosa ci fa Bernardo a Parigi? Quando è arrivato? Come ha fatto a trovarmi? Chi gli ha detto che ero qui? È passato dalla libreria?

Abbasso gli occhi sulla torta per nascondere il mio turbamento: "Se sbagli qualcosa, a rifarlo ci vuole mezz'ora. E comunque si vede".

Osserva la scritta, *Bon anniversaire Claire!*, sorride. "Sei sempre stata brava in queste cose." Quali cose? A preparare i dolci o a nascondermi?

Bernardo qui dentro mi fa lo stesso effetto del fucsia accostato al viola nel cerchio di Itten. Mi scotto mentre inforno una teglia di meringhe. Metto la mano sotto l'acqua fredda, do un'occhiata all'orologio a muro: sono le due.

"Tra un'ora al massimo finisco," dico. "Siediti. Ti faccio portare qualcosa."

Non sembra neanche la mia voce.

Spalmo della glassa bianca su quindici carrot cake monoporzione, cercando di vincere il tremito delle mani.

"Camminiamo?" domando, una volta fuori dal locale.

Mi sono dimenticata di quanto sia bello Bernardo. Non ha un lineamento fuori posto. Odora di sapone. Ha la camicia ben stirata, le mani rosee come quelle di un bambino. Era da un po' che non avevo a che fare con una persona così pulita.

Fino a una settimana fa devo aver dato anch'io quest'impressione. Facevo la doccia tutte le mattine e tutte le sere, per sicurezza tenevo sempre in borsa un deodorante e le salviette umide. Mi osservo le braccia nude, adesso, in alcuni punti sono incrostate di farina. Ho le dita screpolate, il vestito macchiato... Bernardo mi mette in soggezione. L'idea di sfiorarlo m'imbarazza quasi fosse la prima volta. Infilo le mani nelle tasche.

"Sei diversa," dice.

Non penso che si riferisca ai capelli sciolti e all'abito a fiori. Ma non voglio sapere cosa intenda esattamente. Decido di portarlo al Canal Saint-Martin. La domenica è affollato e mette allegria, ne abbiamo bisogno.

"Alle sette ho il volo di ritorno."

Mi stropiccio gli occhi, bruciano per la stanchezza. Bernardo è a Parigi. Mi sta camminando accanto.

"Parti con me?"

È come quando da bambina, al mare, il figlio di una coppia di amici dei miei mi forzava la testa sott'acqua "per scherzo". Dirgli sì vorrebbe dire tenere la testa sotto.

Dovrei saper cavalcare l'onda, ma non ci riesco. Che altre istruzioni potrebbe darmi la Manubrio? Cerco di fare qualche respiro profondo, non serve.

Rimango zitta.

"Ti stai comportando in modo infantile," dice.

Il Canal Saint-Martin è festoso. Pure troppo. Svolto a sinistra, verso la Senna.

Non avevo mai visto Bernardo così smarrito. Non so cosa rispondere.

"Ci sono varie cose che potresti dire," insiste.

"Tipo?"

"Tipo spiegarmi perché sei rimasta qui, perché sei sparita, cosa c'è che non va. O anche solo chiedermi scusa."

"Scusa?"

Victor risponderebbe che ho il diritto di rimanere qui quanto mi pare, che non devo scuse a nessuno. Ma è vero? Non ne sono così sicura, eppure...

"Stiamo... stavamo?" si schiarisce la gola per controllare la voce, "per sposarci."

Prova a prendermi la mano, mi scosto senza sapere perché.

"Andava tutto *bene*."

"Anche ora va tutto *bene*, no?" Cerco di convincere sia lui che me.

Bernardo è venuto fino a Parigi per riportarmi indietro. Ha ragione. Andava tutto bene e ora non più, ma io non riesco a dirglielo. Stiamo scendendo lungo Rue du Temple in fila indiana per via dello stretto marciapiede.

"Ho prenotato un weekend a Capri tra duc settimane, solo io e te." Sono sott'acqua da minuti, e lui continua a premere. "Doveva essere una sorpresa. Ho preso una stanza al Quisisana, volevo farti felice."

"C'è bisogno di un grande albergo per essere felici?"

Sgrana gli occhi. Non penso di essere mai stata così diretta con lui, ma devo riemergere.

"Ci sarà anche il mio capo," continua. "Voglio fargli vedere che frequento i posti giusti. Sto costruendo *per noi*."

Un taxi strombazza per far spostare un camioncino di traverso in mezzo alla strada. Ci fermiamo in attesa che l'ingorgo si risolva.

"E il tuo lavoro?" mi domanda. "Vuoi rischiare di perderlo?"

Non so se farlo, me ne vergogno, ma alla fine lo ammetto: l'ho già perso.

Il camioncino riparte lasciandosi dietro una nuvola di gas di scappamento, nella quale si infila il tassista nervoso. In strada torna il silenzio. Bernardo mi sta fissando.

"Non c'entra Parigi, lo avrebbero fatto comunque. Con la stessa cifra possono permettersi due persone. Mi avevano solo illusa."

Sono emersa dall'acqua, aspetto di capire se riesco a respirare.

"Be', nelle aziende capita. Troverai un altro lavoro," mi rassicura.

"Non so se voglio continuare a spremermi le meningi per trovare modi sempre nuovi di vendere cose alla gente..."

"Non devi fare chissà che carriera, ci sono già io. Avremo dei figli, potrai occuparti di loro."

L'acqua mi è entrata nel naso. "Magari non voglio fare solo quello nella vita. La mamma e basta."

"Già, vuoi fare come tua zia? Quella donna è un fallimento umano. Lo sanno pure i muri. Sei qua per lei da quanto? Una settimana? E ancora non si è vista."

Spiego che Viviene ha avuto dei problemi, che ha delle motivazioni valide per non essersi ancora presentata. Ma è vero?, mi chiedo.

"È ridicolo il modo in cui la difendi a oltranza."

"Ha il diritto di essere difesa. Tutti ce l'hanno, no? Proprio tu dovresti saperlo."

Non sappiamo quasi niente di lei, Bernardo proprio niente a dirla tutta. Io almeno ho conosciuto il suo dolore.

"Me lo sentivo che sarebbe stato inutile."

Mi casca l'occhio sulle cifre ricamate della sua camicia, *B.D.* Penso a Victor, che se mai avrà delle cifre sulla camicia saranno di certo quelle di qualcun altro. E la camicia sarà lisa.

Siamo arrivati all'Hôtel de Ville, prendiamo il ponte per Notre-Dame.

"E noi?" chiede Bernardo. "Stai mettendo in discussione anche questo?"

È un cambiamento giusto, sta avvenendo dentro di te.

Bernardo ha deciso di vivere insieme tutta la vita, per me ci sarebbe sempre. Ma sarebbe disposto a prendermi per quello che sono davvero?

"Anche questo."

La piazza di Notre-Dame è tagliata in due dalla fila di turisti che aspettano di entrare nella Cattedrale. Valuto se fare il giro o imporci. La coda si apre per lasciarci passare.

"Vuoi rallentare?! Nessuno mi ha mai trattato così." Bernardo mi afferra per il polso, sono costretta a fermarmi. "Non me lo merito."

È vero. Non se lo merita. Devo trovare un modo perché smetta di parermi un estraneo. Altro che surf, sto annaspando.

Se solo Parigi non mi fosse così familiare! Correggo la

rotta: svolto a sinistra invece di prendere il ponte per la Rive Gauche. Rallento.

"Ci sediamo un attimo?" chiedo, indicando il parchetto dietro la Cattedrale.

Bernardo mi segue senza rispondere, ma non si siede.

"Mi dispiace," dico lasciandomi cadere su una panchina. Mi fisso gli stivaletti rovinati in punta.

Se c'è una cosa che ho imparato dai ragazzi della libreria è questa: essere sinceri è l'unico modo di essere. Raccolgo il coraggio.

"Abbiamo tutto. Tutto!" dico. "Ma se non bastasse?"

È impallidito, ma devo continuare.

"Se in fondo io avessi sempre voluto qualcos'altro? Qualcosa che non so cosa sia, perché non ho mai cercato di scoprirlo?"

Sollevo lo sguardo. Non posso credere di averlo detto. Lo sento lontano.

"Non chiudevo occhio e adesso dormo, mi sveglio pregustando cosa mi riserva di bello la giornata. La vita dovrebbe essere un'avventura. Bisognerebbe chiedersi ogni giorno cosa ha in serbo per noi il futuro."

Riprendo fiato. Ci passano davanti due coppie di turisti con borracce e scarpe da trekking.

"Ora mi dirai che non è colpa mia e tutte le frasi fatte che si dicono in queste situazioni," sospira Bernardo. "Ma forse le cose sono più semplici: hai un altro."

Nego. Non l'ho mai visto tanto turbato. Stringe i pugni e si guarda intorno. Cerca una vita d'uscita? Penso che forse il problema non è lui, ma Parigi.

"E se ci trasferissimo qui per qualche tempo?" propongo.

Mi guarda allibito. "Mi hanno appena assunto in un importante studio legale, lavoro in italiano, con le nostre leggi... Cosa potrei fare, io, qui? Ti aiuto con i pasticcini?"

"Sei arrabbiato."

Faccio compiere al diamante un giro completo del dito; grande come un occhio di squalo martello. È colpa mia e l'unica cosa a cui riesco a pensare è il sac à poche con il cioccolato bianco alla rosa che mi è sfuggito di mano atterrando sul pavimento. La torta piacerà a Claire?

"Penso che sia meglio se ti prendi ancora qualche giorno per riflettere," mi dice infine Bernardo. "Quando torni a casa ne riparliamo."

Dalla sua voce traspare una tale delusione che vorrei scomparire. Mi è esploso il mal di testa. Ho la nausea. Non so che altro dire.

La porta è spalancata, questa volta dalla stanza provengono dei rumori. Colpi di tosse, un bicchiere si appoggia su un ripiano. Basterebbe mettere dentro la testa. *George*, potrei sussurrare, *ha bisogno di qualcosa? Le porto un libro?*

Magari rifiuterebbe, oppure si alzerebbe a sedere sul letto e direbbe: *Vieni più vicina, mettiti qui*, battendo delicatamente sulla coperta con la mano nodosa, *fammi compagnia.*

Mi chiederebbe di raccontargli qualcosa. Non saprei da dove cominciare, ma infine riuscirei a dirgli della mia vita. Mi ascolterebbe con attenzione, gli occhi socchiusi.

E ora, cosa devo fare?, domanderei infine.

Solo gli stupidi dispensano consigli, risponderebbe George Whitman. *Se proprio sei in dubbio, chiedi ai libri.*

Ai libri.

"Oliva?" Sylvia mi si è parata di fronte, nell'anticamera. Le sto ostruendo il passaggio con l'accappatoio e le ciabatte tra le braccia.

"Scusa," mi faccio da parte. "Ero salita a fare la doccia."

"Vuoi conoscere papà?"

"Oh," faccio un passo indietro. "Non vorrei disturbarlo."

Sylvia mi fa passare mettendosi di taglio, guardo in basso perché non noti il mio imbarazzo. Scendo in fretta le scale, sorridendo senza un motivo. Apro il ripostiglio, ripongo le mie cose, prendo la raccolta di poesie. Stasera, la passerò a leggere.

Lundi

32.

La scuola di teatro Jacques Lecoq affaccia su un cortile nascosto in Rue du Faubourg Saint-Denis. Si entra attraverso un portoncino verniciato di azzurro.

Siamo in tanti per il provino. Vedo sguardi spauriti o di sfida, c'è chi non sa cosa fare con il proprio corpo, chi saltella sul posto, chi fa strane smorfie, chi siede ingobbito su se stesso. Appartengo a quest'ultima categoria, il sudore mi appiccica il vestito alla schiena, stringo i denti al punto che mi duole la mandibola.

Bisogna firmare un foglio appeso fuori dall'aula magna, in corrispondenza del proprio nome. Ovviamente il mio non c'è, ma Julia sostiene che mi ammetteranno lo stesso, nel mondo del teatro sono tutti flessibili. Lo spero.

Siamo state invitate a sederci sulle panche di legno fuori dall'aula magna, da dentro arrivano le voci attutite di chi sta affrontando l'audizione. Per fortuna Julia non ha nausee mattutine, ma non tocca cibo da ieri sera e sembra sempre più magra. Le ultime sere è crollata alle otto. Parla di Noa con gli stessi toni dell'inizio, pensa ancora di crescerlo come nelle tribù e si è convinta che Ben tornerà presto. Se passa il provino chiederà di posticipare di un anno l'ammissione, così farà in tempo a partorire e poi potrà portare Noa in classe con lei. Spero che in teatro siano davvero *molto* flessibili. Cerco di non pensare all'eventualità che ammettano anche me. Avrei il coraggio di abbandonare tutto per ricominciare daccapo? O di tornare a casa e rinunciarci? Sono su un treno in corsa ed è troppo presto o troppo tardi per scendere.

Julia ha tirato fuori i guanti di gomma per lavare i piatti: ne ha comprato un paio rosa fucsia, misura extra-large. Se mi ammettono all'audizione, interpreterò Nina con il vestito a fiori. Ho pensato che potrebbe portarmi fortuna. L'ho lavato alla lavanderia a gettoni e fatto passare nell'asciugatrice, per stirarlo ho usato un vecchio ferro trovato nell'appartamento di George. Il vestito è rimasto spiegazzato e i capelli mi sono diventati crespi per il vapore, perdendo una volta per tutte l'effetto della cheratina.

Quando a diciott'anni avevo comunicato a casa che avrei sostenuto l'audizione per l'Accademia, mio padre mi aveva invitata nel suo nuovo studio. Mi ero trovata davanti a un edificio austero, poco lontano dal palazzo di giustizia. Era il periodo in cui avevo paura degli ascensori, quindi avevo salito a piedi le scale di marmo fino al quarto piano. Il cuore mi martellava nel petto, avevo atteso un bel po' sul pianerottolo prima di suonare.

L'avvocato Villa è ancora in riunione con un cliente, mi informa la segretaria. Mi dispiace aspettarlo nella sua stanza?

La prima cosa che noto è la poltrona di pelle accanto alla finestra, poi le pareti tappezzate di volumi rilegati e il calendario dei carabinieri appeso al muro. Sulla scrivania spiccano due foto. La prima, dentro una cornice d'argento, ritrae i miei genitori in abiti tirolesi su un prato, ancora molto giovani: tengono in braccio mio fratello appena nato. Non ho mai visto questa foto. L'altra invece la conosco. È stata scattata durante una cena di Natale di molti anni fa: ci sono io a sei o sette anni, in piedi sulla sedia che recito una poesia, in testa una corona di carta, al mio fianco papà e mamma sorridono appena e la nonna Renata, a capotavola, mi guarda con la testa inclinata. La cornice l'ho fabbricata io, a scuola.

Proprio mentre sento dei passi in corridoio, noto che tra i volumi della libreria è stata inserita di taglio una cornice di radica. La estraggo velocemente per dare un'occhiata: dentro c'è una foto di mia zia. Indossa una gonna lunga, che svolazza al vento, e tiene per mano mio padre ancora piccolo. Faccio appena in tempo a nasconderla di nuovo che la porta si apre.

Mio padre sta per mettersi dietro la scrivania, ma poi cambia idea: posiziona una sedia davanti alla poltrona di pelle accanto alla finestra. "Sediamoci qui," dice.

Si torce le mani, come se ci fosse solo un modo per sganciarle e non lo trovasse. È così che affronta i casi difficili sul lavoro? Non gliel'ho mai visto fare a casa.

Fisso la moquette color crema, in attesa che parli.

"Ti piace, questo posto?" domanda infine.

Lo vedo sotto una nuova luce: realizzato e a disagio.

"È molto... elegante," rispondo, non trovando aggettivi migliori.

"Stamattina abbiamo vinto una causa importante. Penso che il mio lavoro abbia molte similitudini con il teatro." Si schiarisce la gola. "Sei una ragazza di talento. Lo dico veramente. Non perché sei mia figlia."

Non so cosa dire, così rimango zitta.

"Sei molto giovane. Da giovani si amano le idee. Anche io mi ero innamorato delle idee: avrei voluto fare il matematico."

Si alza in piedi, guarda fuori. Aveva finito il militare e passato il test di ammissione alla Normale. Voleva spiegare il mondo con i teoremi, vederlo attraverso i numeri. Ma poi era morto suo padre, la nonna era rimasta sola. Sua sorella era a Parigi. Per diventare ricercatore avrebbe dovuto fare cinque anni di università e il dottorato. Se fosse stato il migliore tra centinaia di altri candidati, avrebbe vinto una borsa di studio, uno stipendio con il quale avrebbe potuto mantenersi a stento. Si era chiesto: sarei il migliore? E poi si è chiesto: avrei la forza di andare avanti senza poter aiutare mia madre?

Non sapevo niente di tutto questo, non me ne ha mai parlato prima. Ma quello che vuole dirmi, in ultimo, è che ha fatto la scelta giusta. Creare una famiglia, dedicarsi a un lavoro stabile lo ha reso felice.

"Tua zia vive di idee. Non le interessa che aderiscano alla realtà, anzi, se non aderiscono tanto meglio."

Una mosca si posa sulla sua camicia. Come ha fatto a entrare qui dentro?

"È il suo modo di vivere, faccia come meglio ritiene. Ma Oliva, credimi, questo non la rende felice. Tua zia non è una persona felice."

Si risiede davanti a me. "E io invece voglio che tu sia felice."

Era stata l'ultima volta che avevamo parlato di Vivienne.

Un mese dopo, mi ero iscritta a legge.

Dalla stanza di fronte escono alcuni studenti della scuola, c'è anche Odette. È accaldata, i capelli le disegnano ghirigori sulla fronte.

"Avevamo acrobatica, in quella stanza si esplode di caldo."

Tra i suoi compagni riconosco alcuni degli invitati alla festa, vestono tutti di nero. La Afro Cenerentola ci saluta con la mano. La casalinga assassina butta la testa all'indietro con una risata.

Finalmente, dall'aula magna fanno il nome di Julia. Si alza stringendo i guanti come fossero un mazzo di fiori. La seguo, portando la sua borsa a tracolla.

"*Bonne chance!*" esclama Odette.

L'aula magna è enorme: parquet chiaro, soffitti altissimi e una balaustra lungo tutto il perimetro. In fondo c'è un sipario tirato. La giuria è composta da tre persone: un uomo anziano, una donna con i capelli tagliati alla garçonne e un ragazzo con gli occhi azzurri, tutti vestiti di nero. L'uomo anziano è l'unico a farci un sorriso.

Julia mi ha appena presentata. Non ho fatto in tempo a iscrivermi, ha spiegato.

Mi guardano, presi in contropiede.

"Bene," fa la donna, "poi ne parliamo."

Mi invita a sedermi dietro di loro, mentre Julia rimane in piedi al centro della stanza.

"Julia Fischer," dice la donna leggendo da un foglio, "sai il tedesco, l'inglese e un po' di francese."

"Esatto," risponde Julia, sfiorandosi la pancia.
"Cosa hai portato?"
"Solange, da *Le serve* di Genet."
La donna annuisce. "Puoi cominciare quando vuoi."
Julia sale sulla sedia, indossa gli orecchini da flamenco, i guanti per lavare i piatti e prende un respiro profondo.
"*Gridate pure, se vi va! Lanciate magari il vostro ultimo grido, signora! Finalmente! La signora è morta! Stesa sul linoleum, strangolata dai guanti per lavare i piatti...*" Si guarda le mani nella gomma rosa fucsia e porta avanti il monologo con il tono giusto e le giuste pause fino a quando, improvvisamente, sembra dimenticarsi le battute. Mi lancia un'occhiata terrorizzata. Per fortuna stavo seguendo il copione che mi ha lasciato, mimo le parole col labiale cercando di farmi capire. Funziona. Julia riprende il filo, e anche se ripete la stessa frase due volte, riesce ad arrivare in fondo. Al netto della piccola svista, è andata meglio che nelle prove.
Dopo essersi consultati, i giurati si voltano verso di me.
"Vuoi venire?" mi chiede il ragazzo con gli occhi azzurri.
Il treno in corsa ha virato, il mio stomaco si stringe. Mi guardano con un'espressione neutra. Speravo che non mi chiamassero.
"Nome?" domanda la donna.
"Oliva Villa. Nata a..."
"Questo lo dirai dopo in segreteria. Esperienze di teatro?"
"Nessuna."
"Cosa porti?"
"Nina, *Il gabbiano*."
La donna annuisce, scrive qualcosa su un foglio. "Quando vuoi."
Posiziono la sedia a sinistra e mi siedo in punta, con le gambe leggermente inclinate da un lato. Metto a fuoco una porzione di muro poco sopra le loro teste, per evitare di guardarli. Cerco di aggrapparmi a dettagli semplici: raddrizzo la sedia, liscio il vestito, mi ravvio i capelli dietro le orecchie.
Ho il terrore di scoprirmi afona per la tensione, invece la

prima frase scivola fuori senza intoppi, vibra nell'aria tra me e loro, non sembra neanche mia. La paura scompare, l'alta velocità non mi fa distinguere più niente, vedo solo Treplev alla sua scrivania, il giardino fuori, il palco dimesso, il salotto di Sòrin alla luce della lampada a petrolio, la neve e i cappotti di pelliccia. Ai miei piedi ho il gabbiano morto. Più vado avanti, più sono Nina. Le sue parole sono le mie. Sto recitando per mia zia. Il tempo accelera, in un attimo mi trovo a concludere.

"*E quando penso alla mia vocazione*," dico alzandomi in piedi sulla sedia senza averlo previsto, "*non ho paura della vita.*"

Prendo una pausa prima di scendere a terra.

Quando raccolgo il coraggio per incrociare lo sguardo degli insegnanti, la loro espressione neutra non mi sembra mutata. Forse nello sguardo del più anziano intravedo una scintilla? Ma non faccio in tempo a decifrarla che ci ringraziano, invitandoci a uscire.

"Avete finito tardissimo!" Victor ci aspettava nella corte della scuola.

Sarà l'adrenalina, la sorpresa di vederlo, sarà che mi sento soddisfatta, ma mi lascio abbracciare. Odora di terra, non di acqua di colonia come Bernardo.

"Allora, partiamo?" chiede.

Solo adesso noto lo zaino rigonfio appoggiato ai suoi piedi.

"Ho portato il sacco a pelo, nel caso ci tocchi dormire per strada."

"Partiamo per dove, Victor?"

"Per la Camargue! Prendiamo il métro fino all'Arco di Trionfo e da lì facciamo l'autostop."

Mi guardo intorno in cerca di Julia, dev'essersi allontanata con Odette. Fuori dall'aula magna le ho detto che è stata eccezionale, che la prenderanno di sicuro. Lei ha risposto che io, invece, sembro nata per interpretare Nina.

"Ho preso anche il tuo spazzolino e un vestito dalla tua valigia."

Dalla mia valigia? Victor ha frugato nella mia valigia? A una spiacevole sensazione d'intrusione si abbina un gradevole quanto inaspettato senso di intimità.

"E il pigiama, la mascherina, i tappi, le medicine, il beauty-case?"

"Sono certo che potrai farne a meno." Si aggiusta il basco. È vestito come il primo giorno in cui l'ho visto, la maglietta macchiata, i pantaloni di velluto, lo scarponcino slacciato.

Ci sorpassa la casalinga assassina, che gli rivolge un sorriso tirato. Lui le fa un cenno di saluto poco interessato.

"Tu sei pazzo," dico. "Non si può partire così su due piedi."

"A volte, o si parte su due piedi o non si parte più."

Troviamo Julia al Mauri 7 con Odette.

"Julia, noi partiamo," dico. "Solo per qualche giorno."

L'idea è questa: un viaggio di addio. Stiamo via un paio di giorni e poi torno in Italia. Riprendo da dove ho lasciato, metto a posto ogni cosa. Ricucio con Bernardo, mi trovo un lavoro, arredo casa nuova, mi sposo. Magari sarà la volta buona per mettermi a dieta. Adotteremo un cucciolo di labrador. Tornerò a fare il sudoku nel tempo libero.

"Mi sembrate Ben." Julia ha messo su l'aria triste.

"Andiamo a vedere i fenicotteri. Faremo l'autostop," rispondo, e una parte di me spera che dica qualcosa per fermarmi.

"Fare l'autostop è bellissimo," esclama invece.

So che lo dice per me e quanto le costi. L'abbraccio senza preavviso, la stringo. "Te la caverai?"

Sostiene di sì.

Solo adesso mi chiedo se me la caverò io.

Scrivo un messaggio a mio padre, gli prometto che quando torno cucinerò una torta di carote sbagliata, come mi ha insegnato un'amica. La base è ipocalorica, la può mangiare anche la mamma. *Come stanno le piante?*, chiedo. *Il giardinaggio ha già dato qualche frutto?* Aggiungo che tra qualche giorno sarò da loro. Lo prometto. È l'ennesima volta, ma questa volta ci credo.

Arrivando al quai, scopriamo che anche John e Hillary sono in partenza.

"Partite?"

Abbiamo bisogno di sentircelo ripetere più volte. Non posso credere che, se non avessi chiesto di passare a salutarlo, non l'avremmo mai più visto.

Stamattina ha trovato una busta, spiega agitato, nascosta sotto il ponte dove di solito lascia le cose che non si vuole portare dietro. "E nella busta cosa c'era?" chiede, lasciandoci in sospeso.

"Cosa?" gli facciamo eco.

"Soldi. Tanti, tantissimi soldi! E nemmeno un rigo di spiegazione."

"Un donatore anonimo?" domando.

Scrolla le spalle, ancora incredulo. "O qualcuno che ha nascosto il bottino nel posto sbagliato."

"E allora partite?" chiede Victor, che fatica a capacitarsene.

"Sentite questa." John tira fuori dalla tasca *Gilead*, cercando una frase: "*Adesso che ci ripenso, mi dico che in tutto quel buio si stava preparando un miracolo. Perciò ho ragione a ricordarlo come un periodo benedetto, e a ricordare me stesso in fiduciosa attesa, anche se non avevo la più pallida idea di cosa stessi aspettando*".

Ci guarda. "Be' io cosa stavo aspettando lo so. E ora lo sento forte e chiaro: è arrivato il momento di partire." Sembra che gli stia spuntando una lacrima. "Andiamo in India."

In India? Non ci aspettavamo neanche questa.

"John, non è più come negli anni settanta," chiarisce Victor. "Ora ci sono le frontiere. Ci vogliono i visti."

"Forse dimentichi che la ragione per mettersi in viaggio, Victor, non è arrivare. Ma partire. E poi guarda: ho una caterva di libri. Se anche dovessimo fermarci in Grecia, andrebbe bene lo stesso."

John ha aperto la sua valigia di scatto, mettendo in mostra

finalmente, per la prima volta, il suo mondo segreto. Qui, alla luce del sole, dove l'ha sempre celato. Libri, ecco l'arcano! Ecco di cosa ha avuto bisogno per non perdere la sua identità. Solo libri.

Fruga nella valigia abbastanza a lungo, prima di estrarne tre.

"Vorrei farvi un regalo, prima di partire. *La mia famiglia e altri animali*, per te Victor." Gli passa il libro come se lo stesse insignendo di un'onorificenza.

"*Mrs Dalloway*, per Julia." Consegna anche quello a Victor.

"*La linea d'ombra*, per te Oliva."

È un'edizione tascabile, la copertina sbertucciata ha sopra un veliero dipinto. Conrad. Avrei dovuto leggerlo al liceo, ma il commento avevo preferito copiarlo dai compagni. A quale ragazza sedicenne può importare di un giovane ufficiale al comando di una nave? Certo, regalato da John è un'altra cosa. E poi ora sono cresciuta. Lo apro alla prima pagina, nello spazio per la dedica ha scritto: *pagina 9, riga 17. Forza, Oliva. J.*

"Ci mancherai," dico. "Grazie, John."

Non riesco a dire quanto mi mancherà. Sarà strano pensare a questo quai senza di lui, non poter più venire a trovarlo e stare a sentire le sue teorie strampalate, le idee che ha su tutto. Era un po' come ascoltare una versione più burbera e cinica di Vivienne, me ne rendo conto solo ora, e sto perdendo anche quella. Noto che dalla tasca gli spunta il profumo dei santi e questo mi rincuora: forse neanche lui si dimenticherà di me.

"Se vedi tua zia, dille una cosa: invece che sui cavalli, doveva puntare su sua nipote."

"Posso abbracciarti?" Mi avvicino di un passo, sopporterò l'odore.

Ma lui si scosta, inorridito. "Non facciamo smancerie."

"Ricordate," dice infine, "che il segreto della felicità è avere sempre due bicchieri di vantaggio sul mondo reale e uno di svantaggio su ogni ubriaco che incontrate."

Sembra davvero un addio. Scriviamo i nostri numeri di telefono su un pezzo di carta, ma temiamo che non ci chiamerà.

"La vita è bella così, deve scorrere. Adesso basta con i piagnistei, andatevene, ci dobbiamo preparare. Via, andate. Non c'è la porta, ma questa è casa nostra. Un po' di rispetto. *Adieu*."

Raggiungiamo le scale di pietra che portano alla strada senza mai girarci. Di tristezza, ne abbiamo già abbastanza.

"Partire gli farà bene," conclude Victor, come per convincersene. "Finalmente ha dimenticato Mélanie."

33.

LYON, dice il cartello che Victor tiene all'altezza del petto. È più semplice trovare qualcuno che vada lì, piuttosto che in Camargue, ed è sulla strada. Gli sto accanto e sorrido, pare che così sia più probabile che qualcuno decida di darci un passaggio. Ma trascorre più di un'ora senza che nessuno si fermi e comincio a trovarlo un po' avvilente. Non solo. Ho paura. Mi sto domandando se non sia meglio rinunciare, quando una macchina inchioda poco oltre e una massa di ricci ossigenati sbuca dal finestrino. "E poi?"

"In che senso?" fa Victor.

"Vi fermate a Lione?" chiede la donna strizzando gli occhi per via del sole.

"In realtà andiamo a sud."

"In Camargue," specifico io.

Ci siamo avvicinati al finestrino.

"Okay, era per capire. Salite," fa lei. "Ma vi lascio allo svincolo, io continuo per Grenoble."

Finalmente la vedo bene negli occhi. Sembra una di cui ci si può fidare.

Si chiama Marthe, fa l'ostetrica, ha cinquant'anni, conosce la Shakespeare and Company per sentito dire e ha il vizio di gesticolare mentre parla, staccando entrambe le mani dal volante. In macchina c'è anche un bambino che dorme sul seggiolino dietro, accanto a me.

"L'ho rubato," ha dichiarato Marthe quando mi sono seduta. "Quando si sveglierà piangerà un po', voi fate finta di niente, okay? Se vi allarmate, si allarmerà anche lui."

"L'ha *rubato*?" domanda Victor, che però non sembra turbato quanto me.

Ho insistito perché si mettesse davanti, stare accanto al guidatore mi sembra sempre troppo intimo e non so mai cosa dire.

"Sì, a suo padre," spiega Marthe. "Che è mio figlio, purtroppo."

"Ah," diciamo Victor e io in coro.

Ho sfiatato tutta la mia angoscia, insieme a quell'esclamazione, e sono tornata di buon umore. Marthe è una donna perbene, glielo si legge negli occhi, e le ostetriche non rubano i bambini.

Scivolando via da Parigi, ci immettiamo nel traffico dell'autostrada.

Marthe ci racconta che suo figlio Laurent, artista tatuatore, è stato abbandonato da Frances, la ragazza con cui ha avuto Gabriel. Frances se n'è tornata in Canada lasciandosi dietro tutto, perfino il bambino, che allora aveva poco più di due anni. Marthe non può smettere di lavorare, ma si è occupata del nipote il più possibile, facendo avanti e indietro da Grenoble. Adesso Laurent ha trovato un'altra ragazza, Violette, questa volta con tanto di certificato psichiatrico: disturbo istrionico della personalità. È convinta che Gabriel sia l'incarnazione di una lucertola che ha torturato da piccola, tornata per perseguitarla.

"Quindi, ora Gabriel starà con te?" chiede Victor voltandosi a guardarci.

"Laurent dovrà passare sul mio cadavere per riprenderselo," risponde Marthe, staccando per l'ennesima volta le mani dal volante.

"Be', non so se sapete che le mamme coniglio abbandonano i cuccioli dopo appena venticinque giorni di vita," racconta Victor. "E lo fanno per garantirgli più possibilità di sopravvivenza. Abbandonandoli, non rischiano di far scoprire la tana ai predatori. Dovendo cavarsela da soli, i cuccioli crescono più forti e intelligenti."

"È confortante," sospira Marthe. "In qualche modo."

Mi è venuta la nausea, non so se per la guida di Marthe o per l'odore dolciastro della macchina, oppure perché sto sfrecciando verso il Sud del Paese senza poter tornare indietro, non sapendo se sono in una commedia, in un thriller oppure – e sarebbe anche peggio – nella vita reale.

Manca mezz'ora al bivio per Lione quando Marthe ci invita a dormire da lei a Grenoble. L'indomani, dice, possiamo cercare un passaggio da lì. Le farebbe piacere ospitarci, non aveva mai preso in macchina degli autostoppisti, il viaggio è passato in un attimo e le abbiamo anche fatto riconsiderare i suoi problemi. Per lo meno, adesso sa che certe sfortune capitano anche ai conigli.

Rimango colpita da tanta generosità. Sono sicura che io non l'avrei mai fatto e questo mi spinge a interrogarmi su che persona sono, su che persone frequento. Victor sembra trovarlo normale, invece. È grato, ma non stupito.

Ci consultiamo sul da farsi fuori dal bagno della stazione di servizio.

"Trovarci in mezzo alla strada a quest'ora mi fa un po' paura," ammetto, cercando di non pensare al tanfo che si insinua da sotto la porta dei gabinetti.

Secondo Victor, la cosa migliore sarebbe rimanere qui all'autogrill. Siamo di strada, è più facile trovare un passaggio e, se qualcuno non ci convince, non accettarlo. Inoltre, è comodo se dovessimo avere fame o sete o bisogno del bagno.

"E se non lo troviamo, il passaggio?" chiedo. "Cosa facciamo qua, tutta la notte?"

"Ci sono le panchine." Mi scompiglia i capelli. "Si vede che non hai mai fatto un viaggio in autostop, eh?"

Non sono neanche riuscita a rimanere nei boy-scout, se è per questo, figuriamoci un viaggio in autostop. Sono totalmente impreparata.

Siamo usciti a prendere un po' d'aria. Appena oltre il cono

luminoso dell'area di servizio c'è buio a perdita d'occhio. Potrebbe finire il mondo, in un'oscurità così densa. Se mi mettessero davanti una cartina della Francia, non saprei dove collocarci. Mi sembra di essere in un punto indefinito immerso nell'umidità dell'universo. Preferirei fissare per tutta la notte l'ora proiettata sul muro dalla sveglia di Bernardo.

"Allungheremmo di molto se dormissimo a Grenoble?"

Marthe ferma la macchina davanti a una casetta protetta da una staccionata di legno, sull'angolo tra il quai e una strada. Al cancello appare un signore con i baffi bianchi a pennetta e un maglione verde smeraldo, alza la mano per salutarci. È Maurice, il marito di Marthe. Era stato avvisato del nostro arrivo.

"*Bonsoir*," dice aprendo la portiera posteriore della macchina e aggiunge, come se fosse la cosa più naturale del mondo: "Ho fatto l'arrosto".

Libera il nipote dal seggiolino. "Nonno!" Il piccolo gli getta le braccia al collo.

Ceniamo a un tavolo di legno massello al centro della cucina accogliente, in stile campagnolo. Dal soffitto pendono pentole di rame di tutte le forme e piante aromatiche.

Quando Maurice mi chiede di raccontargli di me scopro che non so cosa dire. Non ho più un lavoro nel reparto marketing di una multinazionale, non sono più a un passo dal contratto a tempo indeterminato, non ammazzo più il tempo con il sudoku, non soffro più d'insonnia, non so nemmeno più se sto per sposarmi o se mi trasferirò in una villetta a due piani. Nel dirlo sento un vago senso di vertigine, forse è paura. Sono in un posto rassicurante, ma chi sono?

A lui la mia situazione suona come un'ottima opportunità. Sostiene che sapere quello che *non* siamo ci avvicini a quello che siamo. Mi tornano in mente i fenicotteri nella villa di Milano, quello che mi ha detto la zia mentre piangevo.

Maurice è diventato medico tardissimo. Si è iscritto all'università mollando il lavoro nella conceria del padre, aveva cinque anni più dei suoi compagni di corso, all'ultimo esame anche il docente non era riuscito a trattenere una battuta. Eppure, non si è mai sentito tanto nel posto giusto come in ospedale. Lì è cominciata la sua vera vita e lì ha incontrato Marthe.

"Be', pensate agli artropodi," dice Victor, "i crostacei, gli aracnidi, gli insetti: man mano che crescono e la loro corazza non riesce più a contenerli, l'abbandonano e la sostituiscono con una nuova."

Ma come si riesce a sapere se la nuova fase è migliore della precedente?

"Forza, finitela con tutta questa filosofia." Marthe si è alzata spingendo indietro la sedia, ritira i piatti e li impila prima di appoggiarli nel lavandino. Cerco di aiutarla.

"L'unica filosofia che conta è la vita," dice lei, consegnandomi un set di asciugamani.

Dopo una doccia bollente in un bagno riscaldato, ad attenderci c'è un divano letto con le lenzuola fresche di bucato e una morbida coperta ripiegata ai piedi.

Una casa vera.

Marthe e Maurice si sono ritirati di sopra insieme a Gabriel. Mi chiudo in bagno e controllo il telefono. *Il giardinaggio bene, ma quando torni?*, chiede mio padre.

Mi lego i capelli in una coda bassa e li infilo dentro il colletto come facevo in libreria, anche se qui non c'è polvere.

Victor non si è lavato. Entra nelle lenzuola vestito, come al solito. Mi stringo verso il bordo per fargli posto. Gli domando se sta bene. Ho l'impressione che questo contesto familiare, che tanto calma me, l'abbia messo a disagio. Mi torna in mente il suo volto scuro al cimitero, l'espressione con cui calciava i sassolini. Ora so che pensava a sua madre.

Anche lui sa molte cose di me. Più di Bernardo o di Linda, forse. Sa che non ho fatto il provino all'Accademia, che giro con le alghe e le nuvole di drago nella borsa, che sono stonata e mi sento bene solo in cucina, mi conosce struccata, con i capelli senza cheratina, i vestiti sopravvissuti alle giornate in strada, sa che ho perso il treno apposta, che detesto andare in palestra e che in realtà non sono a dieta, sa che ho odiato mio fratello perché è morto e mia zia perché mi faceva sentire viva.

Mi faccio un po' più vicina. Cosa dovrei dire ai miei? Mamma, papà, lui è Victor. Ha fatto il dog-sitter, l'essiccatore di stoccafisso e adesso aiuta un'anziana scrittrice con il suo archivio?

"Ti sembro cambiata?" chiedo. "Dalla prima volta che mi hai vista?"

Ma non mi dà modo di scoprirlo: in un baleno il suo respiro si è fatto pesante. Si è addormentato.

Mardi

34.

Il sole mi solletica le palpebre. Apro gli occhi: sono sul bordo del divano letto. Di fianco a me, nessuno. Mi accorgo di essere in un bagno di sudore, stavo sognando la realtà di prima. La corsa in ufficio la mattina, la piantina di aloe sulla scrivania, i manuali ancora intonsi nel cassetto, il fine settimana ad Alassio. Ero all'appuntamento con la sarta per l'abito da sposa. La sarta mi diceva che ero costituzione pera e non poteva farmi il vestito. Giuravo di essermi messa a dieta, la dieta dell'acqua. "Solo acqua, solo acqua! Riuscirò pure a infilarmi qualcosa..." Ma mia madre scuoteva la testa risoluta. Dal camerino sbucava un furetto con un papillon bianco. "Abbiamo trovato qualcosa perfino per Massimo," dicevo, ma non c'era niente da fare. Victor, lo stilista, si rifiutava di eseguire la commissione.

"Hihihi-hihihi!" Dei gridolini provengono dalla stanza accanto. Dev'essere Gabriel. Sento il corpo pesante, come se avessi passato la notte immersa in un liquido vischioso.

"Sveglia?" Victor entra in salotto con in mano una fetta di pane e confiture.

Il suo umore sembra trasformato. Dopo la colazione che ci ha preparato Marthe, raggruppiamo le nostre cose. Maurice si offre di mostrarci Grenoble, ma la Camargue dista tre ore e non sappiamo quando troveremo un passaggio.

"E va bene," si arrende. "Ma permettetemi di darvi una mano." Recupera un cartone di pizza dal retro e lo trasforma in un cartello: PARC NATUREL DE CAMARGUE ci scrive sopra con un pennarello.

"Questo è il mio numero," aggiunge, consegnandoci un foglietto, l'ennesimo atto di gentilezza. "Se nessuno si ferma, vengo a riprendervi."

Ci lascia al casello.

Non faccio in tempo a chiedermi quanto dovremo attendere che accosta una Lancia Ypsilon giallo canarino. Dal finestrino si sporge un uomo vestito da militare.

"Dove, di preciso?"

"A vedere i fenicotteri," risponde Victor.

Sono già pronta a tirare fuori il documento, quando l'uomo sfodera un sorriso entusiasta. "Vi ci porto! Salite."

Philippe Valéry, ingegnere informatico appassionato di fotografia naturalistica. La prima cosa che ha fatto è tenderci un biglietto da visita. Va in Camargue ogni anno, ci spiega, più o meno in questa stagione: la migliore per l'avvistamento degli animali e per la luce. L'inverno parte per il Sud America.

"Innanzitutto, bisogna chiarirsi le idee sulla specie che vuoi fotografare." Al contrario di Marthe, lui non stacca mai le mani dal volante mentre parla, ma non guarda dritto. "Cambia tutto se sei interessato alle cinciallegre o ai serpenti."

Devi conoscere alla perfezione le loro abitudini, pare, perché gli animali non devono accorgersi che ci sei. Questo richiede tantissima pazienza e l'equipaggiamento giusto: una tuta mimetica (ora tutto si spiega), il capanno mobile coperto di frasche (lui ne ha acquistato da poco un modello ultraleggero), gli stivali di gomma che arrivano al ginocchio (sono perfetti, dice, quelli per l'acqua alta a Venezia). Puoi trovarti anche ore immerso nella melma fino all'ombelico vestito da palombaro, senza poterti muovere di un passo, e se non hai pensato alla borraccia o al cappello, ecco, può essere un problema. Per questo ama la fotografia naturalistica: è la combinazione perfetta tra tecnica e creatività. E, al contrario della pesca, ne guadagni una foto e non togli la vita a nessuno.

"I fenicotteri si vedono intorno alle paludi," dice Philippe. "Ce n'è una speciale. Se volete vi porto lì."

La bianca strada sterrata taglia gli acquitrini increspati dal mistral. La costeggiano arbusti ramati dalla chioma scultorea. Alte spighe di grano si agitano al vento, nascondendo e mostrando mandrie di cavalli bianchi.

Indico uno stormo di fenicotteri in lontananza. "Guardate!"

"E non è ancora niente," commenta Philippe. Guida adagio per via delle buche, preoccupato soprattutto per il teleobiettivo. È accanto a me sul sedile di dietro, racchiuso nella sua custodia nera, mi ha chiesto di tenerlo con la mano perché non cada.

Ci mettiamo più di un'ora a raggiungere il posto dove vuole lasciarci. Improvvisamente, inchioda.

"Eccoci," indica un sentiero sulla destra, "arrivate fino in fondo alla strada."

Dopo averci augurato buona fortuna, si allunga indietro per prendere il teleobiettivo e lo appoggia sul sedile accanto a sé.

"*Au revoir, merci!*" continuiamo a urlare alla polvere, mentre si allontana.

Victor si aggiusta il basco, s'infila lo zaino, sforna una delle sue risate immotivate. È a disagio? Siamo soli forse per la prima volta da quando ci conosciamo. Adesso non c'è neanche più Parigi. Siamo noi due in mezzo a un territorio desolato, battuto dal vento, sotto il sole a picco. "*Avventura: impresa rischiosa ma attraente e piena di fascino per ciò che vi è in essa d'ignoto o d'inaspettato.*" Victor recita a memoria la definizione del dizionario.

Il vento solleva una gran polvere, fa caldo. Sui ciuffi di vegetazione che emergono dalle paludi intorno si posa di tanto in tanto un uccello, infila il becco nell'acqua e vola via. Il sentiero finisce d'un tratto davanti a un albero morto. Victor penetra nell'intrico di rami, schermandosi il volto con un braccio.

"Be'?" esclama, una volta arrivato dall'altra parte. "Mi aspetti lì?"

"Sei sul ciglio di un acquitrino. Se cadi dentro non ti ripesco."

Si guarda i piedi, sorride. "Allora, vieni?"

Allunga una mano verso di me. La prendo. Con l'altro braccio mi proteggo il viso come ho visto fare a lui.

"Avanza con l'altro piede," dice.

Non trovo lo spazio. Victor indica un punto in cui l'arbusto è quasi cavo. Emergo dall'altra parte con le gambe piene di graffi. Non mi ha ancora lasciato la mano. Le paludi si estendono fino al mare, confondendosi in gradazioni diverse di blu.

"Secondo me è di qua," indica di lato, "tienimi la mano."

"Così cadiamo in due," ribatto, ma non la mollo.

Avanziamo costeggiando la palude principale, verso un boschetto ramato che dà proprio sull'acqua. Il mistral soffia meno forte qui, accarezza appena la superficie della palude.

È guardando attraverso le foglie che scorgiamo i fenicotteri. Sono vicinissimi, sembrano migliaia. Una popolazione di creature schiamazzanti indaffarate a costruire chissà quale Atlantide. La luce del sole batte sulle loro piume facendole risplendere. Rosa. Sembra che s'impartiscano ordini a vicenda, immergono il becco nell'acqua, lo infilano tra le penne, nuotano tutti nella stessa direzione. Se facessimo una decina di passi potremmo toccarli, ma non paiono turbati dalla nostra presenza. Sono splendenti, sono bellissimi.

Ci sediamo sull'erba a goderci lo spettacolo.

Mi torna in mente la statuetta indiana di Siva che Vivienne teneva sul comodino, quella che danzava in un cerchio di fuoco con la gamba alzata. La mano destra superiore che reggeva un piccolo tamburo e la mano sinistra superiore una fiamma, le altre due mani impegnate a dirci di non aver paura. Moriamo e rinasciamo tante volte, ha detto la zia. Ma se non siamo disposti a tollerarlo, se lasciamo che gli altri non lo accettino, finiamo per tenere in vita una forma morta di noi, mancando l'occasione di diventare più saggi.

I fenicotteri spiegano le ali rosate all'unisono e si alzano in cielo senza apparente motivo, compiendo un cerchio sopra le nostre teste. Mi stringo a Victor. Gli uccelli atterrano e riprendono le loro faccende. Sto per parlare, ma lui mi interrompe indicando poco lontano dal mio piede. "Una lucertola smeraldina!"

La lucertola si confonde quasi del tutto con l'erba. Mi fa pensare a una canzone che ascoltavo sempre con mia madre andando a scuola. E d'improvviso mi ritrovo a canticchiarla. Tutto mi sembra possibile qui insieme a Victor, perfino cantare come se fossi da sola.

"*La strada è lunga ma ne vedo la fine...*" roteo i polsi nell'aria, "*...arriveremo per il ballo, e Dio ci apparirà sulle colline, coi suoi occhi smeraldini di ramarro...*"

Il disco si chiama *Rimini*, ha le palme in copertina. Canto anche se Victor non può capire.

"*Non chiagne Maddalena, Dio ci guarderà e presto arriveremo a Durango...*"

"Oh! La conosco!" si è rianimato. Anche lui prende a cantare, canta sulla stessa melodia ma in inglese. "*Hot chili peppers in the blistering sun. Dust on my face and my cape. Me and Magdalena on the run. I think this time we shall escape...*"

"*Stringimi Maddalena 'sto deserto finirà, tu potrai ballare o fandango.*"

Si alza e si mette a ballare roteando i polsi come me. "*No llores, mi querida. Dios nos vigila. Soon the horse will take us to Durango.*"

"*Che cosa è il colpo che ho sentito? Ho nella schiena un dolore caldo.*"

"*Soon you will be dancing the fandango.*"

Ripenso a quando ci siamo buttati a rotta di collo in bicicletta attraverso Parigi, a me e Julia sdraiate sul pavimento della libreria a immaginare Noa, allo strano abbraccio quando Ben è andato via, l'energia che ho provato lasciando partire il treno per Milano, lo sguardo di Jodorowsky quando ha detto "è un cambiamento giusto", Vanilla Dream che vince di una testa e i macaron sul Pont des Arts, i quadri di Aalok, il salto del tornello, Leonard Cohen che firma il tovagliolo. La Stella. Solo una settimana fa non lo avrei pensato, ma ora lo penso: l'unica vera responsabilità che abbiamo è essere felici.

"*Siediti qui, trattieni il fiato. Forse non sono stato troppo scaltro...*"

Ora Victor si avvicinerà e mi prenderà la mano, ma non si limiterà a stringerla per trascinarmi da qualche parte, ora ci si aggrapperà per tirarmi a sé. Mi lascio cadere sull'erba, lui fa lo stesso.

"Fabrizio De André," dico.

"Bob Dylan," esclama lui di rimando.

Mette una mano sulla mia continuando a guardare il cielo.

"Non ho ucciso un uomo come nella canzone," sussurra, "ma anche io sto scappando."

35.

Lo confessa parlando quasi in falsetto per la tensione. C'è una ragazza, in Danimarca, si chiama Birgitta. Insieme hanno una figlia, Anika, di due anni. Prende a strappare i fili d'erba uno a uno, senza riuscire a continuare. L'immagine che ho di lui esplode in mille pezzi. Fisso una nuvola.

"Perché non sei con loro?" riesco a chiedere, senza far tremare la voce.

Non lo sa.

Immagino una bambina bionda con gli occhi grandi come quelli di Victor aggirarsi per un appartamento con le luci spente, dietro di lei una ragazza paziente, dall'aria triste. Mi stupisco della velocità con cui la mia mente ha creato un'immagine, si sia adattata a questa nuova realtà. Mi chiedo se ogni cosa possa essere riconsiderata con la stessa immediatezza. Tutta la libertà di cui parlava Victor, quindi, era una fuga?

"Non è che non voglia stare con loro. Lo voglio. Ma devo trovare il mio modo. Non so cosa dare ad Anika, perché non so chi sono."

Mi tiro su a sedere.

"Il padre è importante, dice Birgitta, per fare ordine, per dare sicurezza. Ma io vivo nel caos, non riesco a fare ordine nemmeno nella mia vita. L'altro giorno mi ha inviato un biglietto, lei che non si interessa di letteratura, mi ha scritto: *Se quello che i mortali desiderano potesse avverarsi, per prima cosa vorrei il ritorno del padre.* È una frase di Telemaco, dall'*Odissea*."

Lui, padre. È stato un errore? Stava insieme a Birgitta da prima? Mi sembra di precipitare in un vuoto senza più punti di riferimento.

"Io non so come essere padre," continua. "Non so nemmeno essere figlio. Come fai a insegnare a qualcuno qualcosa che non sai? Non voglio fare gli errori che sono stati fatti con me."

Non dico niente, cerco di mettere insieme i pezzi che sfuggono da tutte le parti. Ho le mani sudate, mi fanno male le gambe e le braccia, il mio cuore si è irrigidito. Victor ha l'aria triste, mortificata. Non lo riconosco, non ricordo più cosa pensavo di lui. Preferirei essere sola, essere a casa o a Parigi. Non so nemmeno io dove vorrei essere. Mi strofino le braccia nude, sono ghiacciate. La temperatura si è abbassata. D'improvviso, la natura che abbiamo intorno mi sembra sorda. Tutto quell'inutile schiamazzare e il vento che ci tortura. Vorrei essere in un posto asettico, senza dover pensare a niente. Un letto d'ospedale o una casa di cura. Vorrei essere vecchissima e vorrei che si prendessero cura di me come di una neonata.

"Andiamo?" chiedo, senza sapere dove potremmo andare.

Torniamo in silenzio sulla strada principale. "Il Mas de Maria dev'essere da queste parti," dice. Ci incamminiamo, ognuno assorto nei propri pensieri.

Mentre procediamo in fila indiana lungo il ciglio della strada, ripenso al Victor in libreria, il vecchio Victor, con il basco, la risata facile, un libro sempre in mano e l'aria di non avere un pensiero al mondo, disposto a qualsiasi nuova avventura, a prendere la vita come capita. L'avevo creduto più maturo di me. Era un punto di riferimento. Non volevo più lasciarlo. Penso a tutto quello che ha fatto per me, senza che glielo chiedessi. Dal primo giorno mi ha aiutata, confortata, accompagnata in giro per la città. Perché lo ha fatto? Per il piacere di farlo? Per sfuggire a se stesso? O forse...

È quasi buio, gli fisso la nuca mentre cammina avanti a

me. È guardandolo di spalle che lo capisco. La sua andatura da bambino, le responsabilità da adulto che si è lasciato indietro. Un sospetto si fa largo dentro di me come una cattiva notizia. Più prende forma, più lo sento reale. Non riesco a capacitarmi di aver avuto la verità sotto gli occhi per tutto questo tempo senza essere riuscita a vederla. Lavorava per una signora anziana che però, da quando io sono arrivata a Parigi, non ha più avuto bisogno di lui. La zia è sempre passata da Shakespeare and Company o ha telefonato quando, guarda caso, Victor mi aveva portata da qualche altra parte: a Saint-Germain, al Père-Lachaise, da John, a Château Rouge. Zia Vivienne mi ha regalato i biglietti per andare a vedere *Aspettando Godot*, proprio come Julia e Ben. E il mio nome nell'urna del Téméraire? E La Stella che mi aspettava in libreria? L'iris bianco nel libro di poesie?

"Sei d'accordo con lei!" grido, realizzandolo davvero solo mentre lo dico. "Dal primo giorno."

Si ferma di scatto, per poco non gli vado addosso. Faccio un passo indietro.

"È così?" lo incalzo. "È mia zia la signora anziana per cui lavori? Siete d'accordo?"

Mi guarda avvilito, così capisco che è vero. Prendo a colpirlo con la mano aperta sul braccio e sulla spalla e sulla schiena. Non voglio fargli male, voglio svegliarmi e strappargli di dosso la maschera. "Tu, tu, tu, tu, tu!" riesco solo a dire.

"Mi dispiace." Cerca di stringermi, ma mi divincolo.

Victor e mia zia mi hanno rubato la mia vecchia vita dalle mani, costringendomi ad alzare un dito alla volta perché allentassi la presa. È stato tutto un gioco?

"Sta male," ammette senza che io abbia chiesto. "Sta molto male. Le hanno diagnosticato un tumore. Sta facendo un ciclo di cure, ma il suo corpo non reagisce bene. Le rimane solo qualche mese di vita."

Qualche mese? Alla zia?

"Perché mi ha evitata?" Non era vedermi, quello che voleva? Ha bisogno di qualcuno che si occupi di lei, ha bisogno di me. Mio padre deve sapere. La zia è malata. Abbiamo lasciato passare sedici anni e ora sfumano senza poterli riavere indietro. Sfumano e forse non ce ne sarà più nemmeno uno.

"Non posso parlare per lei," dice Victor. "Le ho promesso che non l'avrei fatto. Appena siamo a Parigi ti ci porto. Adesso è pronta."

"Perché solo *adesso*?"

"Ti spiegherà tutto."

Siamo ancora in mezzo alla strada, fa sempre più freddo. "L'hai fatto per soldi?" chiedo.

"Sai quanto contano i soldi per me."

L'ho offeso. Non so più cosa sto dicendo.

"Allora perché l'hai fatto?" domando.

"È diventata una madre per me... Ho visto un grande dolore in lei e ho voluto aiutarla."

Vivienne è diventata una madre per lui, mentre ha smesso di essere una zia per me. Victor sa più cose su di lei di quante ne sappia io. Insieme mi hanno tradito.

Ho perso il senso dell'orientamento. Vaghiamo in cerca dell'albergo. Sono stremata.

"Stendiamoci un po' qui," propone Victor, indicando il fossato che separa i campi dalla strada. "Ho il sacco a pelo."

Guardo il fossato, un topo sta vagando solitario. Penso alla zia, ammalata.

Un camion frena poco oltre. Non mi sono nemmeno accorta di essere stata io ad alzare una mano per fermarlo. Gli vado incontro.

"Avete bisogno d'aiuto?" chiede un uomo, affacciandosi dal finestrino.

"Dobbiamo tornare a Parigi," grido, per essere sicura che mi senta da lassù.

Victor è rimasto indietro, ma non ci faccio caso. Questa volta decido io.

"Sono diretto lì," risponde l'uomo. "Salite."

Si chiama Paul, trasporta sale. Comincio a tempestarlo di domande, per non dover parlare con Victor o dormire, ma soprattutto per trovare una ragione per fidarmi. Vorrei non avere paura, mentre avanziamo nella notte così fitta da non distinguere più niente dal finestrino.

"Stiamo filando insieme a due tonnellate di sale," dice Paul, indicando indietro col pollice. "Fresco, fresco, dalle saline di Aigues-Mortes."

Ci fermiamo all'autogrill per una sosta poco prima della deviazione per Digione.

Dopo la toilette Paul torna al camion, mentre noi ci compriamo da mangiare. Sono le cinque del mattino. Mi avvicino al ricevitore pubblico con in mano gli spiccioli del resto. Ho il telefono scarico da un pezzo. Digito il numero e attendo con l'orecchio incollato alla cornetta.

"Ci ho riflettuto..." esordisco nel sentire la voce assonnata di Bernardo. "Ti ho pensato."

"Sei tu."

"Non so se intendevo dire veramente quello che ho detto..."

Il credito sta per scadere. Inserisco delle altre monetine, non me ne rimangono più.

"Oliva, invece secondo me hai ragione tu."

"Io?"

Non me l'aspettavo. Il credito si sta esaurendo di nuovo. Una mano inserisce delle nuove monete appena prima che la conversazione si interrompa. Mi volto, è Victor.

"Ho visto qualcosa in te, a Parigi," dice Bernardo. "Qualcosa di nuovo... come se fossi più te stessa. Una te stessa che non avevo conosciuto prima. Per questo credo che tu abbia ragione: ci mancava qualcosa."

Non siamo mai riusciti a essere davvero autentici. Perché? E se non ci fosse un vero motivo?

"Magari è solo questione di trovare un modo nuovo insieme..." azzardo.

"Quella che amavo, Oliva, non eri tu. A ripensarci, dopo, mi è parso evidente. E questa nuova te io non posso amarla, capisci perché? È nata proprio perché io non ero lì."

Mi rendo conto soltanto adesso di aver sempre sottovalutato Bernardo. Solo ora mi pare di vederlo per chi è veramente. Vorrei dire qualcosa per far stare meglio entrambi. Dovrebbe sapere, forse, che io sento di amarlo comunque, che lo amerò sempre. Ma quando Victor fa per mettere un'altra moneta, lo fermo. Lascio che il credito si esaurisca. Appoggio la cornetta sul ricevitore, la fronte contro il vetro, una mano sul cuore. *L'Arcano senza nome*.

Torniamo in silenzio verso il camion, ma il camion non c'è più. Controlliamo ovunque, nel parcheggio e alle pompe di benzina; dietro l'autogrill e nel tratto di immissione in autostrada. Di Paul e del suo carico di sale, neanche l'ombra. Lo chiamiamo a gran voce, come se potesse apparire all'improvviso, con le braccia in alto in segno di scusa.

Come se non avessimo capito che se n'è andato.

"Con lo zaino!" esclamo, notando che Victor non ce l'ha con sé.

Cerco di fare mente locale. Ho la borsa con me, quindi anche il portafogli, il libro di poesie. Quello che mi ha regalato John l'avevo messo nello zaino, invece. Anche Victor aveva infilato lì il suo. Tira fuori Virginia Woolf dalla tasca della giacca, ci è rimasto solo quello per Julia. Soli, all'alba, nel piazzale di sosta di un autogrill francese. Che grande avventura!

Passa una macchina con la musica così alta che i bassi la fanno tremare, accosta.

"Volete un passaggio?" chiede un ragazzo con i capelli pettinati indietro con il gel.

Victor rifiuta.

"Cos'è, hai paura?" lo sfotte il biondo seduto accanto.

"Stiamo bene," m'intrometto.

Quello al volante mi fa il verso, l'altro apre la portiera.

Metto la mano nella borsa e tiro fuori lo spray al peperoncino. Cerco di tenerlo fermo davanti a me.

"Okay, okay, stai calma," il ragazzo alza le mani. "Razza di isterica."

Risale in macchina e richiude la portiera. L'altro schiaccia sull'acceleratore e sgommano via.

Rimetto in borsa lo spray, mi tremano le mani.

"Che diavolo gli hai puntato contro, il propoli per la gola?" chiede Victor.

Ma non rido. Non mi fa più ridere e non lo prendo più sul serio.

Propone di sederci su una panchina, meglio fare l'autostop a mattina inoltrata. Parlare sembra costargli un'enorme fatica. Mi siedo un po' lontana. Se dovessi tener conto di tutte le volte che mi ha mentito, non mi siederei proprio. Il buio umido dietro di noi potrebbe risucchiarmi in ogni momento. Cerco di stare sveglia per non perdere il controllo. Mi aggrappo ai pensieri. Victor è piegato in avanti con la testa tra le mani, non capisco se sta dormendo.

"Ma i capelli?" chiedo a un certo punto.

Ogni persona ci ha dato una versione diversa sul colore dei capelli di mia zia.

"Oh," sussurra. È sveglio. "È perché li ha persi. Mette le parrucche."

Intravedo un sorriso triste.

Il biglietto che mi ha inviato in ufficio. *Malik, Afro Cosmétique, accorda questo mese 30% di sconto su parrucche, rasta ed extension...* Avevo sotto gli occhi un indizio fin dal primo momento e non sono riuscita a decifrarlo.

Andrò da lei. Mi armerò per affrontare qualsiasi dolore, ma devo sapere.

Mercredi

36.

Riconosco Julia da lontano, è seduta accanto a Ocean nella sala d'attesa in fondo al corridoio.

L'ultimo passaggio fino a Parigi ce l'ha dato una professoressa che non si è risparmiata le ramanzine. Per fortuna, quando Ocean ha chiamato Victor, stavamo già entrando in città. Julia ha avuto crampi e perdite di sangue tutta la notte, mi ha riferito Victor dopo aver attaccato. Ocean l'ha accompagnata in taxi all'ospedale Cochin, vicino a Port-Royal.

Stiamo per raggiungerle nella sala d'attesa, quando un medico picchietta sulla spalla di Julia e, dopo averla aiutata ad alzarsi, l'accompagna oltre una porta a vetri. Prima di seguirla, Ocean ci fa segno di aspettare lì. Victor prova ad andargli dietro, ma non lo lasciano passare.

La sedia di metallo della sala d'attesa è gelida. Non unisco le mani in preghiera, ma le parole che trovo dentro di me sono quanto di più di vicino a una supplica. Baratterei tutto per un esito positivo. Rinuncio all'incontro con mia zia, purché Noa viva. Farò a meno di un po' di chiarezza, farò a meno di una direzione, tornerò a casa e riprenderò la mia vita come prima, purché Noa continui a vivere. Mi sento pronta a sacrificare ogni cosa, purché non sia niente di grave.

Immagino Ben in mare aperto, vestito da clown, ignaro di tutto. Noa dovrebbe essere grande quanto un fagiolo, adesso; *sopravvivi*, le dico per via telepatica, *resta in vita, ti prego. Ti prego. Ti prego.* Ha già tutto dentro di sé, la sua vita è scritta e ce l'ha dentro, come se fosse la pellicola di un film. Gattonerà per la libreria, si metterà in bocca i libri, rincorrerà Colette, dormirà nello studio rannicchiata accanto a Julia, farà i compiti seduta lungo la Senna. Da grande, rotolerà per il mondo come una sfera di arbusti nelle praterie.

Mi è impossibile non pensare a mio fratello, al cimitero il giorno di Natale, di Pasqua e il due luglio. La stanza odora di varechina, la sedia sotto di me si è scaldata. Victor, in piedi accanto alla finestra, lancia occhiate nervose alla strada. Mia zia è malata e io ho fatto la bella vita a Parigi mentre perdevo tutto.

Questo è quello che sto pensando quando Ocean torna verso di noi, cercando di infilare le mani tremanti in tasche che non ha. Il dosaggio delle Beta HCG nel sangue è molto basso. Dall'ecografia sono riusciti a vedere la camera gestazionale, ma non l'embrione. Non c'è battito. La gravidanza si è interrotta.

Noa precipita in un burrone oscuro, opaco, senza fondo. Si fa tutt'uno col buio.

Ocean guarda in basso, come se fosse colpa sua. "Le hanno somministrato 1000 mg di paracetamolo in vena. La dimettono, non c'è niente da fare. La portiamo a casa."

Casa è la libreria. Tutto quello che abbiamo vissuto insieme fino a ora è racchiuso in una semplice parola.

Finalmente appare Julia oltre il vetro, ha un'aria spettrale. Le corriamo incontro, mi stringe.

"Noa non c'è più," mormora scoppiando in lacrime.

Victor le prende un braccio e se lo passa intorno al collo per sorreggerla. *Noa non c'è più.* La sorreggo mettendomi dall'altro lato.

Ocean ci affianca. Ha i soldi per un taxi, dice. Sale davanti, noi ci mettiamo dietro. Il sole di mezzogiorno batte sul finestrino. Vorrei chiamare mia madre, lei saprebbe cosa fare. Forse lo so anch'io. Una volta in libreria, presto a Julia la mia camicia da notte, quella lunga. L'aiuto a svestirsi e gliela infilo. Le lego i capelli in una coda, perché non le diano fastidio. Le lavo il viso. Si abbandona alle mie cure come una bambina. La aiuto a stendersi sul letto dello studio. Riprende a piangere.

"E tua zia?" chiede con un filo di voce.

Spiego che sta molto male. E Victor sa dov'è.

"Vai da lei!"

Non posso abbandonarla, sono la sua famiglia in questo momento. Ocean è scesa per il suo turno insieme a Victor, ma ogni tanto si affaccia per avere novità. Seduta accanto al letto di Julia, la vedo piegarsi per i crampi. L'effetto dell'antidolorifico sta svanendo. Ci hanno dato delle pillole, ma deve aspettare ancora prima di poterne prendere una. Quando si irrigidisce per il dolore, le accarezzo la testa.

Mi chiede di John, nel sentire che è partito accenna un sorriso triste. "Tutti come Ben."

Non facciamo che partire. Perché non restiamo? Perché non riusciamo a fare come vuole lei, a salvarci l'un l'altro? Le allungo *Mrs Dalloway*, spiego che John gliel'ha lasciato in regalo. Lei se lo mette accanto, lo stringe a sé. "E il viaggio?" mormora.

"È andato tutto a catafascio. Tutto. Tranne i fenicotteri."

"Li avete visti?"

"Sì."

"E poi?"

"E poi Victor ha una figlia e una compagna, in Danimarca."

Fa la faccia triste. Lo sapeva.

Le racconto che Victor conosce mia zia, che è la signora per cui lavora, che erano d'accordo fin dal principio.

"D'accordo su cosa?"

"Sul tenermi qui, mentre lei non si faceva trovare."

"E a che pro?"

"Questo non l'ho ancora capito."

"Vai a trovarla."

"Prima tu devi stare bene."

Julia si accarezza la pancia. Gli occhi le si riempiono di nuovo di lacrime. "Noa non c'è più."

Noa non c'è più, con lui o lei se ne sono andate tutte le

cose che abbiamo immaginato, sperato, predetto. Se n'è andata una parte di noi. Una parte del nostro futuro.

"Sostengono che non è colpa mia," dice.

"Certo che non lo è."

"Che non ho fatto niente di male. Semplicemente, c'era qualche problema con il corredo genetico."

"Succede. Lo so che non aiuta, ma succede spesso."

"Non è stato perché ho continuato con le prove, né perché io e Ben abbiamo litigato e lui è partito e io sono morta di tristezza. Non è stato niente di tutto questo. Sarebbe successo anche se avessi passato tre mesi a letto." Si tira su a sedere, mi guarda, cerca le parole. "Cosa ci facciamo qui dentro? Noi non siamo come gli scrittori della Beat Generation. Loro hanno lasciato un segno, hanno inventato qualcosa. Quello che facciamo noi è già stato fatto. Quello che diciamo è già stato detto. Vendiamo i libri dei Beat, ma nessun libro parla di noi, perché non abbiamo costruito niente di speciale." Si lascia ricadere sul letto, fissa il soffitto. "Ci illudiamo di fare grandi scoperte, di conoscere tante cose. Di avere la verità in pugno, mentre tutti gli altri sono ciechi. Ma ora mi accorgo che l'unica verità è che non esiste verità. Ogni vita ha la sua dignità, ogni scelta è una scelta giusta."

Si gira su un fianco guardandomi con gli occhi velati, la luce del pomeriggio la sorprende da dietro creandole una sorta di aureola.

"Mi hanno chiamato dalla Lecoq," dice. Mi afferra la mano, la stringe. "Sono stata presa."

Julia sorride tra le lacrime. La stringo. È stata presa!

"Ho chiesto anche di te. Ho spiegato che eri via e avevi il telefono scarico. Non hanno voluto dirmi niente. Devi chiamare tu." Mi allunga il suo cellulare.

"Chiamerò dopo," rispondo scuotendo la testa. "Pensiamo a te, ora: è una bellissima notizia."

Mi guarda affranta. "Avrei preferito Noa, alla Lecoq."

La luce del sole mi batte sulle palpebre, le ho abbassate perché non mi veda piangere. Un nuovo crampo le strappa un lamento.

"Vuoi prendere la medicina?" le chiedo.

Annuisce in silenzio.

Appena l'antidolorifico fa effetto, si addormenta. Mi rendo conto solo adesso che ho una voragine nello stomaco, mi gira la testa. Mi sdraio accanto a lei. Nonostante la fame, sento le palpebre pesanti. Mi lascio andare alla morbidezza del materasso sotto di noi, mi sintonizzo con il respiro della mia amica, non voglio più pensare a niente.

Un fenicottero rosa sta risalendo Rue Poulet. Lo seguo, senza sapere perché. Arrivati a Montmartre, il fenicottero prende a salire la scalinata di pietra. Una volta in cima, la terrazza panoramica si trasforma in una pasticceria. Entro. "Io sono un fenicottero," recito mentre inforno una teglia di croissant. "Che c'entra? Ricordi? Uccidesti un fenicottero." Una folla immaginaria mi applaude, lanciandomi rose rosse, ci sono anche i miei genitori. Per terra c'è un fenicottero candito. Lo prendo in mano, lo assaggio.

Mi sveglio intontita, con la mente collosa. Dev'essere già pomeriggio inoltrato. Julia dorme ancora.

Prendo il cellulare che ha lasciato sul bordo del letto, mi chiudo in bagno.

Dopo due tentativi, risponde una voce di donna. Dice: "Non l'abbiamo registrata," e poi: "Ah. Scusi, è segnata qui sotto, a matita," aggiunge: "Mi dispiace, ma purtroppo non ha passato l'audizione. La invitiamo a riprovarci l'anno prossimo".

Julia deve aver sentito la telefonata, perché quando esco dal bagno mi guarda con gli occhi umidi, appena aperti, e non mi chiede niente.

37.

Chiudo gli occhi, ma questa volta non prendo tre respiri profondi. Il surf, l'Io interiore, le tecniche della Manubrio è meglio che le lasci a lei.

Ripenso alla chaise-longue di cavallino e alle pareti bordeaux con le riproduzioni di Andy Warhol nel suo studio, la poltrona a forma di uovo accanto alla finestra. Un'immagine lontanissima. Non mi sembra più così strana l'idea di chiederle il permesso di usarla o, semplicemente, sedermici sopra. Victor lo farebbe. È assurdo, ma della mia vita ne sa più lui che la mia psicoterapeuta.

Mi sento pronta, viva, non ho bisogno d'altro, penso, prima di lasciare che Victor suoni il campanello per avvertire che stiamo salendo.

Vivienne non possiede un telefono, almeno questo è vero, quindi non abbiamo potuto farle sapere che stavamo arrivando.

Siamo davanti al numero 25 di Rue Poulet, quasi di fronte al caffè dove ci siamo seduti solo qualche giorno fa. Cerco di calcolare se dal tavolino che ha scelto Victor quel pomeriggio si riusciva a scorgere il portone. No.

"Quando abbiamo visto zia Vivienne con il furetto e sei corso a fermarla, mentre io e John siamo rimasti indietro, hai finto di non arrivare in tempo, vero?"

Fa un mezzo sorriso. "Non era lei, tua zia era già partita per Rouen."

Partita? Il giorno dopo, in effetti, ho ricevuto la cartolina.

"Il weekend in cui sei arrivata aveva appena finito un ciclo di cure in ospedale, era troppo debole perfino per alzarsi dal letto. Per questo ha voluto che ti trattenessi qua. Più avanti le sue condizioni sono migliorate, ma è dovuta partire. E poi... scusa, sto parlando troppo, ti dirà tutto lei."

La soluzione dell'enigma dista solo qualche pianerottolo, improvvisamente però non ho fretta. Forse la temo? Voglio davvero sapere come ha impegnato i suoi ultimi sedici anni di vita? Perché non mi ha più cercata?

"Se non era lei, per strada, chi era la donna con il furetto al guinzaglio?"

"Madame Margot, la vicina. A volte tua zia le affida Massimo. A Madame Margot fa piacere, le dà qualcosa a cui pensare."

"E l'uomo che ho visto al Téméraire? Anche lui aveva Massimo al guinzaglio?"

"Già. Mi ha sostituito nelle ultime settimane. Normalmente del furetto mi occupavo io."

Lei e Victor si sono conosciuti in libreria. Inizialmente, mia zia aveva bisogno di un "dog-sitter" per Massimo. Victor ha accettato di buon grado ed è stato un colpo di fulmine. Dice che io gliela ricordo, che ci somigliamo.

"Pian piano abbiamo fatto amicizia, ma lei stava sempre peggio. Ha fatto un ciclo di terapia e il suo corpo ha reagito malissimo."

Da quel momento, Victor si è fatto carico di tante cose. L'ha aiutata a mettere a posto la sua vita.

"Ha sofferto tanto e deve aver fatto molto male, suo malgrado. Non mi ha mai voluto raccontare del suo passato, e io non ho mai chiesto. Bisogna avere rispetto per queste cose. Ha un solo desiderio: andarsene in pace. Le ho detto che c'è sempre una seconda opportunità. Fino alla fine, dobbiamo concederla a noi e agli altri."

Cerco di raccogliere i pensieri un'ultima volta prima di lasciare che prema il bottone sul citofono, ma i pensieri non si raccolgono e lui ha già suonato. Non risponde nessuno.

"Siamo noi," dice. Estrae un paio di chiavi dalla tasca, fa scattare la serratura del portone. Mi spiega che il citofono è rotto, chi è in casa può sentire ma non può parlare, serve per avvertire che stiamo salendo. Lo seguo per le scale anguste. Non c'è l'ascensore. Nell'aria aleggia un vago odore di stufato, incontriamo una famiglia che procede in senso contrario, è uscita dalla porta del terzo piano. Il padre tiene per mano una graziosa bambina con una nuvola di capelli ricci che trasporta un monopattino.

Ci fermiamo al quarto e ultimo piano davanti a una porta verniciata di bianco. Accanto, vecchie cassette della frutta sono disposte in modo da formare ripiani di altezze diverse, sui quali sono appoggiate delle piante grasse che prendono luce dal lucernario sopra le nostre teste.

Dalla cornice della porta d'ingresso pende un piccolo fenicottero di legno dipinto, assicurato a un filo da pesca. Lo accarezzo, facendogli fare una piroetta.

Rivedrò mia zia. Le racconterò di Jodorowsky e Leonard Cohen, della torta di carote viola, del gallerista Gérard, di Aalok, del nostro viaggio in autostop, del provino e della mattina passata a lavorare in pasticceria. Le chiederò se perdonare Victor, lei lo saprà. Avrà risposte per tutto, le ha sempre avute.

Victor suona il campanello un paio di volte, ma la porta non si apre. Busso con slancio improvviso.

"Magari è uscita..." azzarda lui, infilando la chiave nella serratura. "Entriamo, che dici?"

Dico di sì, cercando di scacciare un terribile presentimento. Victor fa girare la chiave nella serratura, nel mio cuore tuonano i *Carmina Burana*.

La porta si apre su un salotto ampio e luminoso, immerso nel caos più completo. Chi non conosce mia zia potrebbe pensare che siano entrati i ladri. *O Fortuna! Velut luna, statu variabilis...* Un kimono è appeso a una lampada da tavolo in bilico su una pila di volumi dell'Enciclopedia Treccani. Ci sono libri dappertutto: impilati a terra, sopra e sotto i mobili, in doppia fila sugli scaffali che tappezzano le pareti. *Semper crescis, aut decrescis, vita detestabilis...* Una statua della Madonna alta un metro, giornali cinesi e indiani sono buttati alla rinfusa su una poltroncina rossa, tubetti di colori a olio e una tavolozza occhieggiano dall'interno di una valigia aperta, il suo vecchio colbacco pende dal pomello della finestra, un librone di ricette russe su un termosifone regge un barattolo di vetro pieno d'acqua con dentro alghe a forma di palla, una vecchia locandina di *Una gita in campagna*, una cornice con una foto del Dalai Lama su un baule, intorno una collana di fiori di plastica caraibici e accanto un porta-incenso colmo di cenere profumata, poco più in là la statuetta di Siva che danza con una gamba sollevata. *Nunc obdurat, et tunc curat, ludo mentis aciem...* C'è un pianoforte verticale coperto di spartiti, sullo sgabello riposano un volume sulla Kabbalah, un mazzo di tarocchi e *Frankenstein.* Una riproduzione del *Viandante sul mare di nebbia* di Friedrich in negativo è appesa tra le due finestre che danno sulla strada, la locandina della prima rappresentazione dello *Schiaccianoci* sulla parete opposta, un paio di cesoie sono appoggiate sul davanzale di fianco a un cumulo di vecchi dépliant impolverati per la salvaguardia degli elefanti. Un pannello tradizionale africano riposa per terra contro il muro, alla porta d'ingresso è inchiodato il disegno di un cerchio tagliato a spicchi, costellato di simboli e linee. *Egestatem, Potestatem, Dissolvit ut glaciem...* In un angolo del salotto, sulla stuoia di cocco tutta smangiata, si trovano un cristallo di rocca e una scacchiera con una partita lasciata a metà. Un vaso da fiori con dentro degli ombrellini di carta di riso troneggia sul pianoforte, un manuale di orticoltura aperto sulla potatura degli ulivi è abbandonato per terra poco lontano, una Bibbia mette in crisi l'equilibrio di un tavolino le cui gambe sono formate da pile di spartiti. *Sors immanis, et inanis, rota tu volubilis...* C'è una sedia a dondolo gialla in un angolo, e una piccola scrivania antica al centro della stanza, sommersa di fogli e di volumi. Tantissime piante: ficus, kenzie, potus, un bonsai di pino (credo), un vaso laccato di blu da cui sbuca un ananas in miniatura, una pianta grassa a forma di stella marina.

"Madame Vivienne?"
"Zia?"
Un ripiano del cucinotto che dà sulla sala è invaso da boccette, fiale, pasticche, bustine, radici, confezioni di oli essenziali e una piantina di aloe vera. Sorrido nel vederla. La polvere ammanta tutto, danzando in controluce.
"Zia?"
Victor fa qualche passo verso l'anticamera. Solo ora noto il quadro appeso sopra la porta: cinque fenicotteri rosa fluttuano su uno fondo verde smeraldo. Ecco a chi l'ha venduto Aalok! Penso ai fenicotteri che la zia e io abbiamo visto insieme nella villa di Milano, a quelli della Camargue, al fenicottero in cima a Montmartre e a quello di legno che ho appena fatto roteare in aria. Morte e rinascita.
"Madame Vivienne?"
L'anticamera è quasi interamente occupata dalla cuccia di Massimo, una mini tenda degli indiani con il suo nome ricamato sopra (sicuramente dalla zia, perché la scritta è tutta storta).
Victor butta un occhio nella stanza da letto, lo imito. *Status malus, vana salus, semper dissolubilis...* Davanti al letto matrimoniale in ferro battuto la zia ha appeso una locandina di *Il pranzo di Babette*. Una donna vestita da fine Ottocento guarda l'orizzonte nel mezzo di una campagna alla luce dell'alba (o del tramonto?). Sul copriletto è adagiata la giacca tradizionale nepalese che indossava sempre il giorno di Natale. Le pareti rosa salmone della camera da letto trasmettono un senso di intimità, come tutta la casa. Dal collo di una statua orientale su una toletta pendono una miriade di collane di pietre dure, perle e corallo. Al posto del comodino c'è uno gnomo che tiene sulla testa una rondella di legno. Victor si affaccia nella stanza da bagno, lo seguo. Le pareti sono ricoperte di piastrelle a mosaico color lapislazzuli, sporche in più punti, nella vecchia vasca incrostata giace una saponetta quadrata semi disintegrata, una paperella di plastica mi guarda dalla piccola nicchia appena sopra.
"Dev'essere uscita," dice Victor, scrollando le spalle.

O Fortuna! La casa è tutta qui e lei non c'è. Non è sdraiata sul letto senza vita né riversa sul pavimento del bagno con un'aureola di sangue e un bicchiere d'acqua rotto ancora in mano. È viva! È semplicemente uscita, magari a fare la spesa. Nel vedermi sulla soglia, lascerà cadere a terra i sacchetti e io correrò ad abbracciarla sperando di non inciampare negli scacchi o nel manuale di orticoltura. Sentirò il suo profumo, le chiederò di raccontarmi tutto e non la lascerò più. Mi giro verso Victor. È appoggiato allo stipite della porta tra il salotto e l'anticamera, si guarda intorno perplesso.

Mi cade l'occhio sulla scrivania dove noto un post-it giallo: *Per Oliva.*

Il mio cuore salta un battito. Mi avvicino.

Nunc per ludum, dorsum nudum, fero tui sceleris...

Il messaggio è appiccato su una copia della raccolta di poesie che sto leggendo. Intonsa. Come quando gli occhi si abituano all'oscurità e imparano a distinguere le forme intorno, mi rendo conto che c'è una pila intera di questo libro ai piedi della scrivania e un'altra più in là accanto alla sedia a dondolo. Un intero scaffale della libreria ne è occupato. Mi tremano le mani, ma riesco a prendere in mano il libro. Lo apro, la zia ha scritto in blu sul frontespizio.

Oliva, cara,

non ho avvertito Victor che sarei partita, perché ho capito che te l'avrebbe riferito: ci tiene a te. Victor, che bel personaggio mi ha regalato il destino. Un tipo stravagante, quindi in gamba. Se non hai niente di stravagante, è perché non sei sincero. Che peccato vedere tutte queste persone recitare una parte! Voler far credere di essere normali, senza un difetto, gli uni uguali agli altri. Come se esistesse la "normalità". Mi pare una tale perdita di tempo, un tale spreco della potenzialità della vita. Come se potessimo calcare questo palcoscenico in eterno e ci fosse data sempre una seconda opportunità. Ora te lo posso garantire, non è così. Un giorno o l'altro ti svegli e le possibilità sono finite. In mano non ti rimangono che i frutti di quello che hai coltivato.

Mi lascio cadere su una sedia. La zia è partita?
La grafia continua più incerta.

Ho chiesto a Victor di rintracciarti. Ci è riuscito subito. Reparto marketing? Barrette energetiche?

Segue una parola cancellata.

Non potevo farmi vedere così, Oliva. Ecco perché ho mandato Parigi al mio posto.

La scrittura si rimpiccolisce.

Non ho saputo essere figlia, madre, sorella, moglie, zia e neppure nonna. Non è una giustificazione, lo so, ma almeno ci ho provato. Ho sempre dato tutta me stessa e fallito ogni volta che ho tentato di adeguarmi ai ruoli che il mondo mi aveva assegnato.

Un'altra cancellatura.

C'è una sola cosa a cui sono rimasta sempre fedele: la mia libertà. Anche se voleva dire passare la vita da sola. Anche quando significava non essere capita, venire rifiutata, ferire gli altri. Non c'erano altre persone che avrei voluto, o potuto essere, se non chi ero.

Quando smettevo di fingere tutto tornava a posto, la realtà acquisiva una nuova dimensione, diveniva complessa, i colori si facevano più vivi, i contorni delle cose più nitidi, e io sentivo di far parte di tutto questo. Aderivo alla vita.

A volte mi dico che forse ho dato troppa importanza alla mia felicità. Non ho accettato compromessi. Mi sarebbe piaciuto essere una di quelle persone che si sacrificano per gli altri. Trovare nel sacrificio il senso della mia esistenza. E ci ho anche provato, davvero...

La lettera continua sul retro della pagina. Ha cambiato penna, inchiostro rosso. La grafia è più marcata.

Quello che stai tenendo tra le mani, mia cara Oliva, è Lui. Il Libro. Il mio segreto, il mio dolore, il mio testamento. L'avrai capito, ormai, sono io l'autrice di questa raccolta.

Lei, l'autrice? Una maschera africana mi guarda dalla parete di fronte. Perché mia zia ha voluto scrivere di una donna che abbandona un figlio? La lettera si interrompe così. Noto un biglietto del métro inserito come segnalibro oltre la metà, mi affretto a leggere.

Ho dato al mondo un figlio da bambina.
Non lo volevo.
L'ho chiamato Marcel.
"La ricerca del tempo perduto" mi sembrava un ottimo titolo per quel nuovo capitolo.

Marcello, come mio padre. Un presentimento mi spinge alla fine del libro. Come immaginavo, la lettera continua lì. Questa volta, in verde.

Sì. Ormai l'avrai capito. Tuo padre è mio figlio.

Una cancellatura.

Sì, sono sua madre. Tua nonna. E sì, ho sbagliato tutto.

Una lunga cancellatura.

Ero impensabile. Inconcepibile. Pazza. Non stava bene fare figli per sbaglio. Mia madre me l'ha negato, poi me l'ha strappato. Sono partita. Si fidava di se stessa a tal punto di non fidarsi di me.

Per mesi, a Parigi, ho passato la notte a guardare il soffitto con gli occhi spalancati, il mio corpo tratteneva i segni di quello che avevo accolto e cresciuto, mettendo in risalto il vuoto. Mi vergognavo anche solo a passeggiare per strada, evitavo lo specchio, avrei voluto scomparire. Mi mancava qualcosa che non era mai stato mio. A cui non avevo diritto.

Ero stata cacciata. Avevo dato alla luce mio fratello, qualcuno migliore di me addirittura, che godeva di più diritti. Qualcuno che odiavo e amavo insieme, che mi faceva paura e tenerezza. Qualcuno che poi mi avrebbe odiato e amato, che mi avrebbe temuto. Tuo padre è sempre stato contrario a qualsiasi cosa io fossi o facessi. Forse una parte di lui sapeva che stavamo vivendo un inganno ed era per questo che mi disapprovava.

Non mi voglio giustificare: saremmo potuti scappare in due e sono scappata da sola.

È stato lì che ho cominciato a scrivere. Scrivere, disperatamente, su tutto, dietro a tutto, scrivere per fermare ogni pensiero, vivisezionare ogni momento. Scrivere di come non sapevo cosa essere per lui. Non riuscire a essere niente nei suoi confronti. Solo una sorella pazza. Cercavo di portare luce nella sua vita, avrei voluto aiutarlo a essere più libero, ma finivo solo per irritarlo. È cresciuto detestandomi. Lui stesso ne soffriva. È cresciuto soggetto a una madre che era madre solo mia, ma che lo è stata solo per lui.

Cancellature.

L'avevo concepito a San Fruttuoso.

Cancellature.

Mentre io e te eravamo in Liguria, tuo padre ha trovato la mia valigia aperta, il manoscritto in vista. Certo, non avrebbe dovuto leggerlo, ognuno di noi ha diritto alla sua riservatezza. Ma le cose vanno come devono andare. A ciascuno il suo destino. Questo è stato il mio.

Ha letto e ha capito tutto, anche quello che non era vero.

Che non solo ero sua madre, ma che lo avrei detto al mondo intero prima che a lui. Non potevo più recuperare.

Volevo davvero pubblicare quel libro? Sì, no, non lo so.

Cancellatura.

Ho vissuto otto anni senza più riuscire a scrivere una parola. Ho cercato di vivere una vita come tutti, di adeguarmi. Passavo le giornate tra il lavoro d'impiegata e le passeggiate per la città, le mostre, le occasioni mondane, senza più il mio rifugio. Mi dicevo che, se avessi resistito abbastanza, forse sarei guarita.

Niente Peter O'Toole o casa nel villaggetto del Périgord con piante carnivore e conigli Avana. Niente convento di clausura, missione nell'Africa nera, servizi segreti cinesi. La zia ha vissuto una vita molto più normale di quanto avrei potuto immaginare.

Ti ho scritto tante di quelle lettere! Non le ho mai spedite. Ho rinunciato a voi per non farvi più del male. Cosa ti ha detto tuo padre?

Inchiostro nero.

Quando ho scoperto che il tempo che mi restava si sarebbe accorciato velocissimo, ho capito che era tornato il momento di vivere. C'era solo una cosa da fare. Ho aperto il cassetto e ho preso il manoscritto. Sono andata a Rouen. Ho affittato una stanza. Non importava nient'altro. Niente, se non raccontare, rendere giustizia a questa storia, regalare la mia vergogna. Affrontare la mia paura. Ho inventato un nome per l'autrice. Chi l'avesse scritto non contava. È solo un caso che sia stato un successo!

Dovevo regalare la mia vita al mondo. Ora la regalo a te. C'è così tanto che ancora non ti ho trasmesso. Tante cose che mi sarebbe piaciuto insegnarti: accorgerti di un tramonto che sbuca tra i tetti delle case, il rispetto per chi ha sbagliato, cavalcare l'e-

nergia inspiegabile che chiamano ispirazione, fare per gli altri quello che nessuno ha mai fatto per noi, prenderti le tue piccole libertà.

E volevo regalarti Parigi.

Inchiostro rosso.

Hai mai letto Fritjof Capra? Se si prova ad applicare i concetti della fisica classica alla struttura dell'atomo, si va incontro a una serie di paradossi. Da questo nascono la teoria dei quanti e il relativismo.

La luce, mia cara Oliva, è allo stesso tempo una particella e un'onda. Il gatto di Schrödinger è vivo e morto. Causa-effetto, spazio-tempo e tutti gli altri concetti che usiamo per descrivere la natura sono limitati, sono creazioni della nostra mente. La realtà non è binaria, una cosa può essere sia vera che falsa. Proprio come io sono colpevole e non sono colpevole.

Qualsiasi idea fissa di noi è pura astrazione, un rigido concetto mentale. Ti avevo detto che si nasce e si muore in vita tante volte, mi correggo: lo si fa ogni minuto, ogni secondo. Perpetuare la solita immagine di noi stessi è pura illusione. Una volta che capisci questo, Oliva, ti si spalancano le porte del mondo. Siamo umani e i nostri errori verranno sempre con noi, ma non ci definiranno nel nostro rapporto con la realtà, Dio, il mondo, il Tutto. Comunque tu voglia chiamarlo.

Scusami se non sono chiara, ma non riesco a trovare le parole giuste per esprimermi, non penso che esistano. Ho deciso di non scrivere mai più un rigo. Questa è l'ultima volta che butto giù anche una sola parola. E lo faccio per te.

Vado a Nord, dove c'è solo luce. Non ho fatto le valigie, non ho bisogno di niente. Mi immergerò nella natura, dove si esprime al meglio la divinità. Quando morirò, voglio diventare un albero.

So che la tentazione sarà quella di cercarmi. Non farlo. Lasciami questa libertà. Oliva, mi manchi perché la mia parte più egoista, più bassa, più limitata pensa che siamo separate. Ma non mi manchi perché la mia parte più alta e più autentica sa che sei sempre con me. Ci siamo lasciate anni fa, ma non ci siamo lasciate mai.

La mia nuova fortuna andrà a te: l'appartamento, i diritti del libro, i fenicotteri, ti lascio tutto. Ho fatto recapitare qualcosa all'ultimo uomo che ho amato e non mi ha mai ricambiata. Oliva, per quanti beni materiali tu possa avere o non avere nella vita, ricordati di non trattenere niente, ricordati cosa disse Babette: un artista non è mai povero.

Mi dispiace di non essere riuscita a dirti tutto questo di persona. Ma la penna, in fondo, è la mia voce. Lo è sempre stata. Qual è la tua?

Tua nonna (?), zia (?), che importa.

Tua,

Vivienne

Richiudo il libro. Victor mi sta fissando. Faccio qualche passo per la stanza.

"È partita," annuncio, col piacere di saperne più io, per una volta, ma la sensazione sfuma subito.

Mi siedo sulla sedia a dondolo, stringo a me il libro. Il sole ravviva i dorsi dei volumi di cui è stipato l'appartamento, illumina gli scacchi, la maschera africana, Čajkovskij, le cesoie, i dépliant. Il vaso con gli ombrellini di carta di riso e il colbacco di pelo.

Ripenso alla locandina del *Pranzo di Babette*. Forse mia zia si è sempre sentita come lei. Una donna sola, all'alba, nel mezzo di una prateria, con una brezza leggera che le scompiglia i capelli, una donna che ha perso tutto, ma ha ancora tanto da dare.

Un certo calore si sta facendo largo nel vuoto che ho dentro. Per la prima volta il mio cuore è in silenzio. Vorrei dondolarmi avanti e indietro su questa sedia in eterno, non lasciare mai questo posto.

La clôture

38.

I nostri passi rimbombano sul pavimento di marmo, nell'ingresso ci siamo solo noi. L'immensa vetrata a forma di piramide sopra le nostre teste lascia filtrare la luce del mattino. Sono già le otto.

Non dormivo così male da giorni. Più di una volta mi sono svegliata di soprassalto e nell'andare verso il bagno blu sono inciampata nella cuccia di Massimo. Sulla coscia ho un livido grande come una mela. Mi sono pesata sulla bilancia che ho trovato in soggiorno, sotto il divano, e non ho potuto credere ai miei occhi: ho perso cinque chili. Addio vestiti a trapezio, colori scuri! Addio diete, sotterfugi, strategie!

Victor mi sta trascinando per mano lungo un corridoio che sembra infinito. Solo i bambini o gli amanti si tengono per mano, e noi non siamo né l'uno né l'altro. Non sappiamo cosa siamo.

Rivederlo mi fa un certo effetto. Nonostante i sogni angosciosi delle notti scorse, sono felice di essere qui.

Ho fatto tardi per via del vento. Soffiava così forte che sono dovuta tornare in casa a cercare un cappello. Ho trovato solo il colbacco. L'estate è vicina, ma me lo sono messo lo stesso. Victor mi stava già aspettando. Saltellava sul posto. Uno scarponcino slacciato e la giacca di tweed. Ovviamente, il solito basco.

Eccoci qui, io nel mio abito a fiori, gli stivaletti da Mary Poppins e il colbacco, lui con i suoi pantaloni di velluto tenuti in vita da un nastro di raso, che affrettiamo il passo per i corridoi del Louvre ancora chiuso. Statue greche e romane ci osservano con aria trasognata mentre le superiamo accelerando.

Ala Denon leggo su un frontespizio, prima che Victor si fermi di scatto e mi copra gli occhi con una mano.

"Sei pronta?" chiede eccitato.

Il mio cuore accelera, metto la mano su quella di Victor e premo ancora più forte sugli occhi chiusi, una parte di me vorrebbe non aprirli mai. Mi chiede di fare qualche passo in avanti. Esito per paura di cadere, sembra l'esercizio di fiducia che fanno fare ai corsi di teatro. Sento il freddo del museo vuoto, le mie braccia nelle maniche corte si coprono di brividi. Ci fermiamo.

"Sei pronta?" chiede di nuovo.

"Sì," rispondo, anche se non ne sono sicura.

Sono pronta senza sapere per cosa, è la piega che ha preso la mia vita.

"Ora alzerò la mano, ma tu aspetta ad aprire gli occhi." Mi fa fare una piroetta. "Adesso aprili."

Sollevo le palpebre. Il respiro mi si ferma in gola. La *Nike* è sola. Assoluta. Spiega le ali in cima alla scalinata. Sembra un miracolo. Si getta oltre la prua e allo stesso tempo attira a sé il mondo. Pare di percepire il vento che le soffia contro.

"Non trovi che non ci sia bisogno della testa?" commenta Victor. "Non è qualcosa o qualcuno, *è*, e basta. Non *una* vittoria. *La* vittoria."

La vittoria. Osservo le sue forme levigate nel silenzio del museo.

Una lacrima mi riga la guancia, nasce da una tenerezza per me stessa mai provata prima.

"La vittoria?" chiedo, nella speranza che continui a parlare e mi spieghi tutto, tutto quello che non ho capito.

"*La* vittoria ci insegna quanto non sia importante vincere."

Abbiamo percorso la prima rampa della scalinata, siamo più vicini. La *Nike* è imponente, sembra che stia per spiccare il volo sopra le nostre teste.

"Torno a Copenaghen," annuncia Victor. "Da Birgitta e Anika."

Mi volto. I suoi occhi sembrano ancora più grandi e più profondi. Gli prendo la mano.

Si gira verso di me. "E mi iscrivo a zoologia. Grazie a te."

Ha scelto. Ha scelto grazie a me?

Intrecciamo le dita, premo forte. Devo trovare la forza di lasciarlo andare. Quella che ero prima di conoscerlo non esiste più e non esiste più neanche quella che ero con lui in libreria. Ma tutto continuerà a esistere dentro di me, se lo voglio. Finalmente mi è chiaro, l'ho perdonato.

Sentiamo dei passi, ci raggiungono tre uomini vestiti di nero come gli studenti della Lecoq. Fanno cenno a Victor, lui risponde che sarà subito da loro. È stata Odette a trovargli questo lavoro: allestiscono uno spettacolo all'interno del Louvre e lui dà una mano con la scenografia.

"Ti ricordi la storia sulle scimmie?" mi chiede una volta che sono passati oltre. "Quella che ti ho raccontato tornando in libreria dalla stazione? I babbuini che per crescere entrano in un nuovo clan?"

Certo che me la ricordo. La luce del giorno adesso è più intensa, la Vittoria prende nuove sfumature.

"È spaventoso per loro, fa paura," continua Victor, "ma la cosa stupefacente è che continuano a farlo. Gli animali odiano i cambiamenti, eppure i giovani babbuini decidono di lasciare la sicurezza del branco per lanciarsi verso l'ignoto."

"Forse perché sono attratti dalla novità?"

"Perché è il solo modo per evolversi."

"Di scoprire qualcosa di unico."

"Il bisogno di avventura è uno degli elementi che permettono alla specie di progredire."

Uno dei tre uomini lo chiama. Alle nove il museo aprirà al pubblico, hanno poco tempo.

Ci abbracciamo. La sua giacca di tweed mi punge la guancia, odora di terra anche oggi.

"Sono contenta che torni a Copenaghen, Victor."

Lo sono davvero, per lui. Lo sono per Birgitta e lo sono

per Anika, che sicuramente avrà da imparare molto da un padre come Victor. Non lo sono per me, ma poco importa. Forse, come ho detto una volta a mia zia, non essere corrisposti è il vero senso dell'amore.

"Vado," dico.

"Andiamo," dice lui.

Ma non ci muoviamo.

Il nostro abbraccio è molto più lungo.

Fuori dal Louvre, chiamo mio padre. Ho evitato di farlo in questi ultimi giorni perché ho dovuto pensare a tutto, alle parole di Viv, a quello che ha lasciato, a quello che avevo perso e a cosa volevo recuperare. Ho passato giorni nel suo appartamento studiando ogni piccolo oggetto, scartando ogni ricordo, lasciandomi travolgere dal vento caldo della memoria, in preda alla confusione. Quali erano i *miei* pensieri? Cosa pensavo delle scelte di mia zia, di mio padre, cosa pensavo di questo tempo a Parigi, del fallimento del provino, dell'esperienza in pasticceria, delle parole di Bernardo, di tutto quello che non avevo saputo dire a Victor?

Il telefono squilla a vuoto, scatta la segreteria. Mentre la voce metallica della compagnia telefonica snocciola le cifre del numero di mio padre, considero se lasciare un messaggio.

Sto camminando lungo Rue de Rivoli nel bagliore della primavera inoltrata, le persone mi vengono incontro senza sapere chi sono e io non so niente di loro. Notano il mio colbacco e sorridono.

L'energia della città scorre dentro di me. Sì, lascerò un messaggio. Sarà come scrivergli una lettera. Non mi potrà interrompere.

"Papà, devo dirti tante cose. E te le dirò così. Ascoltami, papà, mettiti comodo."

Gli racconto di come i conigli abbandonino i piccoli dopo venticinque giorni, per lasciare che trovino la propria strada, così che si rafforzino e aumentino le loro possibilità di sopravvivenza. "Papà," prendo fiato, "non ho mai fatto quel provino."

Una folata di vento mi colpisce in pieno, rischio di perdere il cappello.

"Sono andata all'Accademia, ma non l'ho fatto. Per paura di ferirti."

Chissà se ascoltandomi si torcerà le mani come quando mi aveva invitata nel suo studio.

"Qualche tempo fa ne ho fatto uno qui, invece. Non mi hanno presa."

Mi fermo al semaforo rosso.

"Avevi ragione, essere bravi in qualcosa è la sensazione più bella che si possa provare. E avevi ragione anche sulle idee. Non sono importanti. Quello che conta è come uno si vuole sentire."

Ora non può sovrastarmi con la sua corporatura e autorevolezza mentre fisso una moquette color crema. Attraverso l'incrocio e proseguo sentendomi in forze, mentre raccolgo i pensieri. "Una volta mi hai detto una cosa, che vuoi che io sia felice. Ho cercato di fare tutto quello che ci si aspettava da me, e anche quello che mio fratello non ha potuto fare. Ma non sono nata per quello, papà. Non mi basta."

Un bambino sulle strisce mi sorride, gli cola il naso. Gli sorrido di rimando, lui mi fa una linguaccia e stringe la mano della mamma.

"Mi hai consigliato di ottenere una serie di cose, papà. Quelle che hai ottenuto tu. Ma non mi rendevano felice. Lo vedo con estrema chiarezza, lo sai perché? Perché ora lo sono davvero."

Sono quasi arrivata all'Hôtel de Ville. Cerco di non far tremare la voce.

"Sono felice, anche se non ho più niente," dico. "Non sto più per sposarmi, non ho un posto in azienda o un futuro chiaro, né qualcuno con cui condividerlo. Ma so cosa mi piace fare e ho trovato il modo di renderlo un lavoro. Ora se non dormo la notte non è per l'ansia immotivata, ma perché mi chiedo: suonerà la sveglia alle cinque?"

Attraverso la piazza per guardare la Senna dall'alto del muretto. "Quando cerchi di risolvere un sudoku sembra che le soluzioni siano tante, ma alla fine è sempre una sola. E non importa quanto hai sudato per arrivarci, trovarla ti riempie di soddisfazione." Lo immagino sorridere mentre ascolta. "Ci vediamo tra pochissimo, papà," dico, prima di chiudere. "E parleremo di tutto."

Lo immagino ascoltare il mio messaggio vicino alla finestra dello studio, guardare fuori mentre serra le mani. Non gli ho detto che mi manca. Che ora so il suo segreto. Come si è sentito? Ha perso una sorella e una madre dopo aver perso un figlio, quante sfumature e vuoti d'amore e incertezze. Se lo avessi saputo avrei cercato di aiutarlo. Ecco, cosa avrei voluto chiedergli: avrei potuto? Posso ancora?

Sono davanti all'agenzia di viaggi, entro.

"Vorrei acquistare due biglietti aerei Milano-Parigi per il prossimo weekend," dico. "È un regalo."

Ho perso Bernardo, una casa con il giardino, vivere vicino ai miei genitori e una carriera. Ma ho trovato Parigi, e una casetta in via Pollo dove cominciare da zero, e un nuovo lavoro. Anche se ricevere un salario per passare le giornate da *C'est mal?* a impastare, infornare e decorare dolci mi pare ancora sorprendente. Vengo pagata per fare qualcosa che farei anche senza ricevere niente in cambio. Voglio mostrare ai miei genitori tutto questo. Il mio posto nel mondo. Sono sicura che mio fratello sarebbe orgoglioso di me.

Non ho più certezze, anzi, una ce l'ho. Non dirò più "sì" quando voglio dire "no", non sorriderò più se ho voglia di piangere, non farò più niente solo perché qualcuno se lo aspetta da me, non forzerò più me stessa per compiacere gli altri. Altrimenti perderemo tutti. Voglio essere libera. Libera di mettermi i vestiti stretti in vita, di dire quello che penso, di pranzare con i piselli croccanti al peperoncino o le nuvole di drago. Libera di essere felice, così da poter rendere felici gli altri intorno a me.

Senza rendermene conto, ho attraversato l'Île de la Cité, sono passata davanti a Notre-Dame, ho fatto il ponte e preso le scale di pietra che portano al quai, fino al punto in cui incontravamo John. Tiro fuori il libro di Conrad che ho ricomprato. Pagina 9, riga 17.

Già. Si va avanti. E il tempo, anche lui va avanti; finché dinnanzi si scorge una linea d'ombra che ci avvisa che anche la regione della prima giovinezza deve essere lasciata indietro.

Questo è il periodo della vita in cui è probabile che arrivino i momenti di cui ho parlato. Quali momenti? Momenti di noia, ecco, di stanchezza, di insoddisfazione. Momenti precipitosi. Parlo di quei momenti in cui chi è ancora giovane è portato a compiere atti avventati, come sposarsi all'improvviso, o abbandonare un lavoro senza motivo alcuno...

Accidenti a te, John. Perché non hai ricambiato l'amore di mia zia?

Mi accorgo di avere ancora in borsa il tovagliolo di carta con l'autografo di Leonard Cohen. Lo lascio nel cantuccio sotto il ponte, dove zia Vivienne deve aver fatto recapitare la busta con i soldi. C'è un buonissimo profumo. Solo così, noto la scritta a pennarello sul muro:

MÉLANIE, PARTO PER UN PO', MA TORNERÒ. MI ASPETTI?

Ringraziamenti

Nella primavera del 2011 mi sono presentata da Shakespeare and Company con una valigia formato cabina e l'intenzione di rimanerci per un weekend. Ho vissuto lì per mesi ed è stata una tappa fondamentale della mia vita. Ma questo non vuole essere un romanzo autobiografico: alcune delle esperienze sono mie, tante altre sono invenzioni. Le mie piccole grandi libertà.

Tuttavia, ho scelto di mantenere l'ambientazione nel 2011 perché non avrei potuto immaginare questa storia senza George Whitman. Sono grata di essere stata tra gli ultimi *tumbleweeds* ad averlo conosciuto.

Grazie a George Whitman, quindi, per aver inventato un mondo ancor prima di una libreria e aver tenuto sempre aperta la porta.

Grazie a Sylvia Whitman per aver preso in mano questo mondo, avermi accolta e ora aver gioito alla notizia di questo romanzo, dimostrandomi immensa fiducia.

Grazie a chi viveva e a chi lavorava da Shakespeare and Company all'epoca ed è diventato mio amico: Alex, Cleo, Maria, Laura, Miki, Alexander, Freddy, Pete, Art, Rowan, Tom Oliver, Ben, Hillary, Tom, Terry, Jemma, Linda, David.

Grazie alla mia super agente Vicki Satlow, che mi dice sempre: "So che puoi farcela".

Grazie alla mia editor Ricciarda Barbieri per la sua umanità e il suo entusiasmo contagioso.

Grazie a Giovanna Salvia per la grande attenzione che ha dedicato a questo romanzo.

Grazie ad Alejandro Jodorowsky: anche io sono stata così fortunata da essere estratta al caffè Le Téméraire e anche a me è uscita La Stella.

Grazie a Leonard Cohen, scrivere questo romanzo è stato come conoscerlo.

Grazie a Robert Sapolsky, da cui ho preso la passione per l'etologia e buona parte delle storie sugli animali in questo libro, e grazie a Elisabetta Visalberghi, che con estrema gentilezza e disponibilità mi ha regalato le altre.

Grazie di cuore alla mia famiglia e agli amici che hanno sempre fatto il tifo.

Grazie a tutti i librai perché fanno vivere luoghi magici, rendendo le nostre vite migliori.

Grazie a Parigi, Ville Lumière, che è sempre casa.

Devo moltissimo a tutti gli autori e gli artisti citati, esplicitamente o meno, in questo romanzo, tra cui: Henry Miller, Anaïs Nin, Simone de Beauvoir, Ernest Hemingway, Jack Kerouac, Anton Čechov, Joseph Conrad, Virginia Woolf, Gerald Durrell, James Crumley, Marilynne Robinson, Saul Bellow, Lev Tolstoj, Mary Shelley, William Shakespeare, Jane Austen, Elsa Morante, Henri Matisse, André Derain, Franz Schubert, Pëtr Il'ič Čajkovskij, Karen Blixen, Jean Renoir.

Come disse qualcuno, The earth without art would be just "eh".

Grazie.

Indice

11 *Le début*

45 *Samedi*
81 *Dimanche*
109 *Lundi*
139 *Mardi*
161 *Mercredi*
189 *Jeudi*
211 *Vendredi*
225 *Samedi*
241 *Dimanche*
251 *Lundi*
269 *Mardi*
285 *Mercredi*

305 *La clôture*

315 Ringraziamenti